同濟教育研究

汪道涵

一九九七年五月

同济教育研究（第八辑）

新时代的高等教育

同济大学高等教育研究所　编

同济大学 出版社
TONGJI UNIVERSITY PRESS
·上海·

内 容 提 要

建设社会主义教育强国,加强一流大学和一流学科建设,实现高等教育内涵式发展,是新时代高等教育的责任。本书从课程教学、培养模式、师德师风、青年教育、高校管理等方面论述了新时代高等教育的责任和使命,展望了高等教育未来的发展趋势等。在"教育管理论坛"板块中还集中了一批涉及其他教育领域的课题研究。本书内容涵盖面广,理论性和实践性并重,不仅适合在高等教育领域从事教学和研究的人士阅读,也可供关心我国教育事业发展的其他各界人士参考。

图书在版编目(CIP)数据

新时代的高等教育 / 同济大学高等教育研究所编. —上海:同济大学出版社,2023.10
(同济教育研究;8)
ISBN 978-7-5765-0949-6

Ⅰ.①新… Ⅱ.①同… Ⅲ.①高等教育-研究-中国 Ⅳ.①G649.2

中国国家版本馆 CIP 数据核字(2023)第 197262 号

新时代的高等教育
XINSHIDAI DE GAODENG JIAOYU

同济大学高等教育研究所 编

责任编辑 孙铭蔚　　**责任校对** 徐春莲　　**封面设计** 陈益平

出版发行	同济大学出版社　www.tongjipress.com.cn	
	(地址:上海市四平路1239号　邮编:200092　电话:021-65985622)	
经　销	全国各地新华书店	
排　版	南京文脉图文设计制作有限公司	
印　刷	苏州市古得堡数码印刷有限公司	
开　本	787 mm×1092 mm　1/16	
印　张	13.75	
字　数	343 000	
版　次	2023 年 10 月第 1 版	
印　次	2023 年 10 月第 1 次印刷	
书　号	ISBN 978-7-5765-0949-6	
定　价	82.00 元	

本书若有印装质量问题,请向本社发行部调换　　版权所有　侵权必究

同济大学高等教育研究所是同济大学直属研究机构,前身是1983年成立的同济大学高等教育研究室,1986年正式更名为同济大学高等教育研究所。

同济大学高等教育研究所以"服务同济大学发展,服务高等教育进步"为使命,主要职能包括:开展高等教育学二级学科建设,支撑学校教育学一级学科建设;开展高等教育领域的研究生培养、科学研究与社会服务;开展服务学校改革与发展、教学科研等方面的相关校本研究;编辑出版"同济教育研究"丛书;发挥院校研究功能与智库作用,扩大学校在高等教育领域的影响力。

同济大学高等教育研究所坚持"小规模、高质量、重理论、强应用、促交叉、国际化"的原则,建设了一支专兼职合理的师资队伍,形成了院校研究的学科发展与研究特色,服务于国家与学校的教育改革与发展,培养了一批优秀的毕业研究生,在国内外取得了较好的学术声誉,曾先后四次获得"全国优秀高等教育研究机构"荣誉称号。

"同济教育研究"丛书编委会

主　　任　方守恩

副 主 任　吕培明　顾祥林　雷星晖

委　　员　（按照姓氏拼音首字母排序）
　　　　　　蔡三发　陈守明　方守恩　顾祥林　黄宏伟
　　　　　　黄一如　雷星晖　李亚东　刘淑妍　吕培明
　　　　　　童小华　王　雁　伍　江　熊　岚　张端鸿
　　　　　　周　斌　朱大章

本辑策划　周克荣　张　凤

目 录

课程教学

002 历史与现实·理论与实践·国内与国外：公民教育的多维立体式呈现　　　　程雄飞
010 我国高校数字人文教学实践及经验探索　　　　王　胜
018 中外"金融学"课程教学比较研究　　　　封清源
027 新商科专业一流课程建设研究
　　——以"市场调查与预测"课程为例　　　　李　刚
036 海洋技术课程思政教学模式的构建与实施
　　——以同济大学"海洋调查方法与技术"课程为例　陈思超　杨群慧　高　航　沈其娟

培养模式

046 新形势下中德联合人才培养模式的改革与实践
　　——以莱茵书院为例　　钱慧智　林　松　萧　遥　吴雅婧　王家海　闵峻英
054 我国高校通识教育实践探索与优化路径　　　　王晓嘟
062 日本一流大学通识教育的实践模式
　　——以东京工业大学楔形课程为例　　　　李梦媛
071 芬兰职教教师专业化培养模式、特点及启示　　　　张倩倩

师德师风

080 始终把师德建设作为教师之根本　　　　刘良军
085 师德师风实践指向研究
　　——学习习近平关于师德师风建设重要论述精神　　　　程雄飞
095 高校师德师风建设的现实挑战与影响因素辨析　　陈蕾静　彭贤杰　姜子琛

青年教育

102 青年教育的思辨性之维
　　——从"八性"辩证关系角度学习习近平关于青年教育重要论述　　　　杨　清

111 高校官方抖音育人面临的挑战与对策 　　　　　　　　　　　黄　丽
117 大学生网络社交对婚恋观的影响及应对 　　　　　　　周　鑫　陈　旭

● 高校管理 ●

126 研究生视角下的优秀导师能力素质评价指标构建 　王奕俊　徐明月　王英美
136 进一步完善政府支出经济分类科目设置的思考 　　　　　　　　　　林　嫣
140 浅析政府会计中处置对外投资账务处理存在的问题 　　　　　　　　林　嫣

● 教育管理论坛 ●

146 幼儿园小班室内运动的思考与实施 　　　　　　　　　　　　　　吴　蓉
150 项目化学习视角下的小学自然学科教学探索 　　　　　　　　　　储　超
156 "双减"背景下小学生数学学习兴趣培养策略研究 　　　　　　　邓小青
160 中小学生理想教育的"三切入点"模式 　　　　　　　　　　　　江平萍
167 爱国主义教育综合实践活动的教学反思与经验借鉴 　　　　　　　谌凤山
178 新冠疫情期间家校合作机制探究
　　——以厦门市 Y 校为例 　　　　　　　　　　　　　　郭春君　郭　强
188 萍乡教研工作的体会和思考 　　　　　　　　　　　　　　　　　汤　华
193 大学附中依托大学开展生涯教育路径优化分析 　　　　　　　　　康校博
202 服务区域经济发展视角下高职院校"双师型"教师教学创新团队建设研究 　毕　波

"同济教育研究"丛书征稿启事

课程教学

历史与现实·理论与实践·国内与国外：公民教育的多维立体式呈现

◎ 程雄飞

摘 要 以历史与现实、理论与实践、国内与国外这一多维立体式框架对公民教育进行分析。公民教育以公民与非公民为培养对象，以公民意识为教育内容，以"四有"公民为培养目标。在自由理论、共和理论、社群理论、多元理论指导下，高校在综合设置课程、全面关注公民素质、引导公民实践参与、增强文化差异理解等方面进行了实践。承担公民教育任务的国内思想政治教育要以师生及其他人员为对象，以理论教育、理想教育、人文教育、心理健康教育为内容，以"德才兼备"为目标，将国外公民教育理论与国内以人为本思想、共同治理理论、集体主义、协同创新理论等相结合，创新国内高校思想政治教育理论；在开发综合性课程体系、全面提高学生综合素质、开展丰富多彩的实践教育活动、创新教育教学方法、注重学生间理解教育等方面要大胆实践。

关键词 历史与现实 理论与实践 国内与国外 公民教育 高校思想政治教育

国外的公民教育历史悠久，内涵丰富，有着一定的理论基础，并经过了有效的学校公民教育实践。这对国内高校把握思想政治教育内涵、创新思想政治教育理论、提高思想政治教育实践效果等方面有重要启示意义。本文正是通过从历史到现实，从理论到实践，从国外到国内的多维立体式分析框架对这一课题进行探讨。

一、"公民教育"内涵的历史回顾与对国内高校思想政治教育内涵现实的把握

1."公民教育"内涵的历史回顾

认识公民教育首先要从认识公民开始。"公民"这一概念在国外不同历史时期具有不

作者简介 程雄飞，南昌师范学院马克思主义学院讲师，博士。

同内涵。在古希腊的雅典和古罗马的城邦时期，公民指对奴隶有绝对使用权的奴隶主，以及自由平民。这里公民的范围跨越了统治阶级与被统治阶级，但不包括被统治阶级中的非自由平民。在第二次世界大战前的欧美资本主义国家，公民指在民主宪政体制、民主政治文化氛围和市场经济条件下，享有自由、平等地参与国家社会事务的权利的宪法性国民。这表明公民与宪法联系密切，公民是国民的一部分，是特殊的国民。在第二次世界大战后的当代国际社会，公民指在和平与发展主题下，在参与国家及国际事务时能独立自主、民主平等地实现国内公民与国际公民转换，并能承担相应的国际权利与国际义务的世界公民。这表明国际恐怖分子、国际罪犯等破坏世界和平与发展的人不属于世界公民。

由以上可知，公民具有身份相对性、法律规定性、事务参与性、权利义务统一性等内涵特征。身份相对性指不是所有国民都是国家公民，不是世界上所有人都是世界公民。法律规定性指公民的公民身份、公民意识、公民行为都由国家法律法规和国际公约、规章等所规定。事务参与性指公民参与国家、社会、国际上的政治、经济、社会、文化等方面的实践活动。权利义务统一性指公民在思想上和行为上行使国家、国际权利时要履行相应的国家、国际义务，在履行相应的国家、国际义务的同时，可享受也可放弃享受相应的国家、国际权利。随着经济全球化的推进，一国/地区的经济活动越来越有世界性，教育经济活动也越来越具有世界性，呼唤着世界公民。各国民主政治的进一步发展及教育国家化政策的实施，使得公民教育牢牢掌握在国家统治阶级手中，教育公民具有政治参与意识，参政议政本领及对政治的思维力、批判力。在这一背景下，就产生了公民教育。所以，公民教育是对具有身份相对性的人的教育，是培养人的社会参与、国家参与意识与能力的教育。

2. 对国内高校思想政治教育内涵现实的把握

正确把握国内高校思想政治教育内涵首先要正确把握高校内涵。"高校"顾名思义就是实施高等教育的学校。"高校"这一概念在我国不同历史时期具有不同内涵。在原始社会中，虽没有今天意义的高校，但已经有了对大人小孩实施生产劳动、生活习俗、原始宗教、原始艺术、体格锻炼教育的机构。在奴隶社会和封建社会中，为适应统治阶级进行体制建立、阶级社会管理的需要，出现了为官员子弟设立的官学及少数私学，主要教授封建儒家思想。在鸦片战争爆发到中国共产党成立的半封建半殖民地时期，除旧式学堂外，还出现了学习西方先进管理思想、先进技术及西方政治思想的教会学校、洋务学堂等，主要以民族资产阶级、封建开明地主、无产阶级、农民为学习者。在新民主主义革命时期，高校指中国共产党领导下的，以新民主主义教育方针为指导的干部教育高校、社会教育高校，如中国人民抗日军事政治大学等。在中华人民共和国成立后的社会主义建设时期，高校的数量、规模、教学内容都发生了巨大变化，包括综合性大学、职业学院、专门学院等。在新时期，高校指各类各层次大学、高等职业技术学院、高等专科学校、各级各类独立学院、各级各类分校、外国大学在中国的分支高校、中外合作高校等，包括普通高校和成人高校。当前我国高校具有层次相对性、依法设立性、社会服务性、教书与育人相统一性等内涵特征。层次相对性指高校依教育对象、教授内容、办学者的不同层次而呈现多层次性特点。依法设立性指高校的设立以国家相关高等教育法律法规为依据。社会服务性指产生于社会之中的高校要承担服务校内小社会和校外大社会的职能。教书与育人相统一性指高校要坚持在教书过程中培育心智完善的人，在培育心智完善的人的过程中教授学生服务社会的本领。随着高等教育国际化交流与合作的深入，我国实现中国梦的推进，更需要高校学生为实现中国特色社会主义建设事业新目标贡献力量，而这需要通过高校思想政治教育激发他们的动力。为了培养学生正确的世界观、人生观、价值观，避免西方不良观念影响，也需要加强高校思想政治教育，提高学生的思想政治观念的免疫力。同时，高校思想政治教育是"双一流"大学建设的重中之重。因此，2016年12月7日至8日，在北京召开的全国高校思想政治工作会议，指出了高校思想政治工作的重要地位。习近平总书记在会上的讲话为我们把握国内高校思想政治教育内涵提供了指南。根据他的讲话并结合我国高校历史特点，国内高校思想政治教育的内涵包括以下三方面：第一，教育对象方面。高校思想政治教育一般被理解为在高校进行思想政治教育，高校是思想政治教育的发生地，但从另一角度可以理解为对高校进行思想政治教育，高校是思想政治教育的对象，包括高校师生、教辅人员、经营者、后勤管理人员等。第二，教育内容方面。习近平总书记在会上指出要"抓好马克思主义理论教育""坚持不懈培育和弘扬社会主义核心价值观""加强人文关怀和心理疏导""不断树立为共产主义远大理想和中国特色社会主义共同理想而奋斗的信念和信心"[1]，因此教育内容包括理论教育、理想教育、人文教育、心理健康教育。此外还包括习近平系列重要讲话精神。第三，教育目标方面。通过思想政治教育"让学生成为德才兼备、全面发展的人才"[1]，并激励他们以实际行动参与为中国梦而奋斗的实践。

二、国外公民教育理论的历史回顾与国内高校思想政治教育理论的现实创新

1. 国外公民教育理论的历史回顾

国外公民教育有其自身的理论，主要包括自由理论、共和理论、社群理论、多元理论。

第一，自由理论。在原始阶段，自由理论认为，自由指的是奴隶摆脱人身依附关系的束缚，实现人身解放。在萌芽阶段，自由理论把自由看作一个反封建的政治口号，认为个人主义是自由的核心，初步形成了一个思想体系。在发展阶段，自由理论认为以财产私有为标志的经济自由是一切其他自由的基础。在分化阶段，自由理论一派崇尚无限制的经济竞争，主张优胜劣汰、适者生存的法则，另一派主张国家干预下有限制的经济竞争，给自由一定的保障，但不主张国家干预私有财产。

第二，共和理论。古典共和理论以亚里士多德《政治学》为思想渊源，以"人是政治动物"这一观点为起点，认为主奴之治体现了人的天赋能力的强弱，是一种不平等，主张公民

独立自主平等地轮流执政,实现政治之治,认为小国有维持美德、实现共和的优势,强调公民对国家的忠诚和义务。现代共和理论分为两派。一派认为,共和政治秩序及共和法治需要在外部力量的干预下通过平民的政治参与才能实现,此外,平民还要参与军事领域为国家对外扩张及财富获得作贡献。这一派还认为任何共和政体都需要民主参与和民主监督,主张通过社会契约等制度规范来建立共和制度。另一派认为,以权力制约权力,防止权力滥用是实现共和政治的主要前提,只有增加代表的数量,才能深入议政,并相互制衡,从而达到"扩大的共和"(extended republic)和宪政共和,主张政治共和中行政共和和立法共和的分离,强调法治共和的重要性。可见,无论是古典共和理论还是现代共和理论,都强调国家统治的法治性、权衡性,政治制度的公共性、公平性,公民美德的正义性、崇高性。因此,国外公民教育还注重公民美德教育,包括爱国主义教育、公益参与教育、公共精神教育等。

第三,社群理论。社群理论源自1991年的《负责的社群主义纲领:权利和责任》,发展于阿拉斯戴尔·麦金太尔(Alasdair MacIntyre)的《追寻美德》,查理斯·泰勒(Charles Taylor)的《哲学和人文科学论文集》,杰克·克里特登(Jack Crittenden)的《超越个人主义:重建自由的自我》等名家名作中。社群理论认为,完全不受社会政治、经济、文化和社会地位、家庭生活影响的个人是不存在的,个人归属于不同社群。

第四,多元理论。在19世纪后期至20世纪初,多元理论以多元权力中心的理论形态出现,多元权力中心理论认为,宗教、行会、城市、国家等团体都是平等的权利主体,国家与其他团体无本质区别,反对国家独掌所有权力,主张国家与其他各团体共同掌权。第三次科技革命以来,多元理论认为,企业、公司等经济团体在政治生活中的作用加强,造成了新的不平等。可见,多元理论涉及社会各领域,为此公民教育注重公民对不同文化、价值观的认同教育,培养他们形成宽容态度、普世伦理理念。

2. 国内高校思想政治教育理论的现实创新

借鉴国外公民教育相关理论并结合已有相关理论,可以从以下四点来创新国内高校思想政治教育的理论体系。

第一,借鉴自由理论,结合以人为本思想。《春秋穀梁传》所载"民者,君之本也",提出了以民为君本思想。《尚书》中的"民惟邦本,本固邦宁",提出了以民为国本思想。胡锦涛提出关于科学发展的以人为本思想,即以最广大人民群众的利益为发展之本。而要实现以人为本,在中国古代就必须休养生息,给农民一定自由,尤其是经济自由,在当代就必须以宽容之心待人接物,以法治之念尊法守法,以平等之理善处矛盾,最终实现人的全面自由发展。因此,可以围绕"自由学民""自由与纪律""学民与学生"等内容提出某种理论,这一理论主张国内高校思想政治教育要关注学生个体多样性,为每一名学生创设最大的个人自由空间,注重对学生的价值引导,鼓励学生的政治参与,以"实现全程育人、全方位育人"[1]。

第二,借鉴共和理论,结合共同治理理论。共同治理理论最初是指公司、企业等市场主体内部的管理者、员工、股东等共同参与公司、企业的全程经营,后来该理论涉及的对象扩大到社会各领域。观点涵盖和平发展与合作共赢的全球治理,以及中国治理模式创新和社会治理等方面的观点。这些理论观点与共和理论提到的"公共性、公平性、公共精神"不谋而合。因此,可以围绕国内高校思想政治教育的共同治理提出某种理论,这一理论要围绕习近平总书记提出的"形成党委统一领导、各部门各方面齐抓共管的工作格局"[1]的论断,厘清国内高校思想政治教育、思想政治工作、思想政治教育工作与高校其他工作之间的关系,探索国内高校思想政治教育工作的共同治理路径。

第三,借鉴社群理论,结合集体主义。当个人利益与集体利益相冲突时,个人要义无反顾地牺牲个人利益来维护集体利益,这是集体主义的经典表述,这种集体主义重点关注国家利益和集体利益,因为在物质相对贫乏的时代,更需要依靠国家积累下来的物质财富来进一步发展。而当代我国物质财富较以前大大增加,更提倡关注个体利益基础上的集体主义,更关注个人的集体归属感和社群归属感。因此,可以提出国内高校思想政治教育的认同归属教育理论。这一理论"必须围绕学生、关照学生、服务学生"[1],以关注学生个体利益为出发点,以培养学生新集体主义为目标,主张通过学生的奉献实践来培养他们对学校、学院、班级、学生社团等社群的认同感和归属感。

第四,借鉴多元理论,结合协同创新理论。协同创新以创新为本质特征,以各要素协商一致、共同发展为路径,以多方沟通为平台,其涉及的理论有组织理论、沟通理论、管理理论、心理学理论等。要达到良好的协同创新效果,需要各方在保持自身特性的基础上取得文化上、价值观上的某种认同,即多元理论提倡的价值共识。因此,以上两种理论的结合形成国内高校思想政治教育某种新理论。这一理论以共育为特征,既要看到各类课程的相对独立性,又要看到它们的相互联系,"使各类课程与思想政治理论课同向同行,形成协同效应"[1];既要看到国内高校思想政治教育的各参与主体的平等地位,又要看到某些主体的突出地位;既要看到国内高校思想政治教育的各参与主体的协同创新优势,又要看到某些主体的独立创新优势。

三、国外公民教育实践的历史回顾与国内高校思想政治教育的现实实践

1. 国外公民教育实践的历史回顾

国外公民教育在理论的指导下进行了有效的实践。

第一,美国学校的公民教育。美国学校的公民教育主要以人类学、社会学、政治学、历史学为学科依托,以政府职能教育、美国民主政治教育等为内容,以培养公民政治参与意识和实践能力为目标,以《社会科课程标准:卓越的期望》(*Curiculum Standards for Social Studies: Expectations of Excellence*)为大纲。除此以外,"还积极鼓励各种形式的社会实践"[2]。

第二,英国学校的公民教育。英国学校的公民教育主要通过宗教教育和道德教育两种途径来进行,以"公民科""历史科"为核心课程,以"个人、社会与健康教育"(Personal, Social and Health Education)为外围课程。课程基于这一认识:"哲学是灵魂和主脑,它帮助人们树立基本的世界观和方法论,居于课程体系的核心位置,由此往外推及,依次分别是公民知识、公民意识、公民技能、公民德行和公民实践。"[3]可见,培养全面发展的公民是英国公民教育的目标。

第三,法国学校的公民教育。法国学校的公民教育受到本国以"激进、彻底"为特征的政治文化传统影响,由国家干预,注重"构建共同价值观念,如自由、平等、博爱、世俗化、社会公正、消除种族歧视等;强调推动学生道德认知、批判精神、个体与集体责任感的形成与发展"[4]。同时,注重公民资格和人权的教育。其课程先后有"共和国公民的伦理与道德""公民爱国教育""公民道德教育""公民、法律及政治教育"等,采取的方法有差异教学法、辩论教学法、社会参与教学法等。

第四,德国学校的公民教育。在德国,"公民教育应教育公民具有坚强的意志,具有宽容的品德,具有民主思想,具有人道主义的精神,具有科学人文的修养,具有高尚的信仰"[5],强调公民的责任和义务教育,政治养成教育和伦理道德教育,注重历史尤其是德国纳粹大屠杀历史教育,培养学生反对错误的勇气和新的民族精神。

第五,日本学校的公民教育。第二次世界大战前,日本学校的公民教育以自由的个人主义为指导,第二次世界大战后则以"个体和社会相结合,民族化中结合着国际化、个性化的理想"[6]为要义的全面主义为指导,但一直存在传统的军国主义、民族主义教育与民主主义教育之争。先后开设了"地理历史科""公民科""社会科"等综合课程,内容包括道德教育、政治教育、经济教育、法规教育、国际理解教育,注重好公民的培养和教师示范作用。

第六,新加坡学校的公民教育。以新加坡精神为底蕴,以《好公民》为教材,以"新公民学""公民与道德"为课程,通过日常行为规范教育、课外活动、社区活动,"挖掘他们的潜力,培养他们成为良好的公民,让他们意识到对家庭、社区和国家的责任"[7],为他们生活、就业做准备。

可见,国外公民教育实践普遍注重课程设置的综合性、公民素质的全面性、实践活动的参与性,以及对文化差异的理解。

2. 提高国内高校思想政治教育现实的实践效果

借鉴国外公民教育实践,提高国内高校思想政治教育实践效果,可以从以下五方面入手。

第一,开发综合性课程体系。探索性开发目前包括五门高校思想政治理论课程在内的综合性课程。将思想政治教育理论课与当地实际情况相结合,编写既有思想理论又有实际参考案例的综合性教材,如浙江省组织编写的《浙江精神与浙江发展》《中国特色社会主义在浙江的实践》。将不同学院的不同专业融入当前高校五门思想政治理论课程之中,如将历史专业融入《中国近现代史纲要》中,将政治专业融入《形势与政策》中。在这方面,复旦大学将《周易》、特里·伊格尔顿(Terry Eagleton)的《马克思为什么是对的》、琼·罗宾逊(Joan Robinson)的《经济哲学》等经典名著融入思政课中,取得了良好的效果。

第二,全面提高学生综合素质。学生素质的提高离不开学生的实践活动,学生的实践活动是在学生的意识活动指导下进行的,而学生的道德意识是指导全部意识活动的根本,因此"立德树人不仅强调了思想道德素质在人的诸多素质中的核心地位,也指出了人才培养要素的全面性"[8]。为此,应重新审视学生综合素质的内涵、标准、培养路径,切实贯彻立德树人培养目标。

第三,开展丰富多彩的实践教育活动。理论教育最终要经过实践教育才能展现其魅力,一项有效的实践教育活动必须以学生的"四动"为标准,即让学生能够动手、动眼、动心、动脑。学生实践教育活动的肢体参与被形象地称为动手,实践教育活动丰富多彩、赏心悦目才能引起学生动眼。动心指学生对教育实践活动的情感性认识,是学生动脑理性认识实践教育活动的有效前提阶段。为此,可开展融合学生学习生活等各方面的形式多样的活动,如江南大学《宝哥说》校园文化脱口秀节目。

第四,创新教育教学方法。高校学生思维活跃,有强烈的表达欲,讨论教学法不失为一种较好的教学法。其在目前高校思想政治教育过程中收到了良好效果,如中国矿业大学(北京)的马克思经典读书研讨会让学生越辩越明,西安交通大学将讨论课列为思政课的必要环节,并将视频、情景剧融入讨论课中,使课程更加生动。此外,还有以华南师范大学学生彭彩金的孝顺美德为示范的榜样教育法,清华大学的"教学相长交流卡"式互动教学法等。

第五,注重学生间理解教育。国际理解教育首先从学生间理解教育抓起。关注学生间理解教育一方面是消除学生间矛盾、建立和谐关系、"培养人格完满的人"[9]的需要,另一方面是凝聚学生力量、提升学生思想政治素养合力的需要。因此,在学生间理解教育实践中,要深挖学生的不同性格、不同生活背景、不同家庭教育等情况,因材施教,把问题消灭在萌芽之中。在民族院校,要加强不同民族学生间的融合教育,增进不同民族学生间的情感交流。

参考文献

[1] 习近平在全国高校思想政治工作会议上强调　把思想政治工作贯穿教育教学全过程　开创我国高等教育事业发展新局面[N]. 人民日报,2016-12-09(1).

[2] 范卫青. 美国高校公民教育实践及启示[J]. 学校党建与思想教育,2014(2):95.

[3] 刘海涛,张月梅. 美国高校公民教育实践及启示[J]. 学校党建与思想教育,2017(1):114.

[4] 景立燕. 法国:将开展新公民与道德教育[J]. 人民教育,2015(15):9.

[5] 程炜.德国公民教育与德国的公民信息教育[J].继续教育研究,2016(9):110.

[6] 吴海荣.国际化时代日本学校公民教育的新进展[J].现代教育管理,2016(6):126.

[7] 张欣鑫,荀伟高.教育为学生生活、就业、成为良好公民做准备——新加坡教育部部长(学校)黄志明在第十九届校长任命暨受赏仪式上的演讲[J].世界教育信息,2017(3):19.

[8] 房广顺,李鸿凯.推进以立德树人为中心的思想政治教育融合发展——学习习近平总书记在全国高校思想政治工作会议上的重要讲话[J].思想教育研究,2017(2):12.

[9] 刘义.德育的现实困境与出路:从"道德之应当"到"德育之应当"[J].南昌大学学报(人文社会科学版),2015(8):12.

我国高校数字人文教学实践及经验探索[*]

◎ 王 胜

> **摘 要** 随着数字人文作为独立学科受到普遍认可,数字人文教育在国内高校相继展开。文章分析了国内3所高校的数字人文教育实践案例,在此基础上为国内其他高校数字人文教育发展提供可借鉴的建议。首先,高校要依托已有的学科基础,整合自身学科优势,开设丰富的数字人文课程;其次,高校要构建系统的数字人文教育体系,打破传统的教学模式,采取多元化的数字人文教学形式;最后,要立足新文科建设的理念,明确数字人文各层次的培养目标。
>
> **关键词** 数字人文 高校教学 人才培养

数字人文是在人文计算(humanities computing)的基础上发展而来的一个新兴的研究领域[1]。最早源于意大利神学家罗伯特·布萨(Roberto Busa)在1949年开展的开创性人文计算实践,他借助计算机技术为托马斯·阿奎那(St. Thomas Aquinas)的著作编撰作品集词语索引,该索引称为《托马斯著作索引》(*Index Thomisticus*)[2]。在此之后人文计算逐渐向其他人文学科扩散。2004年出版的《数字人文指南》一书,首次正式提出"数字人文"这一跨学科名词[3],被认为是数字人文发展过程中的标志性事件。

关于数字人文的定义,当前学界还未达成共识。有学者将它看作人文学科研究方法的补充,在大规模数字文献资料和专题数据库的支撑下,借助各种新兴研究方法和研究手段,改变以往人文学者使用的个体分析和阐释分析为主的研究方法[4],也有学者将其作为一个新的研究领域,认为数字人文是位于人文学科和计算技术交叉地带的跨学科研究领域[5],这一领域可以使人文学科各分支学科领域的研究成果得以"数字化",并为更多本学科领域之外的学者所分享。不管将其视为方法、领域或其他,可以肯定的是,数字人文跨越了传统的学科边界,也跨越了理论与实践、技术实施与学术反思之间的传统屏障[6]。

---

[*] 本文为同济大学教学改革研究与建设项目"'新文科'视阈下数字人文教育体系构建研究"的研究成果。
作者简介 王胜,同济大学高等教育研究所硕士研究生。

国外数字人文教育起步较早,已发展出相对成熟的教育模式。虽然国内数字人文教育起步较晚,但已有多所高校进行了初步尝试。因此,对我国已有的数字人文教学实践案例进行分析,发现当前我国数字人文教学中存在的不足,并在此基础上归纳出我国高校发展数字人文教育的启示显得尤为重要,对今后国内其他高校开展数字人文教育具有参考价值。

一、我国数字人文发展现状

我国数字人文发展经历了数字化和文献计量的准备阶段(1980—2009年)、摸索和形成阶段(2009—2015年)、契合发展阶段(2016年至今)[7]。数字人文的前提是将人文资料和文献档案数字化,因此中国数字化和文献计量的历史可追溯至20世纪八九十年代,而今天意义上的"数字人文"一词最早由王晓光教授在2010年发表的《"数字人文"的产生、发展与前沿》一文中首次引入[8]。次年,我国首个数字人文研究中心落户武汉大学[9]。2016年,北京大学举办了我国首届"数字人文论坛"[10]。党的十八大以来,党中央高度重视数字中国建设。党的十九大报告明确提出建设"数字中国"的战略目标,《中华人民共和国国民经济和社会发展第十四个五年规划和2035年远景目标纲要》专篇作出"加快数字化发展,建设数字中国"的部署安排。在此背景下,我国数字人文研究热度逐渐提升。据不完全统计,截至2022年国内已有11所高校建立数字人文研究中心,5所高校设有数字人文方面的学分课程和暑期课程,8所高校或研究院所开设工作坊[11]。文献数量方面,在中国知网(www.cnki.net)以"数字人文"或"人文计算"为主题检索核心期刊论文,根据发表年度趋势可以发现,数字人文领域的学术成果最早出现在2005年,2005年、2006年发文量均仅有1篇。而2007—2010年发文量均为0。从2011年开始,我国学者对数字人文领域的关注逐渐升温,发文量呈现逐年递增趋势,特别是在2016年后,发文量成倍增长,并持续保持。这与我国首个数字人文研究中心落户武汉大学、北京大学举办首届"数字人文论坛"使得我国学者开始有意识地发表相关论文,有一定联系。

二、国内高校数字人文教学实践分析

本文选取了3所国内开设数字人文相关课程的高校作为案例进行分析,分别为南京大学、中国人民大学和北京大学(表1)。南京大学2016年开始面向本科生开设数字人文课程,属我国高校首次尝试;中国人民大学2020年新设数字人文硕士学位(Master of Digital Humanities, MDH),是国内第一个数字人文学术型硕士学位项目;北京大学为国内顶尖高校,在新时代高校本科教育改革背景下同样进行了数字人文教育的探索。3所高校均为国内最早对数字人文教育进行探索的高校,对我国数字人文教学实践具有开创性意义和借鉴价值,因此选取这3所高校作为研究对象,从教育对象、教育形式、课程内容、培养目标等方面进行研究分析。

表1 国内3所高校数字人文教育情况

名称	培养形式	教育对象	教育形式	课程内容	培养目标
南京大学"数字工具与世界史研究"	课程	本科生	选修课	理论课程(数字人文的历史演进与基本议题)、方法课程(文本挖掘、社会网络分析、HGIS及量化研究方法)、实践课程(具体的数字人文项目)	让本科生了解数字人文的历史、理念和方法,为学生提供进入数字人文领域的机会
北京大学数字人文课程	课程	本科生	必修课	基本概念(数字人文、图书馆学、情报学等)、项目实践(国内外数字实践项目、学术实践项目等)、数字人文技术(社会网络分析、文本挖掘、情感分析等)	使学生了解利用信息技术、方法解决人文领域问题的跨学科研究视角,激发学生对跨学科研究的兴趣,培养学生数字人文项目实践能力
南京大学"数字人文创新思维与方法"MOOC	课程	本科生、硕士研究生、博士研究生	MOOC	基本理论(数字人文、大数据、元数据等)、研究方法(定量研究方法、GIS基本概念等)	借助数字人文思维与方法,培养跨专业学生开展面向数字时代的人文研究的意识与能力,对接国际研究生培养需求,培养具备高数字素养的综合性人才
中国人民大学数字人文硕士学位	学位	硕士研究生	必修课、选修课	人文、数字人文基础理论(历史文献学、数字人文导论、数字出版等)、数字人文应用技术(自然语言处理、数字人文人工智能等)	为国家文化战略、新文科建设战略培养拔尖创新人才
中国人民大学"数字人文荣誉研究辅修学位"	学位	本科生	必修课	理论课程(数字人文导论、数字记忆建构的理论与方法、数字内容分析与挖掘等)、实践课程、毕业设计	培养信息资源管理、数字技术、计算机、历史学、语言学、艺术学等交叉型学科人才,以项目实践的形式引导学生主动参加多学科学习和通识教育
中国人民大学"数字记忆厚重人才培养计划"	项目	本科生	—	理论教学、社会实践、科研项目、国际交流	培养学科基础扎实、综合素质突出、实践能力优秀、公益服务能力较强的,适应现代信息社会高速发展需求的数字记忆优秀人才

1. 教育对象

3 所高校数字人文教育面向的对象主要是本科生。其中,北京大学和中国人民大学对教育对象有一定要求。中国人民大学不管是"数字人文荣誉研究辅修学位"还是"数字记忆厚重人才培养计划"均明确要求报名学生具有一定人文社会科学背景或计算机学、管理学等一个或多学科基础。北京大学以信息管理系为数字人文教育试验点开设数字人文课程,因此其教育对象是具有信息科学技术和现代管理学基础知识的本科生。虽然南京大学未对教育对象的学科背景做出要求,但其以兴趣为导向向学生提供数字人文课程,选课人群均是对数字分析方法、数字软件与技术有强烈兴趣的学生。可见,信息技术基础对数字人文学习者来说十分重要,如学者王涛在经过数字人文教学实践后提到,要有更多有技术专业背景的学生参与其中,才能够更加促进不同学科之间的交流[12]。数字人文是数字技术与人文学科交叉而形成的新兴跨学科研究领域,具有跨领域、跨学科、合作性等特征,体现多种意义上的对话、协作与融合。此外,目前国外高校数字人文教育对象主要是研究生群体[13],而我国与之有较大差别,造成这一现象的主要原因是我国数字人文教育起步较晚,仍处于探索阶段,还未形成相对成熟的教育模式。

2. 教育形式

我国高校数字人文课程教学形式包括但不限于必修课、选修课、MOOC,如中国人民大学"数字记忆厚重人才培养计划"定期开设专题讲座、沙龙研讨,组织学生参与课题研究、学术竞赛、境外学习交流等活动。南京大学"数字工具与世界史研究"课要求学生组成若干项目研究小组,合作完成数字人文研究项目。相较于高校开设的教学课程,数字人文研究中心提供的教学形式更广泛,学者可以在研究中心官网得到新闻资讯、会议信息、课程培训、数字人文工具等服务。此外,课程授课师资力量雄厚,汇聚了各相关领域专家相互协作,通过合作完成教学。如北京大学数字人文课程共有 6 名授课教师,分别来自图书馆学、计算机科学、情报学、历史学等研究领域。因此课程教师多为小规模数字人文研究团队。

3. 课程内容

数字人文课程内容大致可划分为三大板块:理论、方法和实践。理论板块主要涉及数字人文与人文学科的基础理论,如数字人文导论、数字历史文学理论、图书馆学等。方法板块分为两个部分,一部分学习数字人文相关方法背后的原理,另一部分学习数字人文所需使用的工具,主要为定量研究方法,例如文本挖掘、社会网络分析、情感分析等。实践板块要求学生参与具体的数字人文项目,在学生掌握相关理论知识后,鼓励学生根据自己的兴趣开发数字人文应用项目,注重实践能力也是数字人文课程的特点之一。但有学者运用深度访谈法,探究受教育者对数字人文实践教育的认知态度后发现,现有的数字人文教育存在理论与实践有些脱节、数字和人文有些断层的问题,主要表现为技术方面的内容稍显薄弱,专题讲座提供的技术指导无法有效支撑团队完成项目研究,有"浮光掠影"之感[11]。这是高校今后需要改进的地方。总体而言,我国高校数字人文教育重视理论与实践相结合,能够根据不同培养形式设置课程内容,既有突出基础性、专业性的必修课,又设置了个性化的选修课,满足了不同教育对象的需求。

4. 培养目标

数字人文课程主要的培养目标是培养学生的数字人文素养,使其掌握基础的数字技能,包括数字工具使用、数据处理与分析等,来实际参与或推动数字人文的发展。针对不同培养对象的培养目标各有侧重。本科生教育更侧重通识性教育,让学生能够从宏观角度去理解并审视人文与技术的融合所带来的现实意义,激发学生对跨学科研究的兴趣,培养学生数字人文项目实践能力。例如北京大学数字人文教育希望学生站在跨学科研究视角,利用信息技术、方法解决人文领域问题。中国人民大学以项目实践形式引导学生主动接受多学科学习和通识教育。南京大学让本科生了解数字人文历史、理念和方法,为学生提供进入数字人文领域的机会。相较于通识性较强的本科生教育,研究生教育应更聚焦某一研究领域,突出专业性与研究性。例如伦敦国王学院的硕士项目均关注数字理念与技术对人类文化的影响,其将研究方向细分为数字文化与社会方向、文化与社会大数据方向、数字资产与媒体管理方向、数字经济方向等[13]。我国仅有中国人民大学开设数字人文硕士教育课程,其培养目标是为国家文化战略、新文科建设战略培养拔尖创新人才,相较于国外硕士项目过于宏观。

三、我国高校数字人文教学模式探讨

从上述教学实践案例可以发现,当前我国数字人文已出现由理论研究逐渐转向教学实践的趋势。数字人文自进入国内研究视野后,研究热度不断升高,但与国外相比在人才培养和课程设置方面还存在较大差距。因此,通过研究文献、实践案例参考国内国外数字人文教育经验的可取之处,并结合各高校实际情况提出针对我国的数字人文教育发展的建议具有重要意义。

1. 依托已有学科,构建系统的数字人文教育体系

在教育体系方面,国外数字人文教育已经有了较为成熟的教育体系,有系列的课程和数字人文学位,比较清晰地划分为本科和研究生两个阶段。例如英国伦敦大学学院设有数字文化本科专业,数字人文中心招收数字人文领域的学术型硕士研究生、专业型硕士研究生、博士研究生。虽然我国高校已经开始尝试开设数字人文课程,但仍未建立科学的教育体系,高校数字人文教育是一个包含知识结构、培养对象、培养目的、培养内容、考核评价等众多要素的系统工程,应基于学科演进规律和教学规律深入研究培养对象、培养目的、培养内容三者的辩证关系,最终制定详细完整的方案为教学实践提供有效指导[14]。

有学者在分析数字人文知识热点演化路径后,发现计算机、图书馆学是数字人文建设基础学科[15]。因此,高校可以直接依托已有的图书馆学、情报学、信息资源管理等学科开展数字人文领域硕士研究生、博士研究生培养工作。一方面能够促进我国图书馆学、情报学等学科的纵向和横向发展；另一方面可以减轻初期构建数字人文教育体系的压力。此外，国外高校还特别重视学生的"出口"，为学生提供到岗实习或出国留学机会，提高了学生的就业竞争力。所以我国也应同时探索数字人文领域职业认证和毕业生工作去向等相关问题。

2. 打破传统教学模式，采取多元化的数字人文教学形式

课程层次一定程度上能够反映课程的重要性，目前国内高校教学形式主要分为选修课、必修课与实践课。本科生教育以必修课为主，选修课为辅；研究生教育以参与具体实践项目为主。国外高校在数字人文专业教育方面有丰富的教学形式，除了必修课、选修课外，还有数字人文短期课程培训班、远程教育、学术会议、研究生证书教育等形式[16]，根据数字人文研究方向、培养目标，其教育形式侧重点不同，并且学校会根据自身实际情况选择教育形式。如拉斐特学院的"数字人文暑期学术项目"，在该项目中，图书馆以工作坊形式开展贯穿整个研究过程的数字学术教育，经过为期6周的短期培训，学生数字学术素养明显提高，研究热情大幅提升[17]。因此，我国高校应在以往以课程建设为主导的传统教学模式的基础上，转变思想观念，推陈出新，改革传统的课堂教学，将基于项目、注重动手实践的教学形式应用于传统的课堂教学，强调课程教学和项目实践相辅相成、优势互补。王利君在对澳大利亚高校数字人文教学的研究中发现，采取多种教学形式并进行动态化和个性化考核评估，不仅能够调动学生的积极性，还能多方位锻炼学生的能力[18]。

3. 整合自身学科优势，开设丰富的数字人文教学课程

数字人文具有跨学科特征，涉及多种学科、多个方向，因此数字人文课程设置离不开学科交融。正如学者王涛在数字人文本科生教学实践中总结的，数字人文课程涉及内容十分广泛，不仅需要有人文学者的人文素养，同时也要掌握各种数字信息技术工具，有时甚至面临现学现卖的窘境[12]。北京大学开设的数字人文课程一共有6名授课教师，其中既有数学、计算机科学背景教师，也有历史学背景教师。因此，高校要整合本校各个院系与数字人文相关的研究力量，吸引各学科师生参与其中，构建跨学科、多层次、协同合作的数字人文平台，同时鼓励国内相关科研机构和企事业单位等社会力量参与其中。

有学者统计了英国院校开设的数字人文课程，发现英国数字人文课程体系较为多元化，涉及的教学领域十分广泛，更加多维地培养学生，同时重视图书馆、情报与文献学对数字人文开展的支撑[19]。例如英国伦敦大学学院、伦敦国王学院、牛津大学三所院校开设的数字人文课程涉及类别多，除民族学外，其余均有涉及，其中计算机科学技术课程共开设116门，文化学课程32门，新闻学与传播学课程27门，图书馆、情报与文献学课程26门。因此，我国高校应该根据自身学科优势、教师能力，注重个性化培养，有所侧重地开设更加丰富的数字人文课程，规划研究方向。除此之外，高校还要突出时代特征和中国特色，设置彰显鲜明本土特征的课程内容。

4. 立足新文科建设理念,明确数字人文各层次培养目标

2020年发布的《新文科建设宣言》提出:"积极推动人工智能、大数据等现代信息技术与文科专业深入融合,积极发展文科类新兴专业,推动原有文科专业改造升级,实现文科与理工农医的深度交叉融合,打造文科'金专',不断优化文科专业结构,引领带动文科专业建设整体水平提升。"[20]数字人文作为新文科建设的一个新思路,充分体现了"理＋文""文＋文""医＋文"等交叉融合理念,能够在"新文科"建设的路途中发挥引领和指导作用。整体来说,数字人文培养目标主要有两大项:第一,培养学生数字化信息素养;第二,培养学生使用数字化工具解决人文社科领域问题的能力。在新文科建设的要求下,数字人文课程在借鉴国外经验的同时,也要立足我国国情,明确我国社会发展趋势及人才需求,从基本理念、目标定位、组织形式、课程体系等方面贯彻学科交叉融合的人才培养目标[21]。例如,2017年,腾讯与敦煌研究院达成战略合作,携手共建"数字丝路",以促进丝路传统文化遗产的数字保存、发掘和传承[22];百度和国家文物局启动"AI博物馆计划",通过AI技术使文物展示更加生动[23]。

四、结语

在我国不断推进高等教育改革和建设新文科的时代背景下,各高校正如火如荼地全面推进"新文科"建设。数字人文作为一个跨领域的交叉学科,能够在"新文科"建设的路途中发挥引领和指导作用,发展数字人文教育也是新时代培养创新型、复合型、应用型人才的一条探索路径,也是国家软实力建设和文化繁荣发展的新需求。我国数字人文教育尚处于起步阶段,构建数字人文教育体系不会一蹴而就。在课程内容、教学模式、课程设置等方面还存在很多问题值得我们深入其中细细探索。但可以肯定的是,数字人文对推动学科跨界融合,培养兼具数字素养、批判思维和创新素养的新时代文科人才具有重要的理论和现实意义。因此,数字人文教育与课程建设都还需要总结更多的实践经验,也需要得到更多的认可和支持。

参考文献

[1] Wikipedia. Digital humanities[EB/OL]. (2014-02-12)[2022-09-01]. http://en.wikipedia.org/wiki/Digital humanities.

[2] BUSA R. The annals of humanities computing: the Index Thomisticus[J]. Computers in Human Behavior, 1980,14:83-90.

[3] SCHREIBMAN S, SIEMENS R, UNSWORTH J. A companion to digital humanities[M]. Oxford: Wiley-Blackwell, 2004:3-19.

[4] 段丹洁,阮益嫘.为人文社科研究插上数字羽翼[N].中国社会科学报,2021-12-03(1).

[5] Australian National University. Digital Humanities[EB/OL].[2022-09-01]. https://programsandcourses.anu.edu.au/major/DIHU-MAJ.

[6] 王丽华,刘炜.助力与借力:数字人文与新文科建设[J].南京社会科学,2021(7):130-138.

[7] 赵薇.数字时代人文学研究的变革与超越——数字人文在中国[J].探索与争鸣,2021(6):191-206,232-233.

[8] 王晓光."数字人文"的产生、发展与前沿[C]//全国高校社会科学科研管理研究会.方法创新与哲学社会科学发展.武汉:武汉大学出版社,2010:11.

[9] 武汉大学人文社会科学研究院.武汉大学成立数字人文研究中心——推动数字技术深层融入人文社会科学研究[EB/OL].(2011-05-10)[2022-09-01]. https://ssroff.whu.edu.cn/info/1154/4803.htm.

[10] 北京大学图书馆.首届北京大学"数字人文"论坛 跨界与融合:全球视野下的数字人文[EB/OL].(2016-05-05)[2022-09-01]. https://www.lib.pku.edu.cn/portal/cn/news/0000001259.

[11] 何思源,张晨文,嘎拉森,等.受教育者对项目制数字人文教育的认知态度及其影响因素[J].图书馆论坛,2023,43(2):77-87.

[12] 王涛.数字人文的本科教育实践:总结与反思[J].图书馆论坛,2018,38(6):37-41.

[13] 袁一帆.国外高校数字人文教育的调研与思考[J].图书情报工作,2021,65(13):108-117.

[14] 李懿,唐智川.日本高校数字人文教育探析[J].图书馆学研究,2021(9):86-94.

[15] 柯平,宫平.数字人文研究演化路径与热点领域分析[J].中国图书馆学报,2016,42(6):13-30.

[16] 张玲."图书馆与数字人文"国际研讨会综述[J].大学图书馆学报,2018,36(2):5-10.

[17] 鄂丽君,单伟,陈淑平.北美高校图书馆数字学术教育调查与分析[J].图书情报知识,2018(2):61-68.

[18] 王利君.澳大利亚高校数字人文教育研究[J].图书馆学研究,2020(10):11-18.

[19] 徐孝娟,侯莹,赵宇翔,等.国外数字人文课程透视——兼议我国数字人文课程设置及人才培养[J].图书馆论坛,2018,38(7):1-11.

[20] 中华人民共和国教育部.新文科建设工作会在山东大学召开[EB/OL].(2020-11-03)[2022-09-01]. http://www.moe.gov.cn/jyb_xwfb/gzdt_gzdt/s5987/202011/t20201103_498067.html.

[21] 马费成,李志元.新文科背景下我国图书情报学科的发展前景[J].中国图书馆学报,2020,46(6):4-15.

[22] 环球网.腾讯与敦煌研究院达成战略合作携手共建"数字丝路"[EB/OL].(2017-12-29)[2022-09-01]. https://hope.huanqiu.com/article/9CaKrnK6c0L.

[23] 人民网.百度与国家文物局启动"AI博物馆计划"用科技让文物活起来[EB/OL].(2018-05-18)[2022-09-01]. http://it.people.com.cn/n1/2018/0518/c1009-29999708.html.

中外"金融学"课程教学比较研究

◎ 封清源

摘 要 国内外金融发展及金融教学在很多方面存在较大差异。本文以金融专业的专业基础课"金融学"为例,通过对国内外该课程在教材体系、教学内容及教学方式方法等方面的差异进行对比分析,总结中外教学的特点,借鉴国外有益经验,结合本校国际化定位及金融学专业硕士点建设长期发展目标,落实"以生为本"的理念,以引导兴趣、发展智力、提高能力为教学目的,提出适合本校特点的金融学教学改善措施和对策,为优化授课效果,持续提升高校相关专业课程教学质量提供有益的素材,也为我国教育教学改革提供一定参考。

关键词 金融学 教学 教学改革

一、前言

在经济高速发展的过程中,我国市场经济体系日益完善和成熟,金融已经成为了国民经济的核心,金融活动为实体经济提供了不可或缺的资金和服务支持,促进了经济的发展[1]。同时随着我国日益深度融入全球经济体系,外国资本的进入对本土金融带来巨大的挑战,中国金融行业也加入世界金融市场的角逐,随之而来的是对金融人才数量需求的扩大和素质要求的提高。如何培养适应现实和未来需求的金融人才,是值得我们深入研究和探讨的一个紧迫的时代课题[2]。

长期以来,由于历史和现实的原因,我国高校教学与西方国家特别是西方发达国家之间存在巨大差异。中国式教育注重学生对现有知识的吸收和积累,强调知识体系的构建、对知识和教师的尊重;而西方国家更重视培养学生实际运用能力、创新能力和质疑批判精神,重视学生的个体独立性、对现有知识的拓展和对新知识的创造。作为这种教育理念上

作者简介 封清源,北京工商大学嘉华学院,讲师,硕士。

的不同的外在反映,中国和西方国家在课程体系的设置、教学内容的安排、教学方式方法的采用等方面,都存在广泛的差异。从不同维度对西方国家特别是西方发达国家的教育进行分析,汲取其中的精华,结合国情校情,将其有益经验应用于我们的教学活动中,是一个有着重要现实意义的研究课题。

当前北京工商大学嘉华学院正在大力推进海外留学,旨在培养具有国际化视野和复合型知识背景的应用人才,同时也是为了缓解本科生的就业压力。在海外留学过程中,由于教育理念、教育传统、人才培养目标等方面的差异,专业课教学上这样或那样的不同在所难免。要进一步提高办学质量,就有必要了解并深入分析这些差异,在教学实践中不断摸索,促进融合、弥补差异,才能夯实海外留学的基础,并不断优化国际化人才培养机制。

本文以"金融学"课程为研究对象,通过从教材体系、教学内容、教学方式方法等方面将我国高校与国外高校(特别是英国、美国、新加坡、日本和俄罗斯等国家高校)的"金融学"教学进行对比,分析总结国外教育的特点,找出国内外教学差异及可资选择性借鉴的经验,为北京工商大学嘉华学院"金融学"教学效果的优化、教学质量的提高提供一些参考素材,以适应本校国际化定位及金融硕士点建设的需要,为国内高校更有效地开展课堂教学、培养具有国际化视野的高质量金融人才提供智力支持。

二、中外金融学教学对比

1. 教材体系

就金融学专业课程而言,中外教材体系结构往往有比较明显的差异。以金融学专业的核心专业基础课"金融学"为例,国外出版的教材种类不像国内教材那样花样繁多,但是有几本公认的经典教材,如弗雷德里克·S. 米什金(Frederic S. Mishkin)的《货币金融学》[3]、兹维·博迪(Zvi Bodie)的《金融学》[4]等,是欧美多所大学选用的教材,内容丰富,资料翔实,还会告诉学生可以通过哪些渠道获得更新的信息,并且不断改版更新。教材的编著者和出版社为学生提供丰富的网上学习资料,也为教师提供幻灯片、教师手册、习题答案等,对教学的促进作用非常大。上课的教授会指定一门课用的教材,即使是同一门课,不同的教授用的教材可能也不同。一般在选课结束后,学生可以在学校官网查到自己所上课程的授课教授和所用教材。反观国内教材,尽管数量较多,却缺少公认的紧跟时代、紧贴现实的优质经典教材,有的教材充其量只能算是一门课程的纲要,缺少丰富严谨的案例和内容,且里面有的内容陈旧过时,难以适应金融创新及快速发展的特点。

从教材内容结构安排上看,国外金融学教材以米什金的《货币金融学》(*The Economics of Money, Banking, and Financial Markets*)为代表,往往是从金融体系的总览开始,再对体系中的各个部分进行逐一剖析,是从现象入手徐徐求解的过程。外文教材大多以案例众多、阅读素材丰富见长,教辅资料丰富多样且容易获取;而国内教材一般是从货币、信用及利率开始,逐步引入金融的范畴,进而谈到金融市场、金融中介、国际金融及一系列的宏观金融问题及政策,遵循的是一种由点到线再到面的思路,是从根源入手逐渐延伸的过程[5]。

2. **教学内容**

　　一些西方发达国家高校要求每年必须淘汰一部分过时的教学内容,引进新的知识,使教学内容跟上金融知识快速更新的步伐。教师喜欢选取几本厚重的金融学教材,并且在授课时只讲其重点章节内容,以课堂提问为主,让学生自主学习其他章节内容,类似于在我国兴起的翻转课堂。教师很少将课本作为观点或意见的来源,课本内容对他们来说只是参考,教师可能就对一个金融问题或金融热点的某一方面进行讲解,希望学生自己去查找资料并研究其他金融问题或金融热点的其他方面。而在中国,通常只指定一本教材,教师和学生的教与学都以这本教材的内容为主,教师在授课过程中,一般是按照"金融学"教学大纲和提纲、授课计划等教学文件,根据指定教材章节内容上课。

　　传统上,我国"金融学"教学在课程内容的选择和组织上,比较强调和追求内容体系的完整性和系统性,很多学校是64学时,北京工商大学嘉华学院是48学时。随着金融市场的逐步放开,金融创新工具不断涌现,资产组合、创新工具交易与定价、市场等已逐渐成为金融业经营与发展的主要内容,改变了传统意义上以货币、信用、融资等为主要特征的金融的概念。课程体系的不断发展更新,加剧了内容膨胀与课时压缩之间的矛盾[6]。目前一些传统金融专业的部分"金融学"教材中的部分内容已不合时宜,仍停留在十多年前甚至二十多年前的水平,与现实有一定差距。另外,不少课程的内容存在重复,如金融学课程与经济学、商业银行经营管理、金融市场学等课程的不少内容是重叠的,导致教学资源浪费,不少学生形成了厌学情绪,直接影响了教学质量。

3. **教学形式**

　　教学形式最终是为教学目标服务的,是达成教学目标的具体方式、方法和手段。

　　国外教学的一个显著特点是以学生为中心,教学方式显得非常灵活多样,主要有lecture(讲授课)、tutorial(辅导课)、seminar(研讨课)、workshop(实验实践课)、independent study(学生自学)等多种方式,其中使用最广泛的是"1+1"课堂教学模式,即"讲授课(大课)+讨论课(小课)"。讲授课是合班上的,教师统一授课,讲授基本的理论知识。研讨课中的讨论课教学形式,要分成小班,由教师组织学生讨论金融学相关问题。讨论的具体内容丰富,讨论方式灵活,学生可以与教师自由交换观点和意见。同时将辩论赛融入课堂教学,教师结合教学内容先确定一个主题,然后学生围绕这一主题准备自己的论点和论据,并在课堂上开展辩论。不同于具有竞争性特点的正式辩论赛,课堂辩论重"论"轻"辩",其目的是以辩论的形式激发更多学生发表个人观点,培养自身逻辑思维能力及语言表达能力。每次讨论课之前,要求学生自主学习,在课前查阅大量文献资料并自行归纳分析,事先准备讨论的问题。学生有较多自由支配时间,可充分地阅读和思考,形成自己的问题和观点,然后拿到讨论课上去讨论。这也是一个鼓励学生提出新观点、新方法的过程,促使学生在独立学习的过程中养成发现问题、思考问题和解决问题的能力。讨论课这种形式在教学中是一种普遍的课程设置形式和教学方式。

案例教学也是国外大学研讨课常见的一种教学方式。采用现代多媒体教学手段，使得案例导向型教学方式生动有趣，能够吸引学生的注意力，进一步引导学生对知识的理解，效果很好。以美国大学为例，他们选课灵活，班级规模较小，实行案例教学效果明显。小组讨论实施效果较好，小组成员分工、各自对案例进行分析和讨论，然后组内协同合作，在整个过程中，教师是主导，学生是主体。我国高校案例导向教学方式运用并不广泛，并且缺乏持续性，主要原因在于传统的影响根深蒂固，以灌输为主的教学始终占据重要地位，教师以统一式的课堂讲授为主，学生则以被动接受理论知识为主，听课、做笔记、做练习是大多数学生的主要学习形式，学生学习缺乏主动性，自学和讨论的时间太少，有限的学习讨论也往往流于形式，很多案例讨论课因冷场而不了了之[7]。长此以往，学生的独立性和创造性日渐消蚀。而由于课堂人数过多，教师也很难对学生进行有针对性的指导。

国外高校课堂教学形式虽然具有一定的优越性，但也存在着某些缺点。首先，课堂管理没有规矩不成方圆。过分强调学生在课堂上的主体地位，可能导致课堂纪律松散、秩序混乱，学生情绪过度活跃，缺少严肃认真的学习风气，影响学习效果。其次，由于教学形式的开放性，一些自主学习能力相对较弱的学生难以取得较大进步，尤其是性格内向或基础薄弱的学生往往不愿在课堂上表现自己，进而与他人的差距不断拉大[8]。最后，开放互动式的教学模式对教师职业素质的要求较高，如果教师没有足够的能力把控教学进度和课堂氛围，可能会对整体教学效果产生"过犹不及"的副作用。因此，我们借鉴国外经验的同时应将其与我国国情、校情实际相结合，不能不加选择和改进地盲目照抄照搬。

三、国外金融学教学经验借鉴

当前要实现高校课堂教学改革创新，落实学校国际化发展战略，促进北京工商大学嘉华学院全面提升国际化办学水平，就应与国际接轨，借鉴国外高校的有益经验；同时要正确认识中国教育的实情，结合目前校情，立足学校"国际化"发展定位，围绕"个性化"人才培养目标，并着眼于未来发展，积极探索适合校情、师情、学情和社会发展需要的"金融学"专业课程"国际化人才培养模式"及高等教育发展之路。本文针对"金融学"课程，借鉴国内外教学经验，从教材选取、教学内容、教学方式三个方面提出以下建议。

1. 教材选取

直接选择国外金融学教材，如全球范围内主流的金融学入门级教材、金融学领域的经典之作——弗雷德里克·S.米什金所著《货币金融学》（截至2022年9月，最新版本为2021年2月由培生教育出版集团出版的第13版）[2]。其英文原版内容丰富，深入细致，为国内很多高校所选用。从以前的教学实践可看出，学生很快对此书产生了亲切感，能够读懂，自己预习和复习的主动性得到增强,教学效果得到了极大的改善。考虑到本校学生的英语实际水平、金融学的专业基础地位和后续专业课程的学习,可以先选用中译本,中文授课,以便学生能够更好地理解掌握金融学重要基本概念、原理和金融分析工具,为后续专业课程的学习打下良好的基础,同时也让学生慢慢熟悉和逐渐适应国外教材的结构体系;再逐步过渡到直接引进西方发达国家最新原版外文教材,中文授课;再到采用外文教材、双语授课;直至采用外文教材、外语授课。在学好专业知识的前提下,进一步提高学生外语水平。在每个阶段,教师应总结教学中的经验教训,给自身学习提升的时间和空间,以促进下一个阶段教学科研活动更顺畅地开展。除了主讲教材外,还给学生列出课外阅读文献及网站,如兹维·博迪的《金融学》[4],该教材内容涵盖货币金融的基本方面,难度适中,语言平易,也是一本理想的金融学课程入门双语教材,还有如黄达编著的《金融学》[2],以及一些学习网站,如经管之家(原人大经济论坛)www.pinggu.org、新西兰梅西大学网站www.massey.ac.nz等,这些网站能为学生课外拓展和海外留学提供帮助。

2. **教学内容**

"金融学"课程内容庞杂,米什金的《货币金融学》教材有500多页,涉及总产出与总收入、货币、信用、利率、金融市场、金融中介机构、货币供求、货币政策、国际金融、通货膨胀、金融危机、金融监管等问题,几乎涵盖了整个金融领域[3]。要在几十个学时内面面俱到地讲解是不可能的,也是没有必要的。教师如何在有限的课时里合理地安排教学内容,以保证这门金融基础课程的教学整体水平和质量,并兼顾不同专业的需要和准备出国留学的学生的一些特定需求,是"金融学"教学中一个重要的问题。一个容易操作的方法是将总体内容分为两大板块:基本教学内容(针对所有专业)和差别化教学内容(针对不同专业)。在界定本课程基本教学内容的基础上,根据不同专业的特点安排差别化教学内容。基本教学内容是在教材中处于核心地位的内容,是金融学、投资学、金融科技、数字经济等各专业教学中都必须覆盖的、学生必须掌握的知识,能够实现各专业学生掌握该课程基本知识、基本原理、基本方法和基本技能的教学要求,如货币、利率、金融市场的基本情况,金融中介机构的构成等;而差别化的教学内容需要教师根据所教学生的专业特点、专业需求及班级需要进行选择。由于国外金融学以微观金融为主,而金融学课程又是专业基础课,既涉及宏观金融又涉及微观金融。对于宏观经济学已经涉及的部分宏观金融内容,如货币供求、通货膨胀、货币政策等,可以采取学生自学+教师提问+学生讲解+教师复习串讲的形式,以节约有限课时;对于监管部分,可以结合现实,采取专题讲座模式;对于国际金融部分,则留待后续国际金融学课程再做详细介绍[9]。而对于微观金融部分内容,特别是一些重难点,如利率理论部分内容,要不厌其烦,不怕艰苦,将课件与板书结合起来详细分析,不仅使学生有足够的时间看清楚课件上的内容,还让他们有足够的时间思考和消化。而在多媒体课件的制作上,要有简有繁,突出重点,做到功能齐备、美观大方即可,不必刻意追求课件制作技术的复杂、精巧。否则不但浪费了教师的宝贵时间,而且容易分散学生的注意力,实际效果非常有限。同时,也不能完全抛开教材,另弄一套课件,或者按照一些国内教材做一套课件,内容应该与所用国外教材大致对应,这样才能有助于学生的预习和复习[10]。

此外,考虑到国情和金融的科技化发展趋势及本校新设专业,注重金融学课程内容与其他相关学科之间的交叉融合,比如和思政、法律、计量经济、计算机等的结合。注意提炼思政要素,比如在讲货币时,介绍人民币国际地位的提升;在讲信用知识时,介绍央行的征信系统以及树立诚信意识的重要性;在讲金融机构知识内容时,可以结合六大国有控股商业银行的性质和地位,让学生结合我国国情谈谈金融企业的社会责任,等等。

3. 教学形式

大学生课堂上玩手机的现象比较普遍,这一现象出现的原因是多方面的,主要原因是课堂魅力不够大。课堂魅力主要在于授课教师的教学形式、方法。"金融学"这门专业基础课程,体系完善、内容庞杂、难度较大,而且信息更新速度较快,若教师不能以多种方式方法吸引学生的注意力,授课效果自然难以保证。因此,在教学过程中,我们应该充分突破传统"教"的教学方式,可以借鉴欧美高校"金融学"课程课堂上常用的教学方法,融合运用案例分析、角色扮演、情景模拟、任务驱动、线上线下等多种教学形式、方法和手段,以耐心引导学生思考为主[11]。提倡启发式、参与式、研讨式教学法,用通俗易懂的语言、生动鲜活的事例、新颖活泼的形式,激发学生学习兴趣,增强学习效果。

(1) 案例分析

案例教学是金融学专业课程中必不可少的组成部分,贯穿整个教学过程,在提升学生学习兴趣,帮助学生领会教学内容、掌握相关理论和方法的过程中,具有举足轻重的作用。在教学中,主要按照"聚焦社会热点问题来讲金融学"的课程设计思路,以案例为载体,采用案例分析和视频、寓言等情景演示导入教学内容[12]。

金融学课程不仅仅是理论课,它还是紧密联系实际的鲜活的实践课。因此,在课堂讲授的同时,应根据教学进度,适时增加前沿知识并融入热点问题的案例分析,从而弥补课本理论知识滞后的局限性,增强课堂教学的时效性、趣味性和启发性[10]。可以考虑在每次课开始时拿出5~10分钟,对一周的财经新闻进行回顾。教师首先应注意财经新闻的选择。一周内国内外的财经新闻往往很多,如果都讲,时间上不允许,也没有必要。新闻选择可以采用这两种视角。一种是选取影响重大的事件,如美联储无上限货币宽松政策。另一种是结合目前的热点和所学知识选择有代表性的事件。如讲到金融市场时,可以选取科创板、北交所财经事件等。除了选题的问题,教师还应注意财经新闻的讲授方式。如果是小班教学,可以考虑一学期组织学生就当前的热点金融问题进行2~3次的讨论,教师提出问题,引导学生查阅、整理资料,进行思考、交流,以培养学生分析问题和解决问题的能力。如果是大班教学,组织讨论的方法会由于学生人数众多而影响讨论的效果,可以尝试让学生就热点金融问题撰写小论文[13]。此外,教师还可以就某个问题,如信用形式、银行存贷款等,鼓励学生自己去找资料,发现生活中的金融学,采取教授与讨论相结合的组合式教学,进而提高学生的学习兴趣。总体上说,就是压缩教师课堂讲授时间,增加课堂讨论题目及讨论时间,增加课外案例数。

在教学中,还可以通过看视频、听寓言故事学金融等生动有趣的方式,增强学生对在现实生活中运用金融学原理的感性认识。如大学生陷入"套路贷"的新闻层出不穷,可以给学生观看一些视频,让学生更真切地认识"套路贷"的危害,理解什么是信用,如何计算利率和利息,从而帮助学生树立正确的消费观。教学视频最好选用英语的,这样不但能使学生学习专业知识,而且对学生英语听力水平的提高大有裨益。

(2) 角色扮演

在教学过程中,可以由学生扮演经济生活中的个体开展经济活动,从而在虚拟的经济生活中切身体会金融学与自己的关系,以及金融学原理在生活中的应用。

如在讲货币起源时,可以先给两名同学分发不同的商品,让两人完成交换;再扩大到给多名同学分发不同的商品,让多人完成交换,在这个交换过程中,使学生了解从物物交换到媒介交换的变化,出现媒介交换的原因,能够充当交换媒介的商品应该具备哪些特征,等等,进而引入马克思对货币职能的论述。这种角色扮演游戏教学法可以让金融学原理深深根植于学生头脑中,激发学生的兴趣[14]。

(3) 任务驱动

通过给学生设计任务,提出学习讨论的课题,以团队(学习小组)作业的形式提前布置给学生,让他们在课前完成知识铺垫,团队完成作业后,由各组代表当众阐述,各团队之间也可以参与讨论,通过各组互评分及教师打分给出各组成绩[15]。

如汇率这部分内容,可以这样设计系列任务:① 某人用人民币去银行换汇,用哪种汇率,把手中外汇兑换为人民币时,又使用哪种汇率;② 某人去欧洲旅游,应该如何兑换当地货币,在兑换时,有什么限制;③ 某人有10万元人民币,按照当日牌价,计算可兑换的欧元;④ 若某人要去巴西旅游,能否按照上述方式兑换当地货币。学生在完成任务的过程中,可以循序渐进地完成相关知识点的铺垫:汇率含义、汇率标价方法、外汇牌价表、买入汇率和卖出汇率报价、我国外汇管理制度、人民币可兑换现状等。

这种教学方式的流程为:项目设计—引出任务—围绕团队(学习小组)作业提出知识点—点评深化—总结提高。在学生表述过程中,教师可以提问或反驳,对于一些偏颇的观点进行更正或分析,学生也可以怀疑或批驳教师的观点,其实也就是我们所认为的启发式教学、互动式教学[16]。这有助于提高学生分析金融问题的能力,同时,通过学生之间的互动,也可以加强学生间及师生间的沟通与交流。

(4) 讲练结合

本课程内容多,课时又有限。教师讲解完重点、难点后,学生应运用自身所学知识完成一定量的训练任务。在北京工商大学嘉华学院的英华在线网站上,既有以选择题、计算题、案例题等形式为学生提供的在线自主学习题库,也有以思维导图的形式为学生提供的指导性学习资源,引导学生加强课外学习。学生可以通过网络学习资源,进一步熟悉金融学基本概念和原理、基本分析工具和方法,系统掌握课程内容,从而完善自身金融知识结构。

(5) 混合式教学

将线上教学与线下教学相结合,一是建立线上交流群组或公共邮箱,教师可在群里或公共邮箱里布置学习任务、发送课前预习资料及课外阅读文献等,使教学资源实现更加有效的共享[17];二是录制一些授课视频并在专属网站上发布,作为课堂教学的补充,便于学生随时随地观看;三是可以利用教室多媒体带领学生浏览一些含金量较高的学术网站,帮助学生更全面地了解所学专业的前沿进展与技能要求,开阔其学术视野。

四、结语

随着金融信息化、全球化、微观化趋势日益明显,科技金融已经成为金融行业发展的重点,为我国本土金融行业带来了新的发展机遇,同时也对金融专业教育提出了新的挑战[18]。本文较为详细地对比了中外"金融学"课程教育的差异,借鉴国外先进教学经验,从教材选取、教学内容、教学形式三个角度提出了金融学教育的改进措施,以充分吸纳国外教学的优点,促进持续改善本土"金融学"教育的不足。希望本文对北京工商大学嘉华学院"金融学"课程教育教学质量的稳步提升有所裨益,同时体现出本校"国际化、高端化、个性化"的办学特色,最终提高人才培养质量,推动学科发展。

参考文献

[1] 曹龙骐. 金融学[M]. 6版. 北京:高等教育出版社,2019.

[2] 黄达,张杰. 金融学[M]. 5版. 北京:中国人民大学出版社,2020.

[3] MISHKIN F S. Economics of money, banking, and financial markets[M]. 13th edition. London: Pearson Press, 2021.

[4] 兹维·博迪,罗伯特·C. 默顿,戴维·L. 克利顿. 金融学[M]. 2版. 曹辉,曹音,译. 北京:中国人民大学出版社,2018.

[5] 蒋先玲. 货币金融学[M]. 3版. 北京:机械工业出版社,2021.

[6] 胥若男,高雪. 独立学院国际化金融人才培养探究——以中南林业科技大学涉外学院金融学专业为例[J]. 产业与科技论坛,2021,20(24):129-130.

[7] 江丽,李琳,傅娟. 高校金融学专业教学改革浅议[J]. 合作经济与科技,2021(17):99-101.

[8] 孙文博. 中外高校教学模式探讨[J]. 生物技术世界,2014(7):181.

[9] 王琦. 中外金融专业课程设置与教学方式比较[J]. 安阳师范学院学报. 2011(6):46-48.

[10] 徐娟,杨永林. 中美大学课堂教学的观察、比较和思考[J]. 中国高等医学教育. 2020(10):123-124.

[11] 程赐胜. 国内外教学方法比较研究引发的思考[J]. 交通高教研究. 2002(3):61-62.

[12] 王含笑,刘蓓. 应用型本科院校"金融学"课程教学中存在的问题和对策研究[J]. 经营管理者,2016(34):490.

[13] 刘昕. 金融学专业教育教学改革的紧迫性与对策[J]. 教育现代化,2019,6(11):55-57.

[14] 羊艳. "金融学"课程教学质量建设若干问题思考[J]. 时代金融,2017(2):281,287.

[15] 张亦春,蒋峰. 中外金融学高等教育的比较及启示[J]. 高等教育研究,2000(5):69-73.

[16] 戴晓凤. 中外金融学本科课程设置比较研究[J]. 保险职业学院学报,2006(5):50-53.

[17] 陈靖,陈迪. 应用型人才培养模式下的金融学课程教学改革之探索[C]//张云. 金融学教育教学改革论文集. 北京:中国经济出版社,2021.

[18] 徐亚. 论多种教学方法与手段的融合运用[C]//张云. 融学教育教学改革论文集. 北京:中国经济出版社,2021.

新商科专业一流课程建设研究
——以"市场调查与预测"课程为例*

◎ 李 刚

摘 要 一流课程建设是新商科专业建设的重要组成部分,教育部提出要建设具有中国特色的新商科专业课程,同时也提出关于一流课程建设的"两性一度"。根据教育部层面的课程建设要求,应用型高校也进行了具体规划和部署,通过教学技术和教学内容创新,改善已有线上教学模式,适应成果导向教育(Outcome Based Education,OBE)理念反向教学设计,利用课程思政进行价值塑造。以高校新商科专业的一流课程"市场调查与预测"的建设为例,从教学技术科技赋能、教学模式变革、教学理念创新、课程思政四个方面对"市场调查与预测"课程进行重新设计。找出基于新时代特征的课程建设新思路和新路径,结合新技术科技赋能教学内容,利用新模式提升教学效果,引入新理念增加教学产出,开展课程思政塑造学生价值观。

关键词 新商科 一流课程 市场调查与预测

一、引言

习近平总书记指出,"我们要建设的教育强国,是中国特色社会主义教育强国""我们要建设的世界一流大学是中国特色社会主义的一流大学"。教育部也提出了发展中国特色新商科、新文科、新农科、新医科的建设目标要求,并提出了具体的新商科专业一流课程建设需要。结合以上规划和要求,许多学者总结出新时代具有中国特色的新商科一流课程建设需要实现的目标和应该完成的具体内容。

从一流课程的高阶性、创新性、挑战度角度考虑,第一,高阶性对应新的教学技术,教学

---

* 本文为哈尔滨剑桥学院线上一流课程建设阶段性成果。
作者简介 李刚,哈尔滨剑桥学院工商管理学院零售业管理教研室主任,副教授,管理学硕士。

内容中包含新的科技,随着新时代信息技术不断发展,信息技术与传统教学模式结合,以推进传统教学改革,为传统教学进行科技赋能已经成为新商科一流课程建设的基础性技术,这不仅要求教师在教学中广泛使用最新的教学技术,也要求教师在教学中讲授最新的科学技术。第二,创新性对应新的教学模式,受新冠疫情影响,学生通过在线学习完成学习活动,教学模式由传统线下教学转为线上教学,并且线上线下相结合的 O2O(Online to Offline)教学模式已经成为教学常态,但尚存在一些需要改进的方面。第三,挑战度对应教学结果和教学产出,基于产出导向的 OBE 教育理念,也为新商科人才的培养提供了新的方向指导,产出导向型人才培养、反向设计教学过程已经被很多高校采用,这也为一流课程建设提供了新思路。第四,"金课"还要有坚定的政治方向,为党育才,为塑造新商科专业人才正确价值观而建设的课程思政,也为新商科课程建设提供了思想指引。基于以上新技术要求、在线教学模式的转换、OBE 教育理念、课程思政的政治理论基础都为新时代具有中国特色的新商科专业课建设提供了理论支撑,在实践中也为一流课程建设提供了新模式,基于新方法、新理念,新思政课程变革重构将全面推进新商科专业一流课程建设。

根据教育部要求的一流课程建设标准,应用型高校普遍开展了一流课程建设。二级学院成立了课程建设委员会,邀请校企合作单位、兄弟院校的资深专家参加,共同研讨课程体系的设置与课程内容的设计。教研室层面开展课程建设"达标创优"工程,要求专业教师针对课程培养目标、教学内容、教学方法、考核方式进行汇报,根据反馈意见整改,形成规范的课程说明书、教学大纲、教案、自编讲义和考核文件,调动专业教师加强课程建设的积极性与创造性,实现课程内容与职业标准、教学过程与生产过程真正对接。各专业教师通过定期深入校企合作单位参加社会实践及与"业师"反复切磋,及时了解企事业单位实务工作的情况和变化,在对传统课程内容进行整合后,精心设计课程内容,突出课程内容的实用性与时效性。同时,让行业企业进课堂,将真正的商业项目、企业行业情况、最新的行业信息引入课堂,调动学生学习的积极性,实现学校人才培养与企业实际需求的有效衔接。

二、新商科专业一流课程建设文献综述

科技赋能依然是"市场调查与预测"课程改革创新的方式手段,为了实现课程的创新性和高阶性,利用新型的科技教学方式进行教学改革是主要的途径[1]。利用新型的互联网和大数据技术,改变传统的教学模式,将传输知识式教学转变为学生主动学习知识后解决实际问题,学生也愿意学习更多新技术和新方法,如学习利用基于大数据技术的数据统计和数据分析软件[2]。

在新冠疫情期间学生不能离开校园的情况下,采用虚拟仿真技术,以虚拟形式进行实训,线上发布真实的悬赏任务,即企业需要完成的调查项目,学生完成悬赏任务,获得相应的实训成绩[3]。这种课程改革方式变单一的知识讲授为知识的应用,使学生从被动地学习

新知识,过渡到主动掌握一定的知识并应用知识。学生在应用知识的过程中,当不能解决问题时,教师再进行知识的补充和讲授,学生学习知识来完成特定的任务,形成一个知识循环的良性过程[4]。

新时代对新商科人才也提出了更高的要求,通过"市场调查与预测"课程教学,学生的就业能力大幅提升,课程的设置和内容的安排需要大幅度变革。从这一角度进行市场调查与预测课程的改革,不仅是对整个新商科专业课教学内容、教学方法、考评机制进行变革,而且是在变革的过程中促进学生领悟以产出为导向的教学模式对学生专业能力发展的重要性[5]。采用以产出为导向的教学模式,不仅增强了课程的实践性,提高了学生的参与度,也为学生主动掌握知识、应用知识和其职业发展提供了有益的帮助[6]。

实施课程思政也是提高人才培养质量的重要举措。在教学改革的过程中,新商科专业进行专业课课程思政教学,既落实了立德树人的根本任务,也提高了人才培养质量。课程思政与专业课融合既是课程思政的目标,也是专业课提高人才培养质量的举措[7]。应用型本科院校开设"市场调查与预测"课程,在课程中落实课程思政,并融入社会主义核心价值观,将课程思政与国家、社会、企业的人才需求较好地结合,同时不断提升人才培养质量,人才培养的过程、教学设计、教学内容安排不仅可以提升学生的知识素养,还可以使学生树立正确的价值观[8]。

三、新商科专业一流课程建设量化分析

为了更好地建设"市场调查与预测"课程,要对现有课程进行量化分析。进行量化分析有助于更准确地评价现有课程,合理分配课程建设资源,获取课程现状主要数据,并预测课程建成数据。通过数据对比发现课程建设水平提高的具体方面。结合现有课程量化分析的结果和未来课程建设量化调研的结果,进行综合分析。

1. 对现有的"市场调查与预测"课程进行评价

(1)"市场调查与预测"课程体系合理性评价

课程体系的合理性评价基于市场调研与预测的人才培养目标及毕业要求,根据"金课"建设要求和"两性一度"原则,课程模块学时和学分分配的合理性,创新创业实践能力的培养情况,思想政治课程的实施情况开展。

重点关注市场调查与预测课程体系是否完整,相关的学时学分分配是否合理,是否注重学生能力的培养。根据重点内容设计调查问卷,采用成熟量表,调查对象选择在校学生、毕业生和用人单位,同时涉及专业建设委员会。

"市场调查与预测"课程内容体系调查,注重零售学技术方法和管理基础与经济、人力、财务技术的结合,对调查学生最常用到哪方面的知识、学校主要调查哪个市场和预测软件的学习情况帮助大,具体见表1。

表 1 专业课程内容统计表

选项	小计	比例
零售方法	87	54.38%
人力资源管理	75	46.88%
经济管理	45	28.13%
财务技术管理	35	21.88%
采购与仓储技术	36	22.5%
物流配送技术	9	5.63%

专业课程内容统计表中,零售方法、人力资源管理、经济管理、财务技术管理的比例依次降低,专业课程内容更加偏向专业内容。

"市场调查与预测"课程软件操作内容设置开设统计表(表 2)中,"市场调查与预测"软件操作、VBSE 虚拟仿真、采购与供应链、仓储与配送、电子商务,比例依次降低,"市场调查与预测"课程内容更加偏向"市场调查与预测"软件操作。

表 2 "市场调查与预测"课程软件操作内容设置开设统计表

选项	小计	比例
"市场调查与预测"软件操作	69	43.13%
VBSE 虚拟仿真	101	63.13%
采购与供应链	66	41.25%
仓储与配送	18	11.25%
电子商务	27	16.88%

"市场调查与预测"课程体系合理性评价方面,基础理论课、专业核心课、专业选修课基本合理,课程对毕业要求指标点的支撑强度基本足够,课程目标和相应的基本指标点合理,课程目标中要求学生形成的能力符合毕业要求。

(2)"市场调查与预测"课程目标达成情况评价

"市场调查与预测"课程目标达成的评价中,以教学大纲、市场调查与预测的人才培养目标及毕业要求为依据。按照毕业生应具有的能力与课程设置、教学内容、课程考核结果相对应的原则,课程客观内容评估是对课程内容是否符合毕业要求达到目标的基础评估,学生完成情况评估是课程内容体系评估的另一个主要方面。

目标达成情况主要考虑人才培养目标能否通过课程实现。在课程目标实现的过程中,关注教师使用的教学方式方法及教学内容能否实现课程目标及最终人才培养目标。笔者根据重点内容设计调查问卷,采用成熟量表,对在校学生、毕业生和用人单位,以及专业建设委员会进行问卷调查。主要考查哈尔滨剑桥学院"市场调查与预测"课程的培养目标与课程教学中存在的主要问题。具体统计情况见表3。

表3 培养目标与课程教学中存在的主要问题统计表

选项	小计	比例
专业与社会需求脱节	81	50.63%
忽视个性培养	82	51.25%
教学计划不合理	36	22.5%
教学方法单一	77	48.13%
培养人才规格不统一	35	21.88%
培养目标定位不准	34	21.25%

"市场调查与预测"课程目标达成情况的评价结果主要集中于：教学方法单一、忽视个性培养、专业与社会需求脱节。截至2022年10月，由于"市场调查与预测"课程尚未开始，调查得到的情况将作为参考依据，待课程完整实施后再来论证"市场调查与预测"课程目标达成情况。

（3）"市场调查与预测"毕业要求达成情况评价

"市场调查与预测"毕业要求达成情况评价，即毕业生具有的实际能力与毕业要求的符合度评价。单一课程对应毕业要求支撑指标点，毕业要求指标点对应相关岗位对毕业生的能力要求。可通过评价岗位对口程度实现对课程中毕业要求指标点的评价。

"市场调研与预测"达成情况评估相应的毕业要求，即评价毕业生的实际能力与毕业要求的符合度。一个课程目标对应毕业要求的一个方面。毕业要求中的能力和毕业生的工作岗位相关。可以通过评估毕业要求完成度，实现对应的课程目标达成度评价。

根据毕业生就业岗位的要求，进行课程目标达成评价。根据重点内容设计调查问卷，采用成熟量表，调查对象选择在校学生、毕业生和用人单位，以及专业建设委员会。主要考查参加过"市场调查与预测"课程的本科生毕业后从事专业对口工作的可能性，特别是新技术与岗位的结合情况。主要考查目前"市场调查与预测"课程的人才培养计划下的毕业生选择什么样的工作岗位。具体见表4、表5。

表4 新技术与岗位的结合情况统计表

选项	小计	比例
90%及以上	29	18.13%
[80%,90%)	40	25%
[70%,80%)	41	25.63%

(续表)

选项	小计	比例
[60%,70%)	38	23.75%
60%以下	12	7.5%

表5 学生工作岗位选择统计表

选项	小计	比例
政府零售监管部门(商务局等)	77	48.13%
大型零售企业、部门	98	61.25%
连锁零售单位	73	45.63%
创业型零售企业	32	20%

"市场调查与预测"课程尚无毕业生,但根据调查情况可以推断毕业生与岗位契合程度高、分布行业集中,基本可以实现毕业要求。政府零售监管部门(商务局等)、大型零售企业或部门、连锁零售单位、创业型零售企业等对应岗位与课程对应毕业要求的匹配度高。

2. "市场调查与预测"课程未来建设调研

根据对现有的"市场调查与预测"课程的量化分析结果,进一步开展对未来课程建设的调研,通过对课程建设的调研获取课程建设的重点方向。根据课程存在的问题和痛点,重点调研以下四个方向的建设情况:课程内容的建设、课程教学过程的建设、课程考核达成度的建设、课程应用价值方面的建设。具体是课程建设过程中新技术的应用、在线教育资源的使用、学生能力的产出、课程思政的价值、与专业知识的结合、实践能力的培养,以及比赛促教的模式。

根据重点内容设计调查问卷,采用成熟量表,调查对象选择在校学生、毕业生和用人单位,以及专业建设委员会。根据需要改革的内容,对调查对象进行李克特5级量表分析评价,并进行因子分析,识别出各题项在计量中的影响程度(表6)。

表6 改革内容调查题项表

题项	因子载荷	Cronbach's α
1. "市场调查与预测"课程结合新技术、新科技(如利用大数据技术),您满意吗	0.805	0.862
2. 利用新模式提升"市场调查与预测"课程效果(如利用在线教学资源),您满意吗	0.797	0.898
3. 引入新理念增加"市场调查与预测"课程产出、能力产出(如增强学生调查预测能力),您满意吗	0.799	0.822

(续表)

题项	因子载荷	Cronbach's α
4. 开展新思政塑造"市场调查与预测"课程价值(如倡导学生树立正确的三观),您满意吗	0.874	0.769
5. "市场调查与预测"课程结合专业知识(如在课程中结合专业知识),您满意吗	0.674	0.867
6. "市场调查与预测"课程培养学生实践能力(如学生能力提升),您满意吗	0.735	0.763
7. "市场调查与预测"课程建设以赛教结合模式进行,您满意吗	0.717	0.853

将题项量表制作成调查问卷分别发给毕业生、用人单位及专业建设委员会,然后选择对课程建设影响较大的主体,涉及"市场调查与预测"一流课程负责人(表7)。根据表7可知,在所有选项中,"很满意"和"满意"的占比较高,突出了课程内容改革与创新的重要性。

表7 题项调查统计表

选项	题项1	题项2	题项3	题项4	题项5	题项6	题项7
很不满意	1	0	0	0	0	0	0
不满意	0	0	0	0	0	0	0
一般	2	0	1	1	2	1	2
满意	5	7	4	5	4	7	3
很满意	14	15	17	16	16	14	17
本题有效填写人次	22	22	22	22	22	22	22

根据评价结果可以发现,未来"市场调查与预测"课程建设的方向是准确的。需要在"市场调查与预测"课程内容中引入新技术。课程教学模式改革中应加入在线教资源,形成线上线下互动模式。现有课程的内容和教学基本能够满足学生的能力产出,但应继续加强对学生实践能力的培养,同时应根据课程内容及时进行课程思政教学。对于在校生可以通过比赛促教的方式,提升学生的能力。

四、基于新时代特征的"市场调查与预测"课程建设内容

1. 结合新技术、新科技赋能"市场调查与预测"课程

市场调查与预测基于数据的取得、整理、分析、预测,离不开大数据,因此在市场调查与预测的过程中,也需要应用一些统计计量软件。当前的市场调查与预测与传统经济时期的调查预测相比,发生了根本性转变,特别是基于最新技术形成的"互联网+"技术、数据挖掘技术,都对"市场调查与预测"课程提出了更高的要求。"互联网+"时代背景下,企业进行

市场调研的方式发生转变,因此"市场调查与预测"课程也要基于市场对调研人员的需求,引入最新的信息技术应用,同时培养学生使用最新信息技术。通过"互联网＋"技术进行课程改革是当前教育改革的一个主要方式,"市场调查与预测"课程与"互联网＋"技术结合得比较紧密,特别是在线获取数据及数据分析均是当前比较新的技术应用过程。通过最新的市场调研状况,企业对新商科专业调研能力有了更高的要求,学生在通过市场调研获取数据、分析数据及形成调查报告的过程中,均需要使用大数据统计分析软件,因此,利用大数据技术改革"市场调查与预测"课程是十分必要的。

2. 利用新模式提升"市场调查与预测"课程效果

2020年以来,受新冠疫情的影响,全国大部分高校都采用了在线教学模式。在线教学模式存在一定的弊端,例如教师对学生的把控能力没有线下教学强,因此在线上线下混合教学过程中,如何利用好线上的教学资源、如何安排好线下的实践教学,成为提升课程质量、培养学生能力的主要问题。通过线上线下的融合式教学,将线上的优秀教学资源推送给学生,线下开展项目式教学,要求学生完成相应的项目,极大地提升了学生获取知识及应用知识的能力,也提升了学生的思考能力和自学能力。"市场调查与预测"课程恰好适用项目式教学法,通过将调查的任务逐项分解,再还原到课程中,安排学生形成互助研讨小组,针对不同的教学项目和需要完成的任务进行项目分解和任务落实。将项目式教学与课程实训相结合,使教学的目标更明确,实训的内容有依据,教学以完成项目任务为主,实训以培养学生能力为主,同时也实现了校企合作,学生在校期间不断提升了工作需要的能力。

3. 引入新理念增加"市场调查与预测"课程产出

新商科专业转型发展的依据是通过课程改革提升学生的能力,使学校人才培养与市场人才需求相一致。OBE教学理念通过产出导向为社会培养更符合企业需求的人才,也解决了新商科专业人才就业与企业人才要求不匹配的问题。"市场调查与预测"课程能够为新商科专业人才培养提供就业技能方面的支持,特别是应用型高校新商科专业的人才培养,更注重人才的实践性和应用性。从OBE理念角度出发进行的课程变革,强调学生的能力产出,根据学生在社会企业岗位中需要的知识能力与素质来设置课程的目标及课程的达成度。

"市场调查与预测"课程是一般营销类专业的核心类课程,该课程对学生初步接触市场为企业进行决策,并且对未来经济发展的状况进行预测,起到了前后衔接的作用。对于对实践性要求较高的新商科专业,需要在课程设置和课程教学的过程中,不断提升学生的实践能力,"市场调查与预测"课程目标中有实践要求,因此应全面变革该门课程的整个环节,包括教材选择、教学目标设定、过程设计及实际教学过程,使其向实践方向发展。为了使"市场调查与预测"课程与市场情况高度一致,首先应找到市场调查相关工作岗位,然后分析相关工作岗位的要求,将要求作为课程培养目标并逐项分解。该目标作为课程目标,也是课程教学的出发点和落脚点。以产出为导向的项目式教学,能够达成最终项目目标,符合该课程的达成度,如果不能满足项目教学要求,则需要改善项目目标或教学环节。

4. 开展新思政塑造"市场调查与预测"课程价值

从"市场调查与预测"课程的特征出发进行课程思政教学,然后根据课程思政的目标设置"市场调查与预测"课程的任务,让课程思政和专业知识有机结合,既能保证课程思政的效果,也能保证专业知识的传授,一举两得。从整体上看,课程思政是知识传授和能力培养的基础,通过塑造学生的价值观,可以拓宽学生获取知识和提升能力的途径。将"市场调查与预测"课程作为与课程思政应用结合的新商科类专业课,符合人才培养目标,市场调查过程中的项目和任务,既有助于完成项目式教学,也能要求学生落实任务,还能保证学生在项目教学过程中塑造价值观及提升能力。

参考文献

[1] 蔡昌艳,阿一鲁体,沙马呷莫.高校经管类专业实践课课程思政教学改革路径研究——以市场调查与预测课程为例[J].西昌学院学报(社会科学版),2022,34(1):118-123.

[2] 关阳,陈晓丽.大数据背景下市场调查与预测教学模式研究[J].中国管理信息化,2022,25(1):226-229.

[3] 刘荣君,刘莎,李小花.市场调查与预测课程:赛教结合下的课程实践模式[J].营销界,2021(Z6):163-165.

[4] 杨应旭,欧美,邱艳萍.深度学习视角下O2O混合教学模式在《市场调查与预测》课程中的实践探究[J].贵州师范学院学报,2021,37(11):19-26.

[5] 陈晓丽.OBE理念下"项目引导+任务驱动"在应用型本科高校"市场调查与预测"课程教学模式研究[J].科技风,2021(32):118-120.

[6] 周妮笛,孙艳华,廖翼."课程思政"育人理念下市场营销学专业课建设研究与实践——以《市场调查与预测》课程为例[J].中国高新科技,2021(21):119-122.

[7] 顾明.基于慕课高职课程纯在线教学的实践与研究——以"电子商务概论"为例[J].遵义师范学院学报,2022,24(3):116-119.

[8] 张甲秀.数学线上教学问题分析及嵌入路径探究[J].遵义师范学院学报,2022,24(3):120-123.

海洋技术课程思政教学模式的构建与实施
——以同济大学"海洋调查方法与技术"课程为例[*]

◎ 陈思超　杨群慧　高　航　沈其娟

摘　要　课程思政是新时代高校落实立德树人根本任务的关键环节，是强化课程育人功能过程中提出的新概念。本文结合布鲁姆教育目标分类理论，创新设计了知识、能力和素质三维课程目标体系，对构建海洋技术新工科的课程思政教学模式的思路进行探讨，并以海洋技术课程中的"海洋调查方法与技术"课程为例，详细分析了思政元素嵌入课程设计与实施的过程，总结不足并提出优化策略，旨在培养德才兼备的海洋技术新工科人才。

关键词　课程思政　三维目标　海洋技术　海洋强国

一、引言

党的十八大报告中首次明确提出海洋强国战略，海洋强国是指在开发海洋、利用海洋、保护海洋、管控海洋方面拥有强大综合实力的国家。海洋强国战略已成为推动中国经济社会发展的巨擘[1]，给高校的思想政治教育提出时代新要求。"培养什么人、怎样培养人、为谁培养人"是教育的根本问题。2016年，习近平总书记在全国高校思想政治工作会议上强调，"要坚持把立德树人作为中心环节，把思想政治工作贯穿教育教学全过程，实现全程育人、全方位育人"，首次对"课程思政"的目标和内涵提出了明确要求。新时代课程思政应全

---

[*] 本文为上海市科委科研计划项目"东海海上试验场总体规划及一期建设可行性研究"（项目编号：19DZ1207100）、同济大学研究生课程思政示范课程项目"海洋调查方法与技术"（项目编号：2021KCSZKC21）、同济大学研究生教育研究与改革重点项目"海洋强国背景下学科交叉创新性人才培养模式探究"（项目编号：2022ZD07）的研究成果。

作者简介　陈思超，同济大学高等教育研究所硕士研究生。
　　　　　　杨群慧，同济大学海洋与地球科学学院教授，博士。
　　　　　　高　航，同济大学海洋与地球科学学院讲师，博士。
　　　　　　沈其娟，同济大学高等教育研究所博士后，博士。

面落实立德树人根本任务,培养德、智、体、美、劳全面发展的社会主义建设者和接班人。2020年5月,教育部印发《高等学校课程思政建设指导纲要》,提出全面推进高校课程思政建设,结合不同课程特点、思维方法和价值理念,深入挖掘课程思政元素,有机融入课程教学,达到润物无声的育人效果[2]。

因此,海洋技术专业的课程思政需要与国家和行业发展需求密切结合,在其课程体系中深度挖掘和提炼专业知识体系中所蕴含的社会人文、政策法规、发展理念、责任担当、实践创新等思政元素,开展课程思政教学。除应具备的专业素养外,海洋技术人才也要具备创新思维、国际视野、社会责任等综合特质,具备探索未知、追求真理、勇攀科学高峰的责任感和使命感。这样才能投身海洋强国建设,发扬精益求精的大国工匠精神,担负海洋强国战略的历史重任。

本文以布鲁姆教育目标分类理论为指导,探讨如何在海洋技术课程中嵌入思政教学内容。首先,基于"知识—能力—素质"的三维课程目标模型[3],构建海洋技术课程思政育人目标体系。其次,基于育人目标体系,嵌入课程思政元素构建课程的教学模式,详细分析课程设计与实施过程。最后,进行实践反思并提出优化策略,以期实现知识传授、能力培养和价值引领三位一体的育人目标。

二、海洋技术课程思政的育人目标体系

课程目标的确立是课程教学开展的基础。一方面,海洋技术课程需要将课程目标与"知识—能力—素质"三维目标结合,遵循学生知识、能力、素质递进式提高的规律,以促进专业人才培养目标的实现。另一方面,海洋技术课程思政教学目标需要和社会主义核心价值观相适应,应体现国家层面的国家意识、社会层面的社会价值、个人层面的职业素养,培养学生"明大德、守公德、严私德"的品格[4]。

综合上述两点,以布鲁姆教育目标分类理论为指导,从认知、技能和情感三个领域出发,围绕国家意识、社会价值和职业素养三个层面,本文提出结合课程目标和思政元素的海洋技术课程育人目标体系模型(图1)。

该模型以课程知识为基础,以实践能力为核心,以思政教育为目标。低阶目标(知识—认知领域)为掌握课程关联海洋知识,中阶目标(能力—技能领域)为将所学到的课程知识应用于实际,高阶目标(素质—情感领域)为提高学生思想政治修养。课程思政教学目标将从国家意识、社会价值和职业素养三个层面展开,在认知领域和技能领域渐进式学习过程中,在知识传授和能力培养基础上,着重实现学生在情感领域思想政治素质的提高。因此,课程思政教学目标不仅是高阶课程目标(素质)的体现,也嵌入了知识目标和能力目标的实现过程。

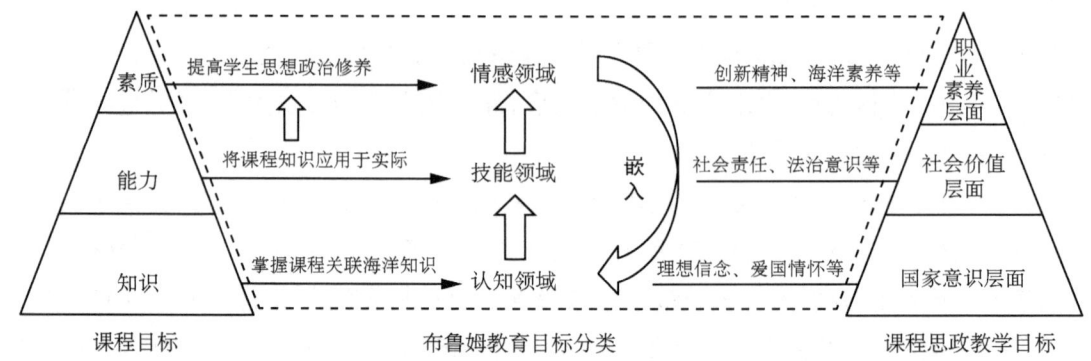

图 1 结合布鲁姆教育目标分类理论的课程育人目标模型

三、海洋调查方法与技术课程思政教学模式构建

推动课程思政建设,在课程设计过程中,要发掘专业学科知识体系中与德育知识的融合点,实现思政内容和专业内容有机结合[5]。在此基础上,同济大学海洋与地球科学学院针对"海洋调查方法与技术"课程,以学生成长为中心,以立德树人为根本任务,开展线上线下混合式教学设计,围绕"为何要开展海洋调查,应用哪些方法和技术开展海洋调查,调查方法和技术的国内外技术现状和发展趋势"知识体系,将思政元素嵌入具体教学内容,构建课程思政教学模式,主要包括:课程思政嵌入知识探究、课程思政嵌入能力培养、课程思政嵌入素质提高(表1为大纲中涵盖的课程思政主要案例设计)。教学中主要采用的教学手段包括理论讲授、案例分析、虚拟仿真实验、视频动画演示和交互讨论等,开展课程思政教学,以期实现知识、能力和素质三维课程育人目标。

表 1 海洋调查技术与方法课程思政主要案例设计

章节内容	教学内容(知识点)	思政元素	育人成效
海洋新资源概述	海洋资源的概念与分类;天然气水合物、多金属结核、富钴结壳等新资源的特征、成因机制和资源前景;我国在国际海域资源竞争中的策略和行为	海洋环境与社会可持续发展理念,蓝色国土意识	传授海洋新资源知识,使学生树立海洋环境与社会可持续发展理念,理解我国在国际海域蓝色圈地运动中的行为;增强学生蓝色国土意识,激励学生投身海洋事业
《联合国海洋法公约》	《联合国海洋法公约》的产生;《联合国海洋法公约》的具体内容	海洋强国战略,中国海洋权益	通过《联合国海洋法公约》的互动学习,结合中国重返联合国历程,东海、南海海域划界等内容讲授,引导学生意识到建设海洋强国的重要性

(续表)

章节内容	教学内容(知识点)	思政元素	育人成效
海洋运载作业技术	水面运载作业技术；水下运载作业技术	"工匠精神"，民族自豪感，爱国主义情怀，奉献精神	通过对比国内外海洋运载作业、通信和采样技术的发展现状，深入理解我国自党的十八大提出建设海洋强国战略以来，海洋高新技术的快速发展，增强学生民族自豪感；通过介绍为国奉献的科学家和工程师的事迹，将汪品先、叶聪等科技工作者的为国奉献精神加以传承，激发学生投身海洋强国建设的责任感，培养学生勇于创新的精神
海洋通信技术	水面和水下通信与组网技术		
海洋采样技术	岩石、沉积物及间隙水采样技术；水体和颗粒物采样技术；生物采样技术；热液、冷泉等极端环境保真采样技术		
海底地形测量	多波束测量系统海上安装标校虚拟仿真实验	海洋国土意识，职业素养，艰苦奋斗精神	通过学习地形测量知识和开展海上地形测量虚拟仿真实验，增强学生的海洋国土意识，提升学生爱国情怀；结合教师个人出海作业经历讲述，培养学生不怕吃苦的精神
物理海洋要素调查方法与技术	温度、盐度、深度、海流、海浪、内波、潮汐等的调查方法和技术	资源开发利用与海洋环境保护，"绿水青山就是金山银山"，"碳达峰与碳中和"，海洋环境观测监测，海洋灾害预警预报，科技创新，责任使命，勇于探索，家国情怀，科学家精神	通过系统了解各种海洋调查方法与技术的基本特征、发展现状和发展趋势，掌握其在开展全球变暖、海洋酸化等海洋环境监测，赤潮、浒苔和地震海啸等灾害预警预报，"碳达峰"和"碳中和"战略等方面的应用价值，激发学生以绿色价值观引领绿色发展的兴趣，意识到国产海洋装备的研发短板，充分理解传感器等"卡脖子"技术研发的重要性，培养学生勇于探索钻研、赶超国际先进水平的斗志
海洋化学要素调查方法与技术	溶解氧、pH、营养盐、溶解性气体、痕量金属元素等的调查方法与技术；全球变暖、海洋酸化的监测技术		
海洋生物要素调查方法与技术	浮游生物、叶绿素、光合有效辐照度等的调查方法与技术		
海洋地球物理要素调查方法与技术	海底重力、磁力、电磁、地震的调查方法和技术		
海底长期观测网技术(含海底科学观测网组网观测虚拟仿真实验)	海底长期观测的意义；世界典型观测网介绍；我国海底观测网的发展现状；虚拟仿真实验内容：观测网基本组成认知、观测平台设计集成、组网观测技术应用	科学与技术相结合的重要性，团队意识，专业自豪感，民族自豪感	通过介绍海洋长期观测这一革命性变革技术，结合同济大学正在承担的海底科学观测网国家重大科技设施建设项目，引导学生深入理解技术进步对科学研究的促进作用，激发学生作为同济人、中国人的自豪感

(续表)

章节内容	教学内容（知识点）	思政元素	育人成效
人工智能在海洋领域的应用	人工智能的定义及国内外发展现状和影响；人工智能对海洋研究的影响；人工智能技术在浮游生物分类等方面的典型应用案例	学科交叉，科技创新，探索精神	通过介绍人工智能在海洋科学研究中的应用案例，提升学生的专业认同感和专业兴趣度，培养学生学科交叉、不断创新的意识，激励学生从事与国家战略需求相关的科研工作

1. 课程思政嵌入知识探究

知识承载着情感、态度和价值[6]，课程思政要嵌入知识的探究与学习，寓价值观引导于知识传播之中。知识探究是课程思政的基础，归于认知领域[7]。

"海洋调查方法与技术"课程思政教学，可分别从专业维度、思政维度两个层次建立理论知识与思政知识的关联。专业维度使学生掌握专业课程的基本概念、基本知识点和基本技能，探究专业知识与思政知识的内在联系，将德育元素嵌入专业知识的探究；思政维度使学生将所学知识转化为自身思想体系，将课程知识与德育知识有机结合应用，将专业教育和思政教育结合起来同向同行，形成协同效应。

以该课程中的"海洋新资源概述"章节为例：在专业维度方面，侧重考查学生对海洋资源的分类及天然气水合物、多金属结核、富钴结壳等海洋新资源的特征、成因机制和资源前景等专业基础知识的掌握，使学生初步构建海洋资源的知识体系框架，理解海洋开发利用与环境保护和社会可持续发展之间的内在关系；在思政维度方面，课程知识结合天然气水合物、多金属结核等工程应用案例及我国在国际海域资源竞争中的策略和行为，使学生深入认识技术进步与创新对人类认识和开发利用海洋的促进作用，识别海洋技术发展和开发利用等工程实践对社会、健康、安全、法律及文化的潜在影响，认识到这些潜在影响所带来的社会责任，激发他们热爱蓝色国土、建设海洋强国的爱国热情，树立"建设海洋强国，必须大力发展海洋高新技术"的理念。

2. 课程思政嵌入能力培养

能力培养中的"能力"是一种具有创造性的能力，其核心在于学生通过主动思考，利用已学得的知识探索出新知识来解决新问题。能力培养是课程思政的核心，属于技能领域。

"海洋调查方法与技术"课程思政教学，能力培养可体现在课程实践阶段，将课程知识应用于实际可进一步加深对理论知识的理解和掌握，将能力培养与实践需求相结合。该课程主要通过案例教学和虚拟仿真实验教学的形式实施。案例教学和虚拟仿真实验教学是促进理论知识与实际应用相结合的重要环节。该课程选取的教学案例和虚拟仿真实验源于工程实际，具有以下两方面的特点：一是案例和虚拟仿真实验与课程理论知识紧密融合，通过潜移默化地嵌入思政内容，培养学生发现问题、分析问题和解决问题的能力；二是设计多种教学活动，如课堂讨论、视频演示等，充分调动学生学习的积极性和主动性，注重培养学生的创新能力和批判性思维。

如在讲解课程中"联合国海洋法公约"一章时，引入中国重返联合国历程、东海和南海海域划界案例，引导学生结合相关法律法规作出客观的判断；如在讲解课程中"海底长期观测网技术"一章时，充分结合同济大学正在牵头建设的海底科学观测网国家重大科技基础设施，引导学生思考如何将海洋观测技术应用于解决海洋科技实际问题；如在讲解课程中"人工智能在海洋领域的应用"一章时，引入人工智能对海洋研究的影响，通过介绍浮游生物分类等典型应用案例，引导学生运用专业理论知识和学科交叉思维方式探索未知领域。

3. 课程思政嵌入素质提高

素质提高是课程思政嵌入"知识—能力—素质"三维目标的高阶目标，是知识与能力的升华阶段。素质提高是课程思政的核心，属于情感领域。"海洋调查方法与技术"课程思政教学，以情感态度价值观这一目标为有效嵌入点，围绕国家意识、社会价值和职业素养三个层面，实现价值引领与课程育人功能。

在国家意识层面，课程思政的教学目标包括理想信念、爱国情怀等。通过开展丰富的教学活动，使学生了解中国特色社会主义道路下的海洋强国战略，了解我国各类海洋调查方法和技术的发展及其在国际上的地位，引入海洋领域科学家忠于事业的事迹，从课堂案例和实践体验中感悟祖国的日益强大，培养学生的爱国情怀、民族自豪感和投身海洋强国建设、振兴中华的责任感。以汪品先院士为例，他在2018年以82岁高龄搭乘"深海勇士"号载人潜水器在9天时间里3次下潜到1 400余米的深海开展科学研究；在"南海深部计划"执行的8年里，他充分运用国际上探索深海的先进的"三深"（深钻、深潜、深网）技术，为我国海洋事业作出了重大贡献，极大地提升了中国人在国际海洋科学界的话语权。

在社会价值层面，课程思政的教学目标包括社会责任、法治意识等。把责任感教育和法治意识教育嵌入海洋技术课程，培养学生在开发海洋、利用海洋、保护海洋、管控海洋等方面的责任意识和匠心精神，培养学生将其了解的《联合国海洋法公约》、海洋调查规范及海洋技术领域的其他法律法规应用于社会热点案例分析，帮助学生树立社会主义法治意识。以人类的资源需求与环境保护之间的关系为例，使学生了解海洋碳汇，增加对"碳达峰""碳中和"的认识，彰显我国坚持绿色低碳发展的战略定力，以绿色价值观引领绿色发展[8]，使学生树立社会责任感。

在职业素养层面，课程思政的教学目标包括创新意识、海洋素养等。职业素养不仅包含专业理论知识、专业技能及由此形成的专业创新能力，也包含专业认同意识、诚信意识、团队意识、吃苦意识、服务意识等海洋技术相关素养。例如，在"海底地形测量"章节，教师通过讲述个人出海作业经历，培养学生不怕吃苦的精神；在"海底长期观测网技术"章节，依托同济大学承担的海底科学观测网国家重大科技基础设施、自主开发的"海底科学观测网组网观测虚拟仿真实验"开展实验教学，激发学生作为同济人、中国人的自豪感，提升学生知行合一和勇于实践的科学创新精神；在"人工智能在海洋领域的应用"章节，通过人工智能在浮游生物分类、自主智能无人系统在海洋中的应用等案例,培养学生的学科交叉创新意识,使学生能够在海洋科学、海洋信息技术、海洋观测技术等多学科交叉的团队中承担个体、团队成员及负责人的角色,激励学生积极研发"卡脖子"相关技术,投身海洋强国事业。

四、不足反思与优化策略

新时代对课程思政提出了更高的要求,同济大学海洋技术类课程思政教育教学实践领域还存在一些不足与问题亟待解决。以"海洋调查方法与技术"课程为例,在知识层面,该课程缺乏涵盖有学科特色的课程思政内涵与知识体系的系统教材,这也是当前国内海洋技术专业课程建设面临的普遍问题;在能力层面,该课程主要通过案例式、虚拟仿真实验教学法将理论知识与实际应用相结合以促进学生能力的提高,缺乏具体实践,教学形式不够丰富;在素质层面,该课程中缺乏及时了解学生的思政素质结构和优势、劣势动态的评价方法,无法针对学生个体特点制定个性化的课程思政方案,从而无法达到因材施教的良好效果。综合以上不足与问题,同济大学海洋技术类课程思政教育教学可从以下三方面进行优化。

1. 加强挖掘和凝练具有学科特色的课程思政内涵与知识体系

在海洋技术课程中,要避免专业课程教学与思想政治教学实践脱节的现象,提高海洋技术类课程思政资源利用的灵活性,将专业知识体系中所蕴含的社会人文、政策法制、发展理念、责任担当、实践创新等相关思政元素,嵌入教学大纲的重要条目和课堂讲授的重要内容,促进专业知识与思政要素的深度融合。其中,尤其需要将思政内涵与学科特色密切融合,体现海洋学科特色。在介绍新时代我国海洋行业的变化、要求和发展前景的同时,把海洋的新理论、新技术带入课堂,凝练和弘扬包括深潜精神、海监精神、极地精神在内的海洋精神。此外,编写和选用符合中国国情,凝练学科特色,高质量、高水平的教材,使得整个课程体系在蕴含专业知识的基础上,承载浓厚的海洋素养和家国情怀,从而提升学生接受思政教育的效率和质量。

2. 丰富和拓展课内外、校内外课程思政的教学形式与育人资源

在海洋技术课程中,大力拓展校外育人的平台资源、人力资源和活动资源,不仅是促进教师实践教学能力提升的有效途径,也是促进学生将理论知识与实践相结合,提升综合能力的重要保障。一方面,要学会"引进来",吸引海洋产业或海洋管理部门的优秀校友、行业专家和企业家等建立相应的思想政治教育导师队伍,促使学生及时把握海洋经济发展的需求和趋势;另一方面,要学会"走出去",不局限于课堂上的案例式教学,发挥专业实习实践、校内高等讲堂等学术论坛活动的作用,拓展具有海洋学科特色的校外育人实践平台和活动资源,建立实践育人的长效机制,推进创新实践育人,提升学生将理论知识与社会实际紧密结合的应用能力。

3. 推动建立以学生成长为中心的思政水平提升发展的动态评估机制

在海洋技术课程中,学生在完成基础知识和能力提高后,要将"知识、能力、素质"系统地结合起来,以在海洋经济发展中作出自己的贡献。立德树人是实施素质教育的根本任务[9]。将立德树人融入课程思政的各个环节,需要建立以学生为中心的思政水平提升发展的动态评估机制。首先,可以充分利用网站平台,及时有效地了解学生的学习情况,通过收集学生的在线学习数据,及时了解学生的思政素质结构和特点。其次,通过分析平时作业,进行形成性的过程评价,并在教学中及时反馈。最后,也可以在每一学期结束后对选择该课程的学生进行问卷调查,调查内容包括引入思政元素的重要性和引入思政元素对专业知识学习的帮助等,分析课程目标达成度,从而达到以评促建、促进学生"知识、能力、素质"综合提高的目的。

五、结语

本文基于布鲁姆教育目标分类理论并结合"知识—能力—素质"的三维课程目标模型,构建海洋技术课程思政的育人目标体系。同时在"海洋调查方法与技术"课程中通过课程思政嵌入知识探究、课程思政嵌入能力培养、课程思政嵌入素质提高三方面进行课程思政教学模式构建,将"海洋调查方法与技术"课程中的思政元素与专业内容有机融合,寓价值观引导于知识传授和能力培养之中。

总体来说,课程思政建设是一项需要不断探索、实践和总结的长期性、系统性工程[10],同济大学海洋技术类课程思政可通过加强挖掘和凝练具有学科特色的课程思政内涵与知识体系,丰富和拓展课内外、校内外课程思政的教学形式与育人资源,推动建立以学生成长为中心的思政水平提升发展的动态评估机制等优化策略,将课程思政更好地融入海洋技术等课堂教学,有效促进知识、能力和素质融会贯通,在认知、技能和情感领域极大提升学生的思想水平、政治觉悟、文化素养和道德品格等,培养德才兼备的海洋技术人才,使学生成为德、智、体、美、劳全面发展的社会主义建设者和接班人。

参考文献

[1] 李海凤,王国强.海洋强国战略思想融入高校思想政治理论课研究[J].学校党建与思想教育,2019(15):84-86.

[2] 教育部关于印发《高等学校课程思政建设指导纲要》的通知[EB/OL].(2020-06-01)[2022-11-30]. http://www.moe.gov.cn/srcsite/A08/s7056/202006/t20200603_462437.html.

[3] 梁耀元.基于三维目标的"课程思政"护理教学评价指标体系的构建[D].南宁:广西中医药大学,2022.

[4] 赵鸿铎,邹晓磊,钱鑫,等.交通运输类专业课程思政教学指南[M].上海:华东师范大学出版社,2021:4.

[5] 卢雪英,黄红武,韩勇,等.工科研究生教育课程思政建设的实践与思考[J].中国高等教育,2022(9):35-37.

[6] 叶飞,檀传宝.德育一体化建设的理念基础与实践路径[J].教育研究,2020,41(7):50-61.

[7] 张霞,陈峰,曹阳.工程教育认证下"微生物学实验"课程的研究与思考[J].微生物学通报,2023,50(2):777-784.

[8] 陶占良,张凯,李海霞,等.能源化学课程思政教学探索[J].化学教育(中英文),2022,43(20):36-41.

[9] 吴安春,姜朝晖,金紫薇,等.落实立德树人根本任务——习近平总书记关于教育的重要论述学习研究之十[J].教育研究,2022,43(10):4-13.

[10] 张春萍.加强新商科课程思政建设的路径探析[J].中国高等教育,2021(10):37-39.

培养模式

新形势下中德联合人才培养模式的改革与实践
——以莱茵书院为例

◎ 钱慧智 林松 萧遥 吴雅婧 王家海 闵峻英

摘 要 2018年起，教育部开展了"三全育人"综合改革试点工作，并于2022年4月对"双一流"建设提出了新的要求。新形势下，如何构建高效的联合培养模式，是近年来高等院校关注和研究的热点之一。本文通过调研国内外高校本研贯通、国际合作办学模式，分析新形势下培养具有国际视野的工科卓越人才的实施要点，得出"三全育人"机制可以有效融入国际合作人才培养的结论。本文构建了"三全育人"机制下，以"深基础、宽口径、国际视野中国心"为目标的本研贯通人才培养机制；并以同济大学莱茵书院及其后续的中德合作硕博专业为实践平台，对方案进行了试点和优化，取得了较好的效果，为新形势下高校工科专业创新人才的国际化联合培养提供了实施依据和参考。

关键词 人才培养 三全育人 本研贯通 中外联合培养

一、新形势下人才培养要求及同济大学中德机械专业人才培养概况

2022年，教育部、财政部、国家发展和改革委员会就新一轮"双一流"建设明确了高校人才培养五大重点任务：① 坚定正确的政治导向；② 聚焦培养基础学科人才，大力培养卓越工程师、扎实工程教育基础；③ 全方位打造一流师资；④ 为创新体系和学术生态厚植土壤；⑤ 应对现实需求，推进学科交叉融合和特色优势。[1]综合这五大任务，国家新一轮人才培养定位于培养有正确的政治导向和价值观，有扎实的工程教育基础，能应对现实产业需求的

作者简介 钱慧智，同济大学机械与能源工程学院，教务管理，学士。
林松，同济大学机械与能源工程学院，教授，博士生导师。
萧遥，同济大学机械与能源工程学院，特聘研究员，博士生导师。
吴雅婧，同济大学机械与能源工程学院，教务管理，硕士。
王家海，同济大学机械与能源工程学院，副教授，博士生导师。
闵峻英，同济大学机械与能源工程学院，教授，博士生导师。

卓越人才。

同济大学中德工程机械中心成立于2019年10月,由同济大学机械与能源工程学院和中德学院共建,集合了德国联邦教研部(Bundesministerium für Bildung und Forschung, BMBF)、德国学术交流中心(Deutscher Akademischer Austauschdienst, DAAD)、中华人民共和国教育部等多方中德合作资源。针对机械工程专业,同济大学与德国的波鸿鲁尔大学、达姆施塔特工业大学、卡尔斯鲁厄理工学院、柏林工业大学、布伦瑞克工业大学、斯图加特大学、德累斯顿工业大学、多特蒙德工业大学等高校签订了中德硕士双学位协议。同济大学中德机械工程中心符合就读条件的学生可以申请在上述德国合作高校交流学习1学期(短期交流),或申请2~3学期在德国合作高校攻读中德硕士双学位(长期交流)。

莱茵书院成立于2014年,归属同济大学机械与能源工程学院。2019年中德机械工程中心成立后,依托中心平台办学优势开展各类人才培养实践和探索工作,并为中德机械工程中心平台的硕士生和博士生培养预备优秀的本科毕业生。莱茵书院采用具有工业4.0及智能制造特色的德式机械基础课程体系,注重学科交叉、技术前沿、德英双外语和国际视野,以中德机械工程中心为平台贯通本、硕、博培养体系,致力于培养深基础、宽口径,引领智能科技和绿色能源发展的卓越人才。对于这些学生的培养,项目组以国际化、高水平、中德合作及本研贯通人才培养为基本框架,而国际化人才培养首先要根植于祖国的学科发展和文化土壤[2]。

笔者通过研究中德两国卓越工程师的培养标准,结合欧美等高校的精英教育(Talent Education)培养标准发现,近年来,各国日益注重终身学习能力、实践能力和工科基础。同时,本研贯通的培养模式增强了人才培养的目的性,且大大缩短了硕士研究生和博士研究生的培养周期[3]。结合一些共性和各自国家培养要求的特性,以及中共中央、国务院提出的"三全育人"(全员、全过程、全方位育人)总体要求,项目组明确了中德机械工程中心国际化人才培养目标:使学生成为拥有世界公民格局、国际视野中国心,具备国际交流和竞争实力、创业意识、实践能力、自主学习能力,传承并弘扬中国传统文化的国际化人才。

二、深基础、宽口径的本研贯通方案

笔者根据以上对各国人才培养目标的共性研究,在中华人民共和国教育部专业认证和德国工程师培养两个标准下,凝练了工科的专业特点,以加深应用数学、热力学等数理和工科基础,拓宽专业知识和技能领域,提升实践能力为总目标,梳理整合中德机械工程中心的资源,重构本、硕两个阶段的知识点和大纲,构建了本研贯通人才培养模式和课程体系。优化后的本研贯通方案,形成了高效的"宽"与"厚"的基础知识输入和"精"与"深"的专业能力培养。方案的整体设计如图1所示。

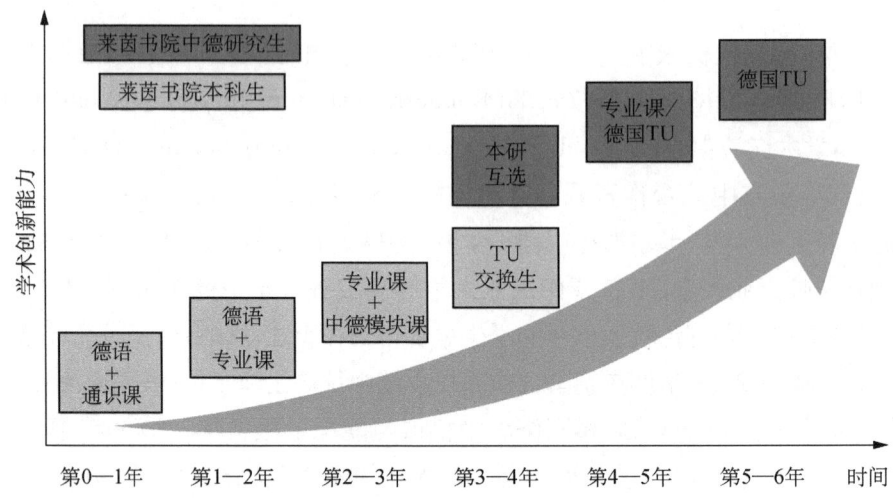

图 1　本研贯通实施方案

注：TU 为德国理工类大学。

方案同时满足了课程大纲的一贯性和专业能力培养的一致性。优化后的培养方案在本科阶段增加了数理方程、复变函数、常微分方程等应用数学类课程以衔接研究生阶段的数学课和专业课，同时课程结合实际工程案例开展，进一步巩固了学生的工科基础和数理基础。本科专业课阶段增加了德国工业技术和产品设计基础两门专业必修课，初步介绍德国工业化和德国工业 4.0 技术，并在研究生阶段开展产品设计的专业课程，作为这两门课程的延伸课，保证课程从学生兴趣和学科前沿入手，内容由"宽、浅"到"精、深"梯度提升。在选修课程中，增加工业工程和动力学的核心课程作为拓展选修，同时对经济学、管理学提出了学分要求，切实落实"深基础、宽口径、本研贯通"的总目标。在文理类课程开展的后阶段，课程分汉语、英语和德语进行，引入外教讲授专业课程，同时中方导师和辅导员进行课程思政建设，保障本研贯通课程在"三全育人"机制下有效开展。

优化后的本研贯通培养方案缩短了从本科阶段到硕士阶段的培养周期。优化前的方案中，由于增加了德语学习时间，加之本科和硕士阶段课程的割裂，从本科到获得中德双硕士学位总耗时往往达 8 年或 8.5 年。项目组以将"本科＋中德双硕士学位"的总学习时长控制在 6.5 年为目标进行培养方案优化，制订了相应的修读时间计划。具体措施及关键时间节点如表 1 所示。深基础、宽口径的本研贯通方案，为人才培养提供了快车道，并为后续"三全育人"机制的融入创造了实施条件。

表 1　6.5 年本硕贯通方案的时间节点优化设置

关键时间节点		具体措施
莱茵书院本科生阶段	大三暑期	暑期学校与暑期夏令营同步进行，有读研意向的学生选择研究生导师（同时为本科毕业设计导师），进入导师课题组

(续表)

关键时间节点		具体措施
莱茵书院本科生阶段	大四	对学生开放本研互选,学业扎实的学生可以开始研一课程的修读
研究生阶段	研一上学期	本科阶段德福成绩达标的学生免修语言课程 学生可同时选修研二课程
	研一下学期初至研二下学期末	派出前往德国,完成德国高校的硕士学位论文
	研三上学期	回到中德机械工程中心,完成同济大学硕士学位论文

三、"三全育人"培养改革与实践

1. "三全育人"机制对本研贯通和国际化建设的意义

三全教育是中共中央、国务院以立德树人为根本任务,以社会主义核心价值观为引领,以全面提高人才培养能力为关键,将思政工作贯穿学科体系、教学体系、教材体系、管理体系等,形成的全员、全过程、全方位育人的高校教育格局[4-6]。

通过前阶段的学习与研究,项目组认为,结合国际化人才的素养和以社会主义核心价值观为导向的"三全育人"机制并不矛盾。全方位的培养,能够使学生具备更开阔的视野和国际大格局,同时,对培养有中国心和国际视野的机械工程领域高层次人才有事半功倍的效果。

2. 全员参与、"五育"并举的育人格局的构建和实践成效

国外优质教育资源的引进、消化并持续、一贯地辐射学生培养的各阶段各方面是国际化办学的优势[7]。笔者将平台所有教育工作者分为三类并划分了相应职能。

第一类为专业导师。专业导师由中德中心平台上的任课教师、导师、课题组学长和飞行导师组成,指导内容偏重学生的学业规划、专业解惑、学术发展、创新实践与竞赛、科研指导、职业规划等。其中飞行导师由德国的高校教授和工程院院士等专业教师担任,每年到中德机械工程中心进行为期1～2周的集中授课,并在此期间进行线下指导,其余时间以线上指导为主。学院专职教师、导师和课题组学长线下开展指导工作。除此之外,学院引进德籍教师进入全职导师团队,利用德国工学和科研实力的优势,指导学生深入学习理论知识,开展实践教学和创新指导工作。

第二类为思政导师。思政导师由学院党政教师、班主任和辅导员担任。思政导师帮助学生树立社会主义核心价值观,提升文化认同感和民族自豪感,与专业导师一起关注学生心理健康,完善思政工作建设。

第三类为学情导师。学情导师主要由教务教师和辅导员担任,持续跟踪学生的学情,从本科新生入校起,建立学情档案,汇总学生的绩点、实践竞赛获奖等数据,保证动态数据的完整性和可参考性。

三类导师的工作相辅相成,导师之间形成了实时沟通机制。三类导师针对学生不同的情况和个别特殊学生,并行开展工作,互相沟通,找到最具针对性的培养方法,构建有效的问题反馈和学情跟进机制,以形成"三全育人"并持续优化的闭环机制(图2)。

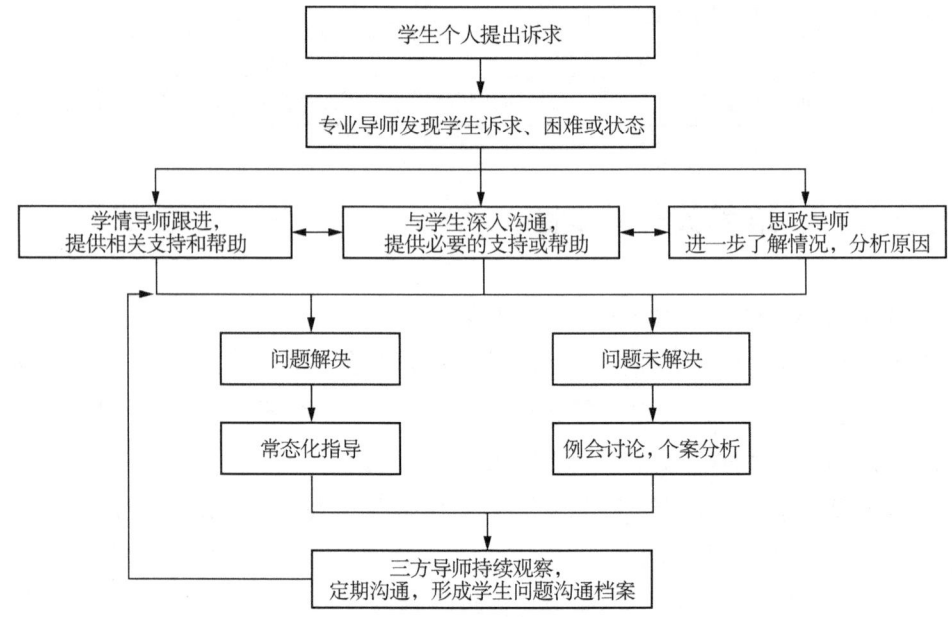

图2 全员育人闭环机制

莱茵书院暑期的"德国线上行"活动即是全员导师制的一个案例。中德机械工程中心会组织德国飞行导师和中心导师共同组织和打造"德国线上行"活动(图3)。活动以专业知识深入和未来发展为主题,辅以中德双方校园文化探讨,中德双方的学生共同参与,在线上线下与专业导师联动,外籍教师和西门子、华为德国公司等企业导师主抓线下实践环节(图4),形成活跃的线上线下互动课堂,通过思政导师和学情导师跟进,打造了一个全员育人的特色实践案例。

经过实践,中德机械工程中心的全员育人方案有效地提升了莱茵书院学生的学业科研兴趣和专业归属感。本项目实践阶段正逢新冠疫情暴发,在疫情大环境下,飞行导师线上指导、中心教师线下指导的合作模式,为全员导师制和本科生导师制提供了多种操作模式。2020年以来,莱茵书院的学生平稳过渡并始终在各类学业、科创和文化活动上表现优秀。

图 3　2021 年 7 月莱茵书院"德国线上行"活动实景　　图 4　中德机械工程中心德籍教师 Ehrmann 博士在新冠疫情期间为学生线下授课

3. 因"时"施教的全过程培养机制的构建和实践

本项研究的对象涵盖大一新生到中德双学位项目研究生。大一新生的诉求侧重于对专业的了解,对大学生活及学习的适应。随着学生的成长,部分学生会对专业发展和职业规划呈现兴趣,部分学生开始为考研和选择研究方向烦恼,也有部分学生决定留学国外寻找发展机会。根据不同年级学生的心理、思想和学术发展特点,项目组制定了因"时"施教的培养目标。

本科一年级学生:心理思政上以"适应高校生活,学会自我管理,树立正确价值观"为目标,学术上以"走进机械,了解机械和智能时代机械发展方向"为引导方式,开展相关的课内外教育活动。

本科二、三年级学生:思政建设持续输入社会主义核心价值观。学术和科研活动以专业理论结合实践或竞赛的方式开展,培养学生发现并解决实际工程问题的能力。

本科毕业年级学生:部分学生可根据实际需求提前参与研一课程,同时进入导师的课题组,和研究生学长共同参与课题,并将参与内容转化为毕业设计课题。

研究生阶段:进一步强化思政和职业、学术伦理教育,并持续在学术上进行理论和科研的交叉渗透,综合化和整体化深入推进,注重知识结构的健全和提升,同时注重培养学生的系统性思维和工程能力。

经过对这一方案的实践,基于学生入校时及低年级时在导师指导下打下的基础,学生后阶段专业学习的效果显著,同时大部分学生在大三时已经明确了未来的研究方向,并找到了兴趣相关的课题组。与这种专业上的"早熟"相对应,在心理和价值观上,学生表现出了更积极的状态和更饱满的热情。从本科的后阶段到研究生阶段,中德机械工程中心实现了分导师项目式学习,以实际工程案例为切入点分析解构数理知识点,提高学生专业学习能力,分析、解决问题的能力及实用知识的能力,为学院的理论结合实践课程创新提供了一个优秀样板。

4. 旨在提高综合素养的全方位人才培养体系的构建和实践

项目组基于全过程的育人方案,结合中国工程教育认证对机械设计制造及其自动化的要求和德国精英大学学业标准,制定了学生理论、科研及德智体美劳各方面的培养目标和全方面能力指标点,引入不同的配套资源,利用中德教师全员各自所长,以本、硕全过程为实施时段,全方位覆盖学生的学术、科研、人文、品德、视野等综合素养,无论是在国内还是在国际上都有很强的适应性和融入能力。

全方位人才培养的抓手并不局限于课堂和实验室,而是延伸到了校内校外、线上线下的每一个空间。如在学生归属感的营建方面,每年秋季学期,莱茵书院针对刚入学的新生开展迎新活动,导师、学长和新生共同参与,为学生营造环境归属感、心理归属感、专业归属感和愿景归属感。在学术和理论知识储备方面,组织飞行导师、全职导师、企业导师及院士定期开展专题学术讲座和院士讲堂等。在人文素养方面,莱茵书院定期组织艺术节、啤酒节[图5(a)]、德国夏令营[图5(b)]等活动,让文化、习俗、理念、价值观和情操通过各类活动的碰撞,不间断地让学生学习人文知识、文化脉络和传承历史,使学生在遵循中国传统文化和社会主义核心价值观的基础上,学会尊重不同的理念习俗和价值体系。此外,莱茵书院还引入各种公益活动,培养学生的奉献精神;组织思政学习,使学生树立正确的人生观和价值观,充实家国情怀。在实践教学方面,通过全员育人的资源投入,引入德国工程实践教育理念,中德机械工程中心与德国的波鸿鲁尔大学、卡尔斯鲁厄理工学院共建了"研究型学习工厂",借以助力实践教学,该学习工厂为"国际学习工厂协会"中国首家会员单位;制订了职业导师计划,助推学生技术沟通能力和专业应变能力的培养[图5(c)];在人才培养的过程中,团队制定了结合科研和创新实践的本科生导师制实施方案和细则,助推学院全员本科生导师制、创新实践活动和竞赛指导的有效开展。目前莱茵书院每年有诸多国家级大学生创新创业训练计划、上海市大学生创新创业训练计划和同济大学大学生创新实践训练计

(a) 中德啤酒节活动

(b) 德国夏令营活动

(c) 中德学院职业导师计划

图5 全方位人才培养

划(Students Innovation Training Program，SITP)的开题和结题,省市级及以上竞赛成绩喜人。莱茵书院学生前往德国高校深造,能很快适应当地的学习和生活,融入当地学生群体,无拘束地表达自己的观点,并在当地传播中华优秀文化。在学生学业发展方面,"三全育人"机制更有利于本研贯通方案中"工学结合、学与做交替"的模式开展,学生在各个阶段的表现都广获口碑。

四、结语

通过在中德机械工程中心的实践,项目组在本研贯通培养的模式上,结合专业发展特色,引入三全育人机制,实现本科、硕士两个阶段课程的无缝衔接,形成培养人才的"快车道"。

目前,项目组的实践成果已辐射学院其他专业。学院的中德机械工程中心已与多所德国精英理工大学签订了双硕士学位协议,互认课程,学生交流学习无缝衔接。除此之外,中心也已完成三类中德博士生培养方案的制定。这些联合培养计划与培养方案的制定,为学院本硕博贯通教育体系的构建提供了国际化、复合化的优质保障,也为其他专业的复合型人才培养提供了样本,力争培养更多工科专业学生成为"中国心看世界,精学业思发展"的未来卓越工科人才。

参考文献

[1] 关于深入推进世界一流大学和一流学科建设的若干意见[EB/OL](2022-01-26)[2022-07-11]. http://www.gov.cn/zhengce/zhengceku/2022/02/14/content_5673489.htm.
[2] 于黎明,殷传涛,陈辉,等.高等工程教育发展趋势分析与国际化办学探索[J].高等工程教育研究,2013(2):41-52.
[3] 程天敏.高校"本硕博"贯通式人才培养模式探索[J].新课程教学(电子版),2021(24):188-190.
[4] 武贵龙.高校"三全育人"综合改革试点工作的探索与实践——以北京科技大学为例[J].思想教育研究,2020(4):144-148.
[5] 邓国彬.新时代高校"三全育人"格局体系构建[J].社会科学家,2020(3):141-145.
[6] 于泽沣,王静雯,冯瑜."三全育人"理念视域下高校本科新生导师制的探索[J].教师,2022(3):3-5.
[7] 陈瑜,唐宏敏,秦卫星.中外合作办学背景下国外优质教育资源的引进、消化与吸收——以长沙理工大学为例[J].教育教学论坛,2019(15):3-5.

我国高校通识教育实践探索与优化路径*

◎ 王晓嘟

摘 要 通识教育对人才培养具有基础性价值和决定性作用。现阶段我国多数"双一流"大学都对通识教育进行了积极探索并取得了一定成效,但仍有诸多高校的通识教育课程存在一些亟须改进的问题。本文从我国高校通识教育实施角度出发,分析了现阶段通识教育的发展状况及部分高校面临的困境,在此基础上,在课程体系、教学形式、师资队伍、通专融合、管理机制等方面为普通高校通识教育发展提出优化路径,以期发挥通识教育在人才培养中的积极作用,为我国高等教育深化改革探索新路。

关键词 通识教育 高校教学 课程体系

"通识教育"(General Education)一词源于西方国家,由"自由教育"(Liberal Education)、"博雅教育"(Liberal Arts Education)演变而来。根据通识教育首倡者——美国博德学院(Bowdoin College)A. S. 帕卡德(A. S. Packard)的观点,通识教育即"一种古典的、文学的、科学的和尽可能综合的教育,使学生在致力于学习特殊的、专门的知识之前对知识的总体状况有综合的、全面的了解"[1]。通识教育的基本理念包括三方面:一是"通识",打破学科壁垒,实现知识贯通;二是"博雅",在专业培养之外,注重培育人的性情、兴趣和趣味;三是"全人",实现人格的健康发展与人的全面发展[2]。

2007年,美国加州大学通识教育委员会(The University of California Commission on General Education)发布了一份重要报告——《21世纪的通识教育》(General Education in the 21st Century),呼吁研究型大学重视通识教育[3]。如今,建设世界一流大学成为世界各国优化高等教育体系、服务国家战略需求的重要举措,通识教育已成为大学建设发展的重要组成部分,其所蕴含的多重思维方式的学习、批判性思维的训练、国际视野的拓展等都是拔尖创新人才培养中不可或缺的内容。

---

* 本文为同济大学2022年教育教学改革重点项目"一流大学通识教育课程体系构建研究"的研究成果。
作者简介 王晓嘟,同济大学高等教育研究所硕士研究生。

一、我国高校通识教育基本现状

20世纪末,我国高等教育改革不断深化,一些高等院校在选课制和学分制改革的基础上,探索适合自身特点的教育理念和教育模式,通识教育成为其优先接受和付诸实践的教育思想[4]。21世纪以来,我国高校尤其是研究型大学持续推进本科教育。在有关政策的引导下,通识教育改革成为改革热点之一,逐步得到了大学的广泛接纳、认可与重视,并在部分"双一流"高校陆续试点[5]。以复旦大学、南京大学、北京大学、中山大学、重庆大学和清华大学等为代表的高校,在效仿与借鉴国外通识教育模式的基础上,先后进行了通识教育改革与实践,形成了独特的通识教育风格,其主要特色如表1所示。

表1 我国部分"双一流"高校通识教育特色

特色	具体表现	部分高校案例
以人为本,重在育人	注重贯通古今中西,促进文理渗透,以此开阔学生视野,锻炼学生批判思维、表达沟通能力等综合素养,最终达到全面发展的目的。通识教育"以人为本,重在育人"的特点一般渗透在大学通识教育的理念或目标中	清华大学:以"古今贯通、中西融汇、文理渗透"为宗旨,注重知识传授和方法论指导,激发和引导学生多方位、多视角、跨学科地审视和对待自己所学的专业[6] 南京大学:培养具有良好科学素养、人文素养和较宽厚业务基础,有较强的创造能力、适应能力和发展潜力的学生[7]
优化课程类型	课程内容涵盖自然科学、人文科学、社会科学与技术等基础学科知识,让每个学生都可以根据自己的兴趣与能力实现全面发展。研究型、综合性大学较为齐全的专业设置和庞大的师资队伍为通识教育多元化课程设置的开展提供了良好基础[8]	中山大学:通识核心课程包括"中国文明""人文基础与经典阅读""全球视野""科技、经济、社会"四大模块[9] 复旦大学:通识核心课程包括文史经典与文化传承、哲学智慧与批判性思维、文明对话与世界视野、社会研究与当代中国、科学探索与技术创新、生态环境与生命关怀、艺术创作与审美体验七大模块[10]
重视经典阅读与小班讨论	经典阅读课程改变了以往教育中普遍存在的对学生课程阅读量要求较低的状况,有助于培养学生阅读习惯,提升学生研读能力;通识教育课程中,一般将班级分成多个小班,就课程中的重要问题开展讨论。学生在参与小班讨论的过程中,充分交流思想,提升自身学术表达能力	重庆大学:经典阅读的课程设置贯彻了"少而精"的原则,打破了专业限制,课程内容以经典文本为学习对象,以大量阅读与写作训练为基础[11] 清华大学:以新雅学院基础读写课程为例,学校专门改造教学楼的讨论教室若干间。每20~30人配置一名受过专门培训的助教,开展小班讨论[12]
国际化成为必然趋势	在全球化不断发展的大背景下,通识教育旨在把学生培养成为具有国际视野、知识丰富的人,在核心课程中都不约而同地设有与世界、全球、国际等主题相关的课程	中山大学:"全球视野"课程 复旦大学:"文明对话与世界视野"课程 南京大学:"世界历史与世界文明"课程 浙江大学:"世界文明"课程

由以上通识教育实施情况可知，近些年我国部分"双一流"高校积极探索通识教育人才培养之路，逐步构建了符合国家需求及本校特色的通识教育体系。但由于我国传统教育教学模式的理念和惯性，多数普通高校，如地方大学、民办大学、应用型大学等，依旧将学校的人才培养重心放在专业课程教育上。学校教育管理者对通识教育缺乏应有的关注，采用的是简单、粗放的管理方式，使得通识教育未达到预期效果，与"双一流"大学相比还存在较大的差距。因此，有必要对其通识教育及课程建设改革展开讨论，以此推动我国高校通识教育的整体完善与均衡发展。

二、我国高校通识教育实践困境

通识教育在我国实施时间较短，整体上仍处于初步发展阶段，因此诸多普通高校对通识教育的认识存在偏差，在开展通识教育的过程中遇到了不适合其发展的一系列问题。通过分析部分高校在通识教育建设过程中的相关经验，可以发现教育管理者对通识教育的认识还局限在读书和增设选修课层面，对其整体规划、教学方式、师资水平、通专融合和管理体制的建设与通识教育的标准要求相去甚远。

1. 通识教育缺乏整体规划

许多"双一流"大学在通识教育课程体系建设过程中，根据学校办学定位、人才培养目标、教学特色和学科优势建立了独具校本特色的通识教育育人体系。除此之外，我国还有部分高等院校也设置了通识教育性质的课程，但没有根据通识教育培养"全人"的教育理念从顶层设计上对通识教育课程进行规划与论证，课程结构混乱，课程之间关联性和逻辑性不强，"拼盘"现象比较突出，无法构成相对完整的知识整体和课程体系。

通识教育课程体系不是简单的课程堆积，不仅要包含广阔的领域，还要有合理的比例结构。从我国部分高校通识教育的课程体系来看，除少量新开课程外，其他通识教育课程主要是早已存在的英语、计算机、心理健康等必修课，并未达成人文学科、社会科学、自然科学领域的全覆盖，真正能够提高学生文化品位、审美情趣及人文修养的文学类、艺术类、历史类、伦理类课程则鲜有涉及。通过分析某地方农业大学的通识教育课程体系，发现其将通识教育等同于人文素质教育的特点较为突出，已开设的课程偏向人文社科类和实用性知识类，含有主题性质的跨学科课程相对匮乏[13]。有学者指出，许多大学的通识课程强调政治理想教育（思想道德基础与法律修养和"两课"）、身体素质提高（军训和体育类）、工具技能掌握（计算机和语言类）等，造成课程结构严重失衡，无法系统全面地培养学生的知识、能力和素质[14]。

2. 通识教育教学方式僵化

我国大学通识教育的课堂教学方式大致分为大班课堂讲述、小组讨论、研习发表等。课堂讲述往往在中大规模课堂上进行，基本上以教师传授和讲述为主。在课堂讲述之外，通常另设小组讨论和发表方式研习。这些方式在"双一流"院校中较为常见,但在普通高校中实施较少。在部分西南地区高校中,通识教育教学基本沿用传统的教学模式,注重理论的传授和考核。教师"独霸"讲台,单向传授,课堂气氛沉闷[15]。

尽管大班授课成为主流教学形式有其现实依据,但过于被动和牵引式的学习方式导致师生互动较少,缺少实践和讨论的教学环节。并且,在学生规模过大的情况下,部分教师偏向照本宣科,往往会忽略学生的主观能动性和创新能力;学生在学习过程中习惯依赖教师讲述和诠释课程内容,被动地参与课程的学习,而不愿自觉、主动地去探究。课堂成为教师的"一言堂",考试多流于形式,不少学生只是单纯地抄笔记、混学分。这样的教学方式使通识教育的教学效果大打折扣。如何有效利用科学的教学方法和手段体现教学过程的教育性,是通识课程实施过程中需要重点解决的问题。

3. 通识教育师资水平较低

通识教育师资主要有教授师资、聘请师资、辅导员师资三种类型[16]。教授师资专业水平高、教学经验多,但由于这一群体专业教学、科研任务重,在通识课程教学工作上难以投入足够的时间与精力,无法满足通识教育课程的要求。聘请师资有一流的学术水平,但其教授内容具有片段性,开展的学术讲座缺乏持续性和衔接性,无法形成系统的、全面的通识教育课程。辅导员师资具有与学生共同活动、移情共情的优势,但在知识水平、学术能力、教学经验上与前两类师资相比相形见绌。有学者通过调查高校学生对通识教育教师的评价,发现多数学生持不满意态度,认为教师的教学方式存在问题,缺乏足够的吸引力[17]。

另一方面,通识教育课程缺乏反馈机制,难以让教师及时了解自身的教学情况、知晓学生的学习需求,加之激励制度不完善,特别是政策倾斜、经费投入、激励频率都存在明显不足。基于以上情况,部分教师对通识教育的投入不多、责任感不够,或随意删减课程内容,忽视知识的衔接、理论的贯通和价值观念的融入。

4. 通识教育与专业教育割裂

20世纪后期以来,国外大学通识教育与专业教育相互融通的趋势不断加强。相比之下,现阶段我国多数高校只是初步建立了通识教育课程体系,未涉及通识教育与专业教育关系的调整。且由于应用主义、功利主义的盛行,学校对专业课程重视有加,对通识课程则持轻视态度,造成专业课程与通识课程之间存在鸿沟。以东部地区某高校为例,该校现行课程评价指标多以基础课与专业课的人才培养目标为参考依据,在教学方法、教学设计、教学效果的评价上侧重专业知识与技能的培养,对通识教育课程目标注重的情感熏陶、人格培养等方面的因素考虑得较少[18]。此类情况不利于通识教育发挥其应有的作用,而且弱化了整个大学教育的功能。

有学者指出,在许多高校中,通识教育被视为专业教育的补充与纠正,设置通识课程仅仅是为了帮助学生拓宽知识面[19]。当前本土化初期,通识教育与专业教育的矛盾更多地体现在学生身上,他们对通识教育与专业教育的定位往往是"专业课是核心,通识课是点缀"。

这种观念的直接原因就是现行学生学业评价体系仍然以专业课程为主。在这种体系的偏好下,学生自然更倾向和专注于专业课领域。

5. 通识教育管理体制尚未健全

教育教学管理的弱化使通识教育课程缺少规范性和约束性,阻滞了通识教育课程体系建设的步伐。现阶段我国只有少数大学(如武汉大学、复旦大学、厦门大学等少数"双一流"院校)建立了通识课程委员会,多数学校通识课程体系的建设并无专门管理机构负责和专家设计,相关工作通常由教务处和教学督导部门负责。如部分省部级财经类院校通识教育工作主要由学院统筹、教务部门管理[20]。管理人员一般是非专业人员,缺乏对通识教育及通识教育课程的理解和学习,同时还承担其他行政管理事务,导致实践操作过程中容易出现效率低下、权责界限不清等问题,进而影响通识课程的建设实效和质量保障。

此外,诸多高校通识课程的认定和评审大多沿用专业课程的评估指标体系,在教学内容组织、考核标准等方面缺乏对通识课程功能定位的系统研究,在规范程序方面缺乏科学的理论指导依据,通识教育课程评价工作的专业性和有效性受到质疑,导致通识课程教学质量无法得到保证。

三、我国高校通识教育优化路径

基于上述对部分普通高校通识教育实施过程中存在的问题的分析,可以发现当前我国不同层次、类型的高校在通识教育方面的发展仍存在一定差距。作为大学课程教学的重要组成部分,普通高校的通识教育需要借鉴其他国内外一流高校实践经验的可取之处,并结合自身情况加快建设优质通识教育,以适应当前的形势与要求。本文从以下五个层面提出具有针对性的建议与措施,以期推动我国高校通识教育的整体发展。

1. 完善通识教育课程体系

通识课程的结构对培养人才的知识结构和能力至关重要,既强调课程内容的基础性和广博性,又强调学科之间的整合性和融通性。学校要以通识教育培养"全人"的教育理念为立足点,以人才培养宗旨、能力培养指向等为标准,落实和完善"必修核心课程+均衡选修课程"的教学模式,针对不同的知识、能力和素质要求,使通识教育的课程形式多样化,构建科学的、具有特色的通识教育课程体系。

学校应根据实际情况,科学地划分通识教育的课程领域,使之覆盖人文科学、社会科学、自然科学等领域,优化不同课程之间的比例。除思政类课程外,提高本科生教育中人文类教育即文化素质类课程的数量与质量,以培养学生的精神品格及健全人格,真正实现通识教育的目的。不同高校具有不同的基础和定位,势必要基于自身特色,选择适合本校实际情况的通识教育模式。此外,通识课程体系建设应打破学科壁垒,积极开发综合性、融合性的通识教育课程,使不同学科的知识和方法交叉、渗透,让学生能够用跨学科的思维和方法解决现实问题。

2. 拓展通识教育教学形式

在重视知识广泛性的同时,通识教育课程应加强对学生的思维训练。知识更新日新月异,只有训练学生的思维,才能为终身学习打下基础。除讲授课外,教师要以提高学生学习效果、学习参与度和优化学生学习方式与学习策略为出发点,更多利用互动式、探究式的教学方式,开设新生研讨课、原典导读课、分层必修课等,提高教学的实践性和互动性,让学习过程更加生动、有吸引力。通识教育教学要尽可能采用小班授课、小组合作、深度研讨等形式,引导学生积极参与教学过程并进行自主学习、合作学习及研究性学习。当然,通识教育要想获得更好的实施效果,不应局限于课堂授课,更应开展如讲座、沙龙、读书会、研讨会、海外交流、社区服务等课外实践活动。

此外,信息技术的发展与应用也为通识教育教学提供了新平台。学校可以充分发挥技术优势,搭建通识教育学习平台,将优质的通识课程制作成视频影音,并积极拓展校外高质量的通识MOOC课程资源,突破传统课堂时间、空间、人群的限制,实现跨区域的在线开放通识课程资源共享,构筑虚实结合的通识教育体系。

3. 打造通识教育师资队伍

建设高质量的教师队伍是全面推进通识教育的基本保证。由于通识教育对任课教师的品德、学识和教学能力均提出了较高要求,教师既要具备完整的知识体系,对某一专业学科有深入了解,还应具备良好的授课技巧。因此,应对通识教育的授课教师进行严格的筛选,并加大对教师的培训力度,鼓励教师积极参加各项通识教育教学相关的讲习班、研讨会,鼓励教师跨学院、跨学科组建通识课程教学团队,以提高现有教师的学术水平与文化修养。

学校需要为新开设的通识课程提供必要的启动资金支持,包括支持购买教材、开课前期调研、聘请助教帮助完善教学大纲、编辑课程报告等;对考核结果优秀的教师,在职称评定和评优评先等环节给予倾斜,提升教师从事通识教育的学术研究的积极性;设立"精品通识课"评优,将通识课程开课数、选课人数及课程评价等作为教学工作评价的重要指标;对于重点建设课程,设立特聘核心通识课程教师岗位,并予以特别经费支持。

4. 融合通识教育与专业教育

我国多数大学的通识教育仍处于初步发展阶段,尚未涉及通识教育与专业教育两者的有机融合。通识教育和专业教育在培养目标上并不相同,通识教育的目标是让学生成长为负责任的公民,而专业教育的目标是培养学生具备某一职业领域所需要的能力。通识教育作为高等学校发展的重要理念,必须要和专业教育相互补充,构建完整的教育教学体系。

促进通识教育与专业教育相互融通,首先,应当保持通识教育的开放性,将融通性比较强的专业教育内容纳入通识教育课程范畴。通识教育与专业教育之间并无明确界限,在高度现代化的今天,很多课程知识已经成为每个公民必须习得的常识。其次,积极组织和开发兼具通识教育和专业教育性质的教育教学活动,各类竞赛、夏令营或冬令营、学术工作坊等都是融通识教育与专业教育于一体的形式。此外,需要将通识教育的要求贯彻到专业教育课程教学中。专业教育不只是单纯的知识和技术教育,也必须重视大学生的态度、情感和社会环境伦理的养成。

5. 健全通识教育管理机制

规范的管理是建立科学的通识教育课程体系的重要保障。为保证通识教育的质量和效果,推进通识教育教学和管理走向规范化和制度化,学校应设立一个专门的横跨各学院、各学科的通识教育管理机构,如通识教育管理委员会、通识教育教学指导委员会等,负责对全校的通识教育课程体系进行统筹规划与实施,解决具体问题,包括课程遴选、学分要求、教学措施、激励机制、培训机制、咨询机制、外部评价机制等。

学校既要赋予通识教育管理机构一定的课程规划和管理权限,又要为课程建设提供充足的资金,保证他们更好地协调和利用各学院的资源,吸引优秀教师开设高质量的通识教育课程。一方面,完善通识课程管理制度,如课程申报、设置、评估制度等;另一方面,鼓励教师和学生参与通识课程的建设与管理。这种方式既能促进师生之间的交流,又能提高师生对通识教育的重视程度,以此推动通识教育的建设与管理。

四、结语

实践证明,通识教育是高等教育改革的必然趋势,也是学生更好地实现自我发展及适应社会的内在要求,能够极大地促进学生智力、体力、道德、情感各方面的提升。大力发展通识教育,既是中国高等教育发展赋予高校的时代使命,也能为高校增强核心竞争力和可持续发展注入内生动力。我国通识教育改革仍处于初创时期,高校应在借鉴国外院校先进经验的基础上,构建具备中国特色的社会主义通识教育体系,以提高高等教育人才培养质量,培养能应对未来复杂挑战的完整的人或创新人才。

参考文献

[1] PACKARD A S. The substance of two reports of the faculty of Amherst College to the board of trustees, with the doings of the board thereon[J]. The North American Review, 1829, 28(63):294-311.

[2] 于志刚. 推动大学通识教育课程体系的培育与完善[J]. 中国高等教育, 2016(11):37-40.

[3] University of California Commission on General Education. General education in the 21st century[R]. Berkeley: Center for Studies in Higher Education, University of California, 2007.

[4] 别敦荣, 齐恬雨. 论我国一流大学通识教育改革[J]. 江苏高教, 2018(1):4-12.

[5] 陈乐. 构建"中国模式":我国研究型大学通识教育理念与实践——以六所"双一流"高校为例[J]. 现代

教育管理,2018(8):112-118.
[6] 清华大学新雅书院.智·通专培养[EB/OL].[2022-11-09]. https://www.xyc.tsinghua.edu.cn/xy_yl/z_tzpy.htm.
[7] 南京大学匡亚明学院.培养理念[EB/OL].[2022-11-09]. https://dii.nju.edu.cn/8267/list.htm.
[8] 吴坚.哈佛大学与复旦大学通识教育课程设置比较研究[J].高教探索,2016(2):28-33.
[9] 中山大学通识教育部.关于印发《中山大学普通本科生修读公共选修课程(通识教育课程)暂行管理办法》的通知[EB/OL](2011-01-05)[2022-11-09]. https://ge.sysu.edu.cn/news/4792.htm.
[10] 复旦大学教育通识教育中心.模块课程[EB/OL].[2022-11-09]. http://gecc.fudan.edu.cn/pictrue.aspx?flag=3&info_lb=3.
[11] 重庆大学博雅学院.博雅学院[EB/OL].(2017-03-23)[2022-11-09]. http://lac.cqu.edu.cn/info/1061/1622.htm.
[12] 清华大学新雅书院.通识课程[EB/OL].[2022-11-09]. https://www.xyc.tsinghua.edu.cn/xy_k/tskc.htm.
[13] 党晓虹,王效仿,崔学婷.金课视阈下地方农业高校通识教育优化路径研究——基于某地方农业大学的个案分析[J].山东高等教育,2020,8(4):46-53.
[14] 樊华强.我国大学实施通识教育的困境与出路[J].当代教育与文化,2014,6(2):105-108.
[15] 董莉,龙静.大学通识教育存在的问题及其对策——以大理大学为例[J].学理论,2018(10):205-206,209.
[16] 李露.通识教育师资队伍建设研究[J].科教导刊(下旬刊),2020(24):79-80.
[17] 潘晓璐,吕丹丹,蒋水莲,等.通识教育课学习评价现状与考试质量分析研究——以南京工业大学为例[J].赤峰学院学报(自然科学版),2017,33(23):217-218.
[18] 李彦蓉,胡良梅,张宝.大学通识教育课程质量评价体系探索——以合肥H大学为例[J].合肥工业大学学报(社会科学版),2021,35(2):133-137.
[19] 庞海芍.通识教育课程建设的困境与出路[J].江苏高教,2010(2):63-66.
[20] 邵海威.财经类本科院校通识教育课程体系研究[D].南昌:江西财经大学,2020.

日本一流大学通识教育的实践模式
——以东京工业大学楔形课程为例*

◎ 李梦媛

摘 要 世界一流大学建设已经成为世界各国应对全球竞争和服务国家战略的重要举措。东京工业大学积极响应日本的"全球顶尖大学计划",于2016年进行了新一轮的教育改革,形成了独具特色的本硕博一贯制的楔形课程模式,在人才培养过程中很好地融合了通识教育与专业教育,并形成了贯通衔接的通识教育课程体系。日本东京工业大学通识教育的实践模式为我国工科高等院校推动通识教育改革、推进"双一流"建设提供了参考与借鉴。

关键词 通识教育 工程教育 日本 东京工业大学

在国际竞争日益激烈的当下,建设世界一流大学已经成为世界各国的共识,通识教育是其中不可或缺的重要组成部分。日本通识教育的发展可以分为两大阶段。第二次世界大战前,日本的旧制大学以德国的大学为模板,是进行研究的专业教育机构。高等教育则主要在旧制高中、专科学校和师范学校进行[1]。第二次世界大战后,日本以美国为模板,建立新制大学并学习美国式的通识教育,实行教养学部负责的"二二分段"式的教养教育。这种"拿来主义"式的通识教育模式曾在日本本土教育体系中出现"水土不服"的状况,但日本高等教育学界从未停止对通识教育的反思,日本一流研究型大学的通识教育本土化改革步伐一直在继续。尤其是1991年标志着日本高等教育自由化的"大纲化"改革之后,除东京大学外,日本其余大学都陆续取消了教养学部的设置,变为四年一贯制,不再实施"二二分段"式的教育模式。自此之后,各所学校都在不断探索适用于其自身的通识教育模式,日本一流大学的通识教育呈现出百花齐放的状态。

东京工业大学是日本知名的工科综合大学,素有"日本的麻省理工"之称。其自建校以

---

* 本文为同济大学2022年教育教学改革重点项目"一流大学通识教育课程体系构建研究"的研究成果。
作者简介 李梦媛,同济大学高等教育研究所硕士研究生。

来已有 140 多年的历史,是日本文部科学省指定的"全球顶尖大学计划"13 所 A 类大学之一,也是日本历史最悠久的一流研究型国立大学之一。作为典型的工科类高校,东京工业大学一直在探索符合自身的通识教育模式,其虽然是一所工科类大学,但并不是只进行单纯的理工科专业教育,开设有东京工业大学特色的通识科目也是历来的传统。自"大纲化"改革之后,东京工业大学一直在优化其通识教育课程体系。东京工业大学的新通识教育改革始于 2016 年 4 月,其成立了通识教育研究院,实施旨在培养学生灵活利用专业知识的能力,使学生具有丰富的人文素养,将工科知识与社会联系起来,树立远大志向的通识教育,并且形成了独具特色的本硕博一贯式的通识教育模式,即楔形课程模式[2](图 1)。

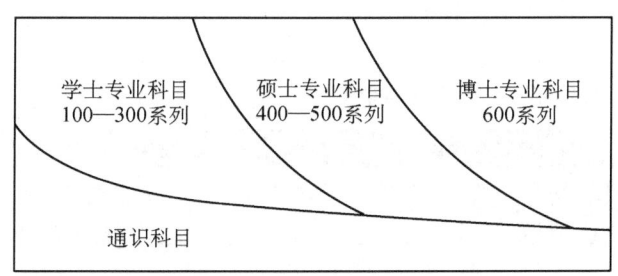

图 1　东京工业大学楔形课程模式简表[3]

一、东京工业大学通识教育的楔形课程模式

楔形课程模式是将通识教育和专业教育有机地联系起来,知识和技能螺旋式上升的通识教育模式。从本科阶段到博士阶段,每个阶段都有对应的学习科目,具有贯通衔接、自主学习、合作学习的特点。第一年的本科课程,以理工科通识科目、人文社会科学科目、语言科目等通识科目最低限度应该掌握的内容为中心,同时,为了学生一入学就能接触到专业领域,专业科目也会与通识科目交织在一起。虽然专业科目的数量随着学生年级的增长而增加,但在高年级,学生也要学习人文和社会科学方面的通识科目(包括研究生课程的职业发展科目)。由此,学生除了能获得工科专业知识,还可以加深对工科研究的社会意义的理解,促进学生价值观的形成。

1. 课程理念

东京工业大学的使命是培养能够作为研究人员和教育工作者在工科领域发挥领导作用,并作为工程师和管理人员发挥领导作用的世界性人才。根据这一使命,东京工业大学给学生传授必要的通识知识、专业知识和道德规范,并在工科领域开展从基础到应用的广泛研究,通过深入研究提高科技水平,从而为文化进步及世界的和平与发展作出贡献[4]。东京工业大学的通识教育旨在培养学生的"社会性""人性"与"创造性",即帮助学生认知其在社会中的角色,唤醒自身潜力,并培养行动力。东京工业大学的楔形课程融合了东京工业大学建校以来的以"做"为基本的实学教育、培养创造力的实践教育和扩展国际视野的国际化教育,旨在建立一个培养学生高水平的洞察力与道德感、扎实的专业学术技能、创造性思考能力的教育系统。在这一教育体系下,培养能够引领尖端科学技术,活跃于国际社会的人才。

2. 课程设置

东京工业大学的通识课程包括文科通识科目、英语科目、第二外国语科目、日本语与日本文化科目、教师职业能力科目、广域通识科目、理工科通识科目七部分,在研究生阶段还开设了与职业相关的职业发展科目。在不同的学年,学生会进行不同系列课程的学习,如第一学年对应的课程为100系列(图2)。

第1学年	第2学年	第3—4学年	第5学年(硕士课程)	第6学年(硕士课程)	第7学年(博士课程)
100系列	200系列	300系列	400系列	500系列	600系列
东京工业大学立志项目		通识论文	领导力研讨会		学生开创性科目
在人文学系、社会科学系、融合学科系开设的科目中选择					
			跨学科科目		通识先端科目
			文科本质科目		
文科通识科目					
	英语科目				
		第二外国语科目			
理工科通识科目					
		广域通识科目			
		日本语与日本文化科目			
	教师职业能力科目				

图2 东京工业大学各学年所开设的通识科目[5]

文科通识科目包括必修科目与选修科目。必修科目又称"核心学修科目",是由东京工业大学通识教育的核心科目组成的,这些课程大约每隔一学年安排一次,这样就可以将通识教育从本科课程的第一学年一直延续到博士课程。选修科目涵盖了主要学术领域的丰富多彩的科目,学生可以根据其在第一学年的必修科目"立志项目"中发现的兴趣,构建自己的"学习故事"。选修科目分为"人文学系""社会科学系""融合学科系"三个类别。特别是,在100系列课程中,选修科目有3个必选学分,而且必须在"人文学系""社会科学系""融合学科系"这三个领域中各选1学分,不能从同一类别中修读1个以上的学分。这样安排是为了让学生在早期阶段就能接触到广泛的学科,并能掌握学科之间的关系和整体情况。英语科目的目的是提高学生的英语运用能力,掌握将来用英语进行学习和研究活动所需的各项英语技能,同时培养学生积极参加英语交流的意愿。第二外语科目方面,开设了德语、法语、西班牙语、俄语、汉语、意大利语、韩语共计 7 种外语科目,还开设了只有选修课的古典希腊语、古典拉丁语。理工科通识科目是面向第一学年本科生开设的通识教育,目的是向学生传授理工科的基本知识并培养学生理工科基本素养。广域通识科目包含健康与体育科目、国际意识形成科目两个板块。健康与体育科目包括医学概念和身体运行机制,以及练习和实践训练,培养学生追求健康的态度和行为。在国际意识形成科目方面,东京工业大学以培养"为世界作出贡献的人才"为目标,倡议所有学生在获得硕士学位之前到国外学习或以其他方式获得国际经验。教师职业能力科目是针对想要在中小学及职业学校任教的学生而专门开设的培养教师能力的科目。职业发展课程开设在硕博阶段,帮助学生筹划未来发展和进行职业规划[6]。

3. 课程实施

(1) 分流制

东京工业大学实行分流制的形式,其中通识教育在分流的过程中承担了重要作用。2016 年东京工业大学进行了教育改革,在日本大学中率先统一了本科生院和研究生院,创办"学院",将 3 个学部、6 个研究科合并为 6 个学院,将 23 个学科、45 个专业合并重组为 17 个系、1 个专业学位课程,旨在构建世界顶尖学校的教育体系[7](表1)。在此之后,学生在进入东京工业大学进行本科课程学习时,不再直接进入学系学习,而是进入六大学院中的某一学院,在第一学年的课程结束并达到学分要求后方可选择学系。在第一学年中,学生必须修读 100 系列中的课程 23 学分,包括必修课和选修必修课。其中数学类 4 学分,物理类 4 学分,化学类 4 学分,生命科学类 2 学分,文科类 5 学分,英语类 4 学分。数学、物理、化学和生命科学的课程旨在让学生获得理工科的基本知识,作为 200 系列及以上专业科目的基础,同时了解不同学科的特点,为第一学年结束后的分流做准备[8]。文科类课程中也包括帮助学生发现自己兴趣点的"立志项目"课程。通过一学年通识教育的学习,学生会对选择哪个系有更深刻的认识,从而作出更加符合自己未来规划与发展道路的选择。

表1 东京工业大学学院及开设的学系[7]

学院	系
理学院	数学系
	物理学系
	化学系
	地球行星科学系
工程学院	机械系
	系统控制系
	电气电子系

(续表)

学院	系
工程学院	信息通信系
	经营工程学系
材料科学学院	材料系
	应用化学系
信息科学学院	数理与计算科学系
	信息工程学系
生命科学学院	生命科学系
环境与社会学院	建筑学系
	土木与环境工程学系
	融合理工学系

(2) 学分制

东京工业大学取消了毕业时间限制,用学分制取代学年制,学生达到规定学分即可进入下一阶段的学习。除了在第一学年结束之后会进行一次学分审查来决定学生能否选择学系进行分流之外,在本科课程的第三学年结束后,还会进行一次学分审查,学分达标的学生才能取得进入学士毕业论文写作阶段的资格。东京工业大学的本科生课程修读指南中明确规定了学生需要修读的通识教育科目学分数,同时也对择系要求、学士毕业论文要求与毕业要求都作了明确规定[9](表2)。在本硕衔接方面,学生如果在第四学年通过了硕士研究生考试,可以提前进行硕士阶段课程的学习。在硕士研究生阶段,学生在达到毕业要求后,也可以提前进行博士阶段课程的学习。在博士阶段,在毕业论文答辩通过的情况下,学生取得博士学位的时间最短可以缩减至2年。但是,为了确保教育教学质量,毕业时间不能无限制缩短。按照一般要求,本硕博的修读年限分别为4年、2年和3年。本科阶段学生最早可以提前一年毕业,硕博连读生的硕博阶段最多可由5年缩短至3年,即9年的修读年限最多可以缩短至6~7年[10]。

表2　东京工业大学本科生修读学分要求[9]

科目	最低学分要求		
	系所属要求	学士毕业论文要求	毕业要求
文科通识科目	31学分	9学分	13学分
英语科目		6学分	9学分
理工科通识科目		14学分	14学分
第二外国语科目	—	2学分	4学分

(续表)

科目	最低学分要求		
	系所属要求	学士毕业论文要求	毕业要求
研究相关科目	—	2学分	12学分（部分14学分）
其他专业科目	—	各学科自主设定	各学科自主设定
合计	31学分	100~110学分	124学分以上

4. 课程管理

东京工业大学的通识教育由通识教育研究院总负责，同时与国际教育推进机构、创新人才培养机构（Innovator and Inventor Development Platform，IIDP）及各个学院合作开设课程。通识教育研究院负责开设的通识教育科目有核心学修科目、文科通识科目、英语科目、第二外国语科目、教师职业能力科目、广域通识科目中的体育与健康科目、日本语与日本文化科目。国际教育推进机构负责广域通识科目中的国际意识形成科目的开设，创新人才培养机构负责硕博阶段职业发展科目的开设，各个学院负责的科目是在本科第一学年阶段开设的理工科通识科目[11]（表3）。

表3 东京工业大学各部门负责开设的通识教育课程

	学士课程	硕士课程	博士课程
通识教育研究院	核心学修科目、文科通识科目、英语科目、第二外国语科目、教师职业能力科目、体育与健康科目、日本语与日本文化科目		
国际教育推进机构	国际意识形成科目		无
创新人才培养机构	无	职业发展科目	
学院	理工科通识科目	无	

二、东京工业大学通识教育的特点

1. 尊重学生主体性

东京工业大学在培养方案的制定方面给学生留出了很大的空间，可以让学生灵活发挥。学生在进入本科一年级的课程学习时，首先要参加的就是文科通识科目中的第一学年的必修课程"立志项目"，之后学生可以根据其在"立志项目"中发现的兴趣，进行文科通识科目中选修科目的学习，构建属于自己的"学习故事"。选修科目涵盖了主要学术领域的丰富多彩的科目，分为"人文学系""社会科学系""融合学科系"三个类别。同时，选修科目在教学方式上也注重以学生为中心，让学生做课堂的主人。如开设相关研讨课程，帮助学生更深入地了解人文学科，并能够在教师的指导下以小组形式进行深入研究。学生们会阅读论文，并在良好的氛围中进行讨论。

2. 课程具有一贯性与衔接性

"核心学修"课程是最能体现楔形课程的一贯性与衔接性的课程群,在本科课程中,学生学习其中 100 系列课程的"立志项目",300 系列课程的"通识论文"。在硕士课程中,学生学习 400 系列课程的"领导力研讨会""同行评审实践"等。在博士课程中,则可学习 600 系列课程的"学生开创性科目"等。"立志项目"课程,是引导学生设定目标,并为实现这些目标提供自我动力的课程。"通识论文"是本科生通识教育第三学年的课程。在前几学年的通识课程中,每个学生都会拟定一个适合自己目标的"学习故事"。通过第三学年通识论文的写作,学生说明其在通识课程学到了什么,以及学到的知识对他们未来的发展有什么作用,并由硕士生进行同行评议。"领导力研讨会"是硕士生第一学年的课程,旨在培养学生的领导技能,以领导团队实现目标,充分发挥集体力量。同时,硕士阶段和本科阶段的通识课程也有联系与衔接,如在本科课程学习中获得的技能可以在"领导力研讨会"中得到进一步加强。为博士生开设的"学生开创性科目",相当于东京工业大学通识科目的最终课程。通过小组研究和演讲,分享前沿研究和先进的通识知识,演讲采取学术会议的形式进行。

3. 注重人才国际性的培养

除将英语科目作为外语科目之外,东京工业大学规定学生必须修读一门或两门第二外语科目,还专门开设了属于广域通识科目的国际意识形成科目,来培养学生的国际视野。在东京工业大学的本科课程中,英语科目中的必修科目有英语一至九,还开设了英语口语练习等各种选修科目。研究生阶段的英语科目课程设置有三个目的,即学习提高实用英语语言技能、提高学术上使用英语的能力、加深对英语国家语言和文化的认识和理解[12]。鉴于此,东京工业大学研究生院的英语课程提供了各种培养英语语言能力的实践训练和在学术场合使用英语的各种训练。除了提供各种类型的培训以发展英语语言技能和在学术场合使用英语之外,还以各种讲座形式提供英语和英语国家文化的教育,目的是加深学生对英语国家不同文化的理解。学生不仅要学习英语,也必须修读通识科目中的第二外语科目。在国际意识形成科目方面,本科阶段开设的科目采用海外研修、国内在线海外研修、与留学生和海外学生的协作型授课等教学方式,在本校的课程中用英语开课的科目也很多。研究生阶段的课程包括海外培训、海外实践讲座和海外学生交流讲座,同时许多课程采用英语授课。

三、东京工业大学通识教育的启示

1. 重视本科第一学年教育,帮助学生找到发展方向

本科阶段的第一学年是学生大学生活的关键一学年,其几乎决定了学生能否高效利用大学的学习时光,学生应该在第一学年打好基础,确立方向与制定规划,但在我国,很多学生在本科第一学年存在着迷茫与懈怠的情况,并且学校的重视程度还不足,没有给予学生

足够的引导。对此,首先应开设引导学生确立学习目标的通识必修课。可以学习东京工业大学在本科第一学年设置的通识课程"立志项目",在我国高校中也开设一门这种形式的必修课,引导学生通过讲座与小组讨论、作业的形式,发现自己的研究兴趣,确立自己的发展目标。其次,要增加通识选修课的种类,并引导学生多体验不同课程。东京工业大学也开设了丰富的通识选修课供学生选择,并且规定学生在第一学年必须在三个领域都选修1学分,旨在使学生了解更多不同的领域,开阔学生的视野。我国高校可以对通识教育进行更合理的分类,并在学生选课前向学生说明不同类型课程的特点,让学生有目的地选择课程。现在我国很多高校也在进行大类分流培养,在分流前的大类学习阶段,要让学生尽可能多地接触相关领域的知识,将培养"通才"作为本科第一阶段的目标。

2. 允许学生构建自己的发展路径,促进学生个性发展

单一的、固定的培养方案无法适应和满足每一名学生的需要,不同学生会有不同需要和不同规划。现阶段,我国大多数高校培养方案是比较固定的,学生在进入专业后,大多是按照学校给定的培养方案选课,仅在很小范围的课程中有自主选择权,毕业时间往往也是固定的,学生很少有机会自己制定培养方案,这大大限制了学生的个性发展。首先,我国高校可以学习东京工业大学灵活的培养方案的制定方式,将课程分为几大类,并出台一个总体的培养标准,让学生在此基础上制定个性化培养方案,从而增强学生的自主性。其次,我国高校应健全可行的学分制度。与学年制相比,学分制更具灵活性,可以适应不同学生的需求。在落实学分制的过程中,要注意对学生做好充分的指导,让学生对学分制有清晰的认识,并且教务处要做好管理,避免出现学分管理混乱、课表编排不合理等情况。

3. 优化外语教学,培养国际人才

语言是进行国际交流的工具,提高外语能力是国际人才培养的重要组成部分。现阶段我国高校的外语课也是通识课程的一部分,但在教学上还存在着一些问题需要解决。比如,第一,教学方式与高中阶段趋同,比较重视记诵。第二,教学组织方式以传统的班级授课制为主。第三,教学内容比较陈旧,教材更新不及时。第四,教学评价以终结性评价为主,而且多为笔试的形式。第五,课程设置比较单一,不能满足学生的不同需要。除了部分中外合作办学的专业,大部分学生只需修读英语一门语言即可,学生只能了解英语语言国家的文化,接触非英语语言国家的文化的机会非常少。对此,可以借鉴东京工业大学的做法。第一,在教学方式方面,采取口语对话或研讨会等形式,增强学生的外语应用能力。第二,在教学组织方式方面,可以采取分组教学、小组合作学习、翻转课堂等形式,以及可以将留学生与本土学生编排在一个小组进行教学,从而增加双方的接触机会,加深学生对不同国家文化的理解。第三,在教学内容方面,要注重联系时事,从固定的教材中跳出来,让学生可以在习得外语技能的同时,开拓国际视野。第四,在教学评价方面,要加强对学生的过程性评价,如可以丰富课程进行期间的作业形式,增加实际需要应用外语的作业,并改革最终考试形式。第五,在课程设置方面,增加丰富多彩的外语选修课程,使学生可以进行个性

化选择。除此之外,可以将至少修读一门第二外语作为毕业标准,增加学生对非英语语言国家的了解与认识。同时,可以开设用英语授课的必修课供学生根据自己的需求进行选择,满足学生的不同需求。

参考文献

［1］王建英.日本大学通识教育的沿革［C］//何建军,李军.日本学论丛(第一辑)——纪念王铁桥教授从教40周年专集.天津:南开大学出版社,2013:274-285.

［2］東京工業大学リベラルアーツ研究教育院.私たちのヴィジョン［EB/OL］.［2022-11-11］.https://educ.titech.ac.jp/ila/about_us/.

［3］東京工業大学.くさび型教育［EB/OL］.［2022-11-11］.https://www.titech.ac.jp/public-relations/education/features/wedge-shaped.

［4］東京工業大学.使命［EB/OL］.［2022-11-20］.https://www.titech.ac.jp/public-relations/about/overview/mission.

［5］東京工業大学.東工大の誇る教養教育とキャリア教育［EB/OL］.［2022-11-20］.https://www.titech.ac.jp/public-relations/education/features/liberal-arts-career.

［6］東京工業大学 リベラルアーツ研究教育院.開講科目［EB/OL］.［2022-11-20］.https://educ.titech.ac.jp/ila/education/courses/.

［7］東京工業大学.学院・系・コースの関係［EB/OL］.［2022-11-20］.https://www.titech.ac.jp/public-relations/education/relationship.

［8］東京工業大学.学士課程1年目(類)における学修・全学生向けカリキュラム概要［EB/OL］.［2022-11-26］.https://www.titech.ac.jp/education/reform/point/pdf/curriculum_b_features.pdf.

［9］東京工業大学.学部学修案内［EB/OL］.［2022-11-30］.https://www.titech.ac.jp/guide/guide_2022/gakubu1/.

［10］東京工業大学.事前卒業［EB/OL］.https://www.titech.ac.jp/english/education/features/.

［11］東京工業大学.イノベーション人材養成機構［EB/OL］.［2022-11-30］.https://www.titech.ac.jp/0/about/organization/institute-wide-education-centers/iidp.

［12］東京工業大学.2022年度大学院学修案内［EB/OL］.［2022-11-30］.https://www.titech.ac.jp/guide/guide_2022/graduate/.

芬兰职教教师专业化培养模式、特点及启示

◎ 张倩倩

摘　要　芬兰职教教师职前培养模式是建设高质量创新型师资队伍的保障。对芬兰职教教师教育的培养模式与特点进行总结，系统把握芬兰职教教师职前培养经验，探究芬兰职教教师专业化的特色培养模式，对我国职教教师的培养具有一定的借鉴意义。

关键词　芬兰　职教教师　培养模式

芬兰的教育体系因其学生在国际学生评估项目（Programme for International Student Assessment，PISA）中的出色表现受到了国际社会的广泛关注，其中教师队伍质量高被认为是促使这一成功的重要因素。而芬兰教师的高素质与其专业化培养模式密不可分[1]。在芬兰，职教教师的职业是独立自主的，教师有一定的自主权，教师的高学历和崇高的社会地位使他们在学校的决策中也扮演着重要角色。他们受托负责规划课程内容、选择教材及学生评估等工作。为了增强教师职业的吸引力，提升教师职业的社会认可度，芬兰持续优化和完善职教教师专业化培养模式[2]。通过剖析芬兰职教教师培养模式与特点，以期为我国职教教师培养体系的构建提供借鉴。

一、芬兰职教教师教育的发展溯源

芬兰第一所职业学校于1899年在赫尔辛基成立，它的成立催生了一种新的职业——职校教师。最初，职业学校的课程分为三类：职业理论学习、普通文化学习和职业实践学习。因此，最初学校会聘请工程师等人员教授职业理论科目，聘请拥有大学学历或接受过综合学校教师教育的教师教授普通文化课，而学生在工作场所实践技能的学习则由工厂的工匠技术人员负责。该阶段，只有教授普通文化课程的教师接受过教师教育，工程师已获得技术学位，但通常没有获得教师教育的资格，同时经验丰富的工匠技术人员中也很少有人接

作者简介　张倩倩，同济大学职业技术教育学院硕士研究生。

受过教师教育。在这一阶段,职校的教育质量得不到保障,并且教育以教师为中心,学生在学习过程中处于被动地位。在此背景下,时任芬兰贸易和商务部职业教育督察员 Jalmari Kekkonen 拜访了德国并学习其职业教育体系建设经验。回到芬兰后,他强调在教师教育中要为教师开设教学法系列课程,1913 年,他为职教教师教育课程增设选修的教育学课程,这一方案延续使用至 20 世纪 50 年代末。

20 世纪 60 年代初,芬兰职业学校招生人数急剧增加,政府随之建立了专门的师范教育机构用来培养职教教师。当时芬兰需要一种快速、经济且有效的师范教育模式,因此,贸易和商务部决定为那些已经完成专业学位学习并且有工作经验的人提供教育学学习机会。此外,芬兰政府任命了一个委员会来编写有关如何组织职教教师教育的提案。该委员会建议设立专门的职教教师教育学院,对职教教师进行教育。职教教师教育应包括心理学、教育学、职业教育历史、芬兰语、职业道德和教学实践培训等课程。芬兰议会决定建立两个职教教师教育机构,于 1958 年成立了海门林纳教师学院,1962 年成立了于韦斯屈莱应用科技大学。海门林纳教师学院专注于技术领域教师的教育,而于韦斯屈莱应用技术大学则专注于纺织和家庭经济领域的教师教育。

1979 年以来,芬兰教师教育项目一直是大学的硕士课程。1980 年以来,芬兰对职教教师教育进行了重新评估并作了相应调整。1986 年,新的职教教师教育课程开始实施,所有在职业学校或机构工作的教师都应具有强制性的教师教学资格。因此,教师教育已成为所有职教教师的正式要求。20 世纪 90 年代,芬兰议会决定职教教师教育要与五所应用科技大学联合开展(哈格—赫利尔应用科学大学、海门应用科技大学、坦佩雷应用科技大学、于韦斯屈莱应用科技大学和奥卢应用科技大学),为在职业学校工作的教师及在应用科学大学工作的教师提供教育学课程。

2005 年 8 月,芬兰正式加入博洛尼亚进程,在此背景下,开展了新一轮的教师教育改革。大学化的教师教育开始实施本科 3 年、硕士 2 年的本硕两级学位体制。自此,欧洲学分转换系统(European Credit Transfer and Accumulation System,ECTS)正式取代芬兰原来的国家学分系统。3 年的本科学习时间,要求学生完成 180 学分的课程;2 年的硕士学习时间,学生须完成 120 学分的课程。教师教育 5 年共计须修满 300 学分的课程。在国家统一标准内,每所大学可以根据各自的办学特色有条件地自主设计课程、开设特色课程。职业学校的专业课科目教师需要具备相应的硕士学位或学士学位。如果某职业领域内无此类学位,教师则应具备其自身职业领域内尽可能高的学历。此外,他们还必须完成 60 学分的教育学课程的学习,以及具备本领域内至少 3 年的工作经历[3]。

二、芬兰职教教师教育培养模式分析

1. 培养对象

芬兰职教教师教育学院的培养对象是职业学校的教师,其入学条件一般是取得学士或硕士学位,并至少具有 3 年的专业工作经验。在芬兰,每年的申请者人数在 4 000~5 000 人,申请通过率约为 50%。2010 年,录取的学生的平均年龄为 41 岁。此外,职教教师教育学院培养的教师主要分为四种类型:文化课教师、专业课教师、特殊需求教师和咨询顾问,这四类教师的培养要求有一定的差异性,但其共性是所有教师都必须完成 60 学分的教育学学习[4]。本文中的职教教师是指职业学校中的专业教师,导师是指对职教教师进行教育和指导的教育工作者。

2. 课程设置

自参与欧盟的博洛尼亚进程以来,芬兰职教教师所修课程也从基于学科的课程转变为基于能力的课程,即职教教师所学课程是基于教师能力设置和安排的。此外,学习方式自由灵活,学生可以在一学年内完成全日制学习,也可以在一至三学年内灵活接受多种形式的教育,并将他们的学习和教学方法与机构的工作环境联系起来。Jakku-Sihvonen 等人通过分析芬兰大学 12 个师范教育系教育学课程的核心要素发现,教师教育课程大多包括 4 类课程:教育基础理论类课程、教学实践类课程、研究性学习类课程和选修课程。教育学基础理论学习占据最大比重,教师的首要任务是教学,教师熟练掌握教学理论、教学方法等可以使知识传授更加顺畅。其中,教学法是职教教师学习的重点。此外,芬兰教师教育过程中非常重视导师对职教教师的指导性教学实践的指导。在指导式实践学习中,职教师范生应结识社会背景和心理取向不同的学生,并有机会根据课程进行教学。教育学学习还包括教育研究的基础知识,目的是为新教师提供反思性和研究性的指导。随着信息技术与科技的快速发展,芬兰也非常重视对职教教师进行沟通、语言和信息及通信技术方面的教育。芬兰的选修课程涵盖各种不同的课程,师范生通过这些课程来了解自己的学习和资质。此外,自 2005 年以来,编制个人学习计划是芬兰大学学习的一个新内容。它的主要功能是引导师范生制定自己的有效的课程和职业规划,并指导他们实现自己的目标[5]。

本文主要以芬兰哈格—赫利尔应用科学大学为例。哈格—赫利尔应用科学大学职教教师教育课程由三个模块构成。模块一是基于教师道德开发者的角色进行课程安排,该模块的学习内容可算作 15 学分。被培训教师需要与导师及咨询顾问协商个人发展计划和进行同伴小组活动(5 学分)。此外,该项目中也包含职业咨询模块(5 学分)和工作中学习模块(5 学分)的学习任务。模块二基于教师教练的角色安排了 35 学分的课程:在该教师教育项目中,教师作为教练需要接受四部分的学习和培训。首先,教师要掌握教与学的知识(5 学分);其次,教师要学会在不同环境下观察教学和辅导(5 学分);再次,教师不仅能在职业机构对学生进行教学活动,也能够在工作场所对学生进行指导(20学分);最后,教师作为教练还要能够对学生进行能力评估(5学分)。模块三基于教师积极公民的角色安排了10学分的课程:首先,教师作为社会上的积极公民,需要将教育与社会、文化充分联系起来(5学分);其次,教师需要对转型中的职业教育(5学分)进行学习,为了更好地进行教学,教师必须要了解转型中的职业教育的特点、任务与要求等[6]。

综上所述,芬兰职教教师教育通过模块化的课程安排对职教教师的核心素养和能力进行开发,学习内容对于提高职教教师的教学能力具有很强的针对性。芬兰职教教师教育除了教育内容具有针对性外,教育方式也颇具成效。职教教师通过同侪学习或者小组活动发挥自己的优势,与团队其他成员组成学习共同体,通过实践反思提升教学能力。此外,导师指导、研讨会和专家讲座的开展、实训教学等多样的教育形式对于培养教师核心素养和能力具有显著影响。[7]

三、芬兰职教教师培养的特点

1. 严格的生源质量要求

芬兰没有单独的教师认证程序,但要成为一名教师,必须满足法律规定的资格要求。为了确保能够获得优秀的师资来源,芬兰对于教师的甄选非常重视,并立法明文规定了严格的生源资格标准与要求。职业教育中,教师需要具备学士或硕士学位且至少有3年的工作经验,然后才能申请进入职教教师教育学院。在芬兰,教师职业的竞争非常激烈。由于审核制度严格及教育学院招生名额的限制,录取率相当低,这样能够吸收一些优秀的学生进入教师行业,从而确保了生源质量较高。由此可见,芬兰职教师资培养严把入口关,从而有效地保障了职教教师队伍的高质量。

2. 专门化的职教教师教育机构

1996年,芬兰相关法律明确规定职教教师教育要与5所应用科技大学联合开展。此外,专门设置一所应用科技大学提供瑞典语的职教教师教育。芬兰的5所职教教师教育机构在办学上有一定的自主权,可以自主决定选拔标准。在选择招生对象时,通常会考虑其学历、基础教育学习、工作经历等资质。职教教师教育的对象是职业学校和应用科技大学的现任和将来的教师。这5所院校于2003年商定了一个联合申请程序,每年的申请者人数为4 000~5 000人,而申请通过率约为50%[2]。由此可见,职教教师在芬兰地位依旧很高,备受重视。

3. 教师能力本位的课程模式

芬兰职业教育机构的每门职业教育与培训课程均以国家核心课程为基础,并由该机构的个人课程和个人学习计划组成。芬兰的职教教师教育课程是以能力为基础组织和安排的。通过模块化的课程培训职教教师的核心能力,目的是向未来的职教教师提供教学知识和技能,以便他们可以计划、实施和评估针对学生的基于能力的职业教育。同时,芬兰还重视培养职教教师的研究能力,研究性学习是职教教师成为专业人员的重要前提,这使得教师能在不断变化的环境中自主地作出决定及有效评判。此外,教师教育项目特别重视教师的个性化学习和发展需求[3]。在培训初期,每一名被培训教师都会拥有导师,双方会根据被培训教师的需求和先前的学习成果共同商定个人发展计划(Personal Development Plan, PDP),个人发展计划不是一成不变的,它在被培训教师的整个学习过程中都会不断更新并付诸实践。在计划中,至少要举行三场导师与教师之间的深入指导会议。[6]

4. 职前培养与职后培训相结合

芬兰非常重视教师持续的专业发展,教师从入职阶段到退休都能够获得专业发展的机会与支持。这是因为芬兰为了使教师专业人才留在教育领域,积极寻求方法来促进他们的职业发展和提升他们的工作幸福感,甚至通过研究教师的未来预期需求,寻找支持教师专业发展的方法。根据欧盟委员会2007年相关规定,所有教师都应能够在其职业生涯的前三年内参加有效的入职培训项目,它强调由经验丰富的教师或其他教育专业人士提供结构性支持(如指导和咨询)。此外,芬兰职教教师必须参加在职培训,这是基于与公务员达成的集体协议。与职前教师教育不同,教师的在职教育或专业发展由芬兰各市负责。因此,市政当局为教师组织短期在职课程和专业发展项目。此外,许多市镇还设立了特别中心,协调地方发展工作和在职培训。芬兰教师对在职培训普遍持积极态度,自愿参加培训。在每个学年的在校时间,在职培训所需的天数从一天到五天不等,具体取决于教师所在的职业领域。大多数持续培训是免费的,教师在参加培训时可享受全薪待遇。除此之外,芬兰政府还安排了继续教育培训,主要培训教师对信息媒体技术的应用[1]。

四、启示和借鉴

1. 加强职教教师培训基地建设

从外在形式来看,职教师资培养的专业化主要表现为开设专门的教育学院、按照专业的基本要求设置培养目标、开设有关课程、制定标准化和规范化的教师资格制度。我国可以借鉴芬兰职教师资培养经验设置专门的职教师资培训机构。虽然我国也正在探索建立职教师资培训基地,但是从宏观来看,职教师资培训及其建设缺乏统一的政策指导,许多基地设备落后且缺乏高质量的培训教师。因此,一方面,国家要出台明确的法律法规和指导文件,使职教师资基地的建设有法可依;与此同时,地方教育行政部门要加强领导,统筹规划,加强对职教基地的管理,充分发挥桥梁作用,共同推动职教师资培养培训基地建设;另一方面,职教师资培训基地要积极加强自身建设,保持与企业的联系,聘请企业优秀技术人员到基地开展讲座和研讨[8]。

2. 建立规范化的职教教师资格制度

近年来，我国越来越认识到职教师资培养制度化与规范化的重要性，制定了职教教师专业标准和全国统一的职教教师资格制度，但这些举措仍然处于不成熟阶段，进入职教教师领域的门槛低，不同地方、不同学校对于教师的学历和工作经验没有统一的要求，这会在很大程度上冲击职教教师职前培养的价值和地位，不利于专业化职教师资的培养。而芬兰实施严格的教师准入要求，申请参与职教教师培养者必须具有大学或应用科技学院的硕士学位，并且至少需要 3 年的工作经验、完成 60 学分的教育类课程学习，这从制度上规定了职教教师的专业性和职业性要求，从源头上保证了职教教师具有与其所教授科目对应的基本职业能力。以专业性和职业性为内涵的入学资质要求为职校教师的职前培养奠定了坚实的基础，专技本色的师范生背景更有利于其持续的专业化发展。因此，我国可以借鉴芬兰职教教师培养经验，建立统一的职业教师资格制度：第一，针对不同种类职教教师制定相应的资格要求；第二，促进硕士层次的职教师资培养规模化；第三，对职教教师的工作经验做出统一规定。总而言之，从规范教师资格入手来提高职业教育师资队伍的质量。

3. 构建能力本位模块化课程体系

我国职教教师培养课程体系依旧存在理实割裂、侧重理论知识传授而教师能力发展不足等问题，这与当下职教教师培养人才更注重素质和能力是不匹配的，因此，要构建能力本位模块化课程体系。而芬兰一直强调以能力为基础、以学习者为导向，按此原则对课程模块进行行组织和安排，通过模块化的课程培养职教教师的核心能力。此外，芬兰还迎合教师专业化发展需要，特别重视教师的个人需求、个人发展规划和研究性学习能力。基于能力本位的模块化课程体系，成为芬兰职教教师持续专业发展的有效支撑。芬兰职教教师培养课程体系设置经验也可为我国提供一定的借鉴，因此，我国应重构职教教师教育的课程体系，突破学术主义，以教师专业发展为中心，构建基于教师核心能力的模块化课程体系。此外，我国应推进职教教师教育课程职前职后整合，从内部建设一体化的教师教育课程，充分发挥职前坚实基础和职后持续改进的功能。

4. 打通职前职后一体化的培养路径

目前，我国对于职教教师培养的重点仍在职前师资培养阶段，职教教师培养依旧存在职前培养与职后培养割裂的现象，而职教教师因专业化程度高，实际上在不同培养阶段都需要通过持续不断的学习来提升其专业化程度。具体来说，我国不仅要重视职教师资培养的外在专业化，还要把教师自身的专业发展放在改革的重要位置。职教教师的专业发展是一个持续的过程，一般包括职前培养、入职培训、继续教育三个阶段。职教教师的持续性专业发展要求我国必须建立起完善的职教教师职前培养和职后培训体系，使教师职前培养与职后培训一体化，尤其要重视职教教师的持续性专业发展需求，为促进教师持续性专业发展提供财务资金保障和心理支持。一方面，通过研究教师的预期需求，寻找支持教师专业发展的方法，从而促进职教教师的专业发展和增强其工作幸福感；另一方面，为了鼓励职教教师进行持续的专业发展和进修,可以开设免费的教师进修项目,并且教师在参加培训和进修时依旧可享受全薪待遇。职教教师培训项目可以采取形式多样的培训方式,我国可以借鉴芬兰职教教师培训项目中的同侪小组指导模式来促进教师的专业发展,教师在小组中有机会结识其他教师,相互学习,并获得同伴教师的社会支持。

参考文献

[1] Ministry of Education in Finland. Education and science in Finland[EB/OL]. [2021-02-10]. https://julkaisut.valtioneuvosto.fi/bitstream/handle/10024/79993/opm15.pdf?sequence=1&isAllowed=y.

[2] ANNE MARTIN, MATTI PENNANEN. Mobility and transition of pedagogical expertise in Finland[EB/OL]. [2022-04-12]. https://jyx.jyu.fi/bitstream/handle/123456789/45861/978-951-39-6098-8.pdf;sequence=1, 2015.

[3] AALTONEN K, AARRENIEMIJOKIPELTO P, H HEINILÄ, et al. Practical skills, education and development: vocational education and training in Finland[EB/OL]. (2021-07-03). https://www.theseus.fi/bitstream/handle/10024/105167/HH%20Practical_skills.pdf?sequence=1.

[4] MATTI KYRÖ. Vocational education and training in Finland[M]. Luxembourg: Office for Official Publications of the European Communities, 2006.

[5] ZULJAN MILENA, VOGRINC JANEZ, PAVEL ZGAGA, et al. European dimensions of teacher education — similarities and differences[M]. Ljubljana: Faculty of Education, 2011:33-52.

[6] ISACSSON A, AMHAG L, STIGMAR M. The content, challenges and values that form nordic vocational teacher education[J]. Ammattikasvatuksen aikakauskirja, 2018, 20(2):38-50.

[7] TAPANI A, SALONEN A O. Identifying teachers' competencies in Finnish vocational education[J]. International Journal for Research in Vocational Education and Training, 2019, 6(3):243-260.

[8] 何倩.芬兰中等职教师资现状及其培养特点研究[J].职业技术教育,2009,30(19):88-92.

师德师风

始终把师德建设作为教师之根本

◎ 刘良军

> **摘 要** 重视师德建设,一直以来都是各级各类学校办学兴校、教书育人,不断提高生存力、竞争力、发展力、持续力的重要议题。新时代加强教师队伍建设、培养高素质教师队伍,应着重在明大德、守公德、严私德方面锤炼广大教师的道德品质、道德素养、道德情操、道德追求,使之成为新时代新征程推动学校高质量发展、教书育人高水平开展的基础工程、"头雁"工程,切实做到教师有信仰、学生有指望、教育有希望。
>
> **关键词** 明大德 守公德 严私德

人无德不立,国无德不兴。2014年9月,习近平总书记考察北京师范大学时强调,打造一支"有理想信念、有道德情操、有扎实学识、有仁爱之心"的"四有"好老师队伍,是学校办学的首要任务[1]。毋庸置疑,习近平总书记将"道德情操"作为好老师的重要评判标准,充分说明越是经济体制深刻变革、社会阶层深刻变动、利益格局深刻调整、思想观念深刻变化,越需要广大教师不断夯实"师德"这一师之根本、教之基础,以良好的师德师风影响人、塑造人、培养人,彰显"人类灵魂工程师"不变的社会美誉和崇高声誉。

诚然,重视师德建设,一直以来都是我国各级各类学校办学兴校、教书育人,不断提高生存力、竞争力、发展力、持续力的重要议题,也一直涌现出如张桂梅等在师德方面堪称表率、可作示范的好老师,推动广大教师"不待扬鞭自奋蹄",自觉地修身养性,锤炼道德品质。但现实生活中时常披露的某教师于师德师风方面出现问题的极端情形、典型案例,启示人们师德建设只有进行时,没有完成时,永远在路上。由此深入学习领会、认真贯彻落实习近平总书记关于培养造就"四有"好老师的重要论述、指示精神,着重在明大德、守公德、严私德方面锤炼广大教师的道德品质、道德素养、道德情操、道德追求,应该成为新时代新征程推动学校高质量发展、教书育人高水平开展的基础工程、"头雁"工程。

作者简介 刘良军,中共荆门市委党校教授,法学学士。

一、师德是"四有"好老师的重中之重,是好老师之"好"的"压舱石""定盘星"

"有理想信念、有道德情操、有扎实学识、有仁爱之心"四者在一定程度上看似并列,却存在内在联系,有机统一。尤其是"有道德情操"承上启下,居于关键、核心位置,发挥着"一失万无"的桥梁、纽带作用。一方面,教师有理想信念,是师德的根本价值取向与至高目标追求。不能想象,对为党育人、为国育才这一教师应有的理想信念置若罔闻的教师会有师德意识、师德观念。另一方面,教师只有以师德作支撑,才会对拥有扎实学识产生内生动力,才会使出浑身解数让学生成长成才,促进学生德智体美劳全面发展、全面进步。此外,德者本身就意味着仁慈仁爱仁德,一名把师德作为立身之本、执教之基、价值之要的教师,必定会视学生如己出,尽可能将之照顾好、关爱好、教育好。"万物得其本者生,百事得其道者成。"无论是奉献付出、创新创造,矢志培养堪当民族复兴大任的时代新人,还是践行为师初心、担当从教使命,在教书育人中成就自我人生价值,都要求广大教师必须把师德置于头等重要的位置,厚植师德基础、擦亮师德品质,视师德为日渐成为好老师的"压舱石""定盘星",以德润身、靠德立身、用德修身。

二、明大德,在为党育人、为国育才的不懈追求中彰显忠诚于党、忠诚于党的教育事业的拳拳之心、殷殷之情

回望历史,中国共产党成立伊始,即坚持全心全意为人民服务的根本宗旨,把为中国人民谋幸福、为中华民族谋复兴确立为自己的初心使命,为实现民族独立、人民解放和国家富强、人民幸福而浴血奋战、百折不挠,而独立自主、自力更生,而解放思想、锐意进取,而自信自强、守正创新,推动中华民族实现从站起来、富起来到强起来的伟大历史性飞跃,使中华民族伟大复兴进入不可逆转的历史进程。没有中国共产党就没有新中国,就没有亿万人民来之不易的幸福美好生活,就没有中华民族伟大复兴[2]。尤其党的十八大以来,习近平总书记更是将教育明确为"国之大者",对人民教师寄予深切厚望,要求广大教师着眼"今天的学生就是未来实现中华民族伟大复兴中国梦的主力军",努力成为打造中华民族"梦之队"的筑梦人。不忘本来,才能开辟未来。广大教师要在推动党史学习常态化长效化,深刻领悟党的性质宗旨、初心使命、奋斗目标的基础上,听党话、感党恩、跟党走,始终做到对党忠诚、为党尽责,以服务、推进党的教育事业为己任,在共促教育事业高质量发展中彰显应有的大德。不仅如此,对党忠诚与为国效力、服务人民并不矛盾,教育事业事关国家兴旺发达、繁荣昌盛,事关人民对美好生活的追求和向往,广大老师明大德,还要牢牢守住为党育人、为国育才的初心使命,努力让每个孩子人生出彩、梦想成真,让每个家庭都因孩子的成长成才而幸福美满。

三、守公德，在推进学生德智体美劳全面发展、全面进步中彰显教师这一特殊职业所具有的特殊职业道德，特殊人群所具有的特殊社会公德

"三百六十行，行行出状元。"一定程度上，"状元"脱颖而出的秘诀之一，就是遵循职业道德、遵守社会公德，以社会主流价值观不断塑造、提升自己，使自己"苟日新，日日新，又日新"。一方面，教师以教书育人为"天职"，以源源不断培养社会主义合格建设者和可靠接班人为使命，必须把教好书、育好人作为践行师德的根本出发点和落脚点，坚持以学生为中心的教育思想，以自己的言传身教、躬身笃行潜移默化地影响学生、带动学生、启发学生、激励学生，使学生德智体美劳全面发展、全面进步。由此守公德既要求教师不断提高专业水平、教学能力，不断成为学识渊博、教学功底扎实的"大先生"，时刻做到学生有所问，我必有所答，学生有所需，我必有所应，又要求教师涵养仁爱之心，对学生一视同仁，因材施教、因人施教，努力让每个学生都能感受到学校的温暖、班级的温馨、老师的温情。另一方面，教师也是社会之人，要遵守社会公德、恪守社会公序良俗，带头在社会上弘扬新风正气。"君子之德风，小人之德草，草上之风，必偃。"事实也是如此，教师属于特定社会人群，其一言一行都有可能成为"风向标""晴雨表"，因此更加需要在遵守社会公德中谨言慎行、慎微慎初、战战兢兢，使社会人群发自肺腑地认同教师，情不自禁地敬佩教师。如脱贫攻坚战中，不少教师以义不容辞、舍我其谁的态度主动投身教育扶贫行列，为阻断贫穷代际传递，帮助群众依靠知识、技术、技能发家致富立下了汗马功劳。立足本职践行职业道德、面向社会展现社会公德，广大教师才能以模范言行与良好形象取信于学生、取信于社会，不负"辛勤园丁"的光荣称号[3]。

四、严私德，在教书育人、行为处世、履职尽责、干事创业、为民服务中彰显一心为公、一身正气、一尘不染的崇高境界与纯粹品质

受市场经济、外部环境等的影响，一段时间以来，确有少数教师忘记了"我是谁""为了谁""依靠谁"，于师德师风方面暴露出不少问题，也为学生家长、社会各界所质疑、批评与诟病。如有教师"近水楼台先得月"，利用手中掌握的家长资源，为自己谋取私利；有教师自恃劳苦功高，要求学生在特定节假日期间，为自己送礼物、发红包；有教师自以为是，在社会上不注重自己的教师身份、职业形象，逞一时意气与冲动；等等。改革由问题倒逼产生，又在不断解决问题中得以深化。循着问题思维、问题导向，要求教师以现存问题为镜鉴，有则改之、无则加勉，于"吾日三省吾身"中不断向好向善，臻于完美。"不矜细行，终累大德。"应该看到，教师的私德绝非微不足道的细节小事，抑或个人私事，若视而不见、充耳不闻，久而久

之小问题必然"上档升级",演变成大问题,有时甚至危及其职业生涯。因此广大教师必须从现在开始、从小事做起,严以修身、严格自律,在面对如家长请吃饭、学生送礼物、班费管理等小微方面也要坚决做到心有所畏、言有所戒、行有所止,始终保持高洁的品质、高尚的情操。"非淡泊无以明志,非宁静无以致远。"谨记"勿以恶小而为之""君子之交淡如水"等金玉良言,着力构建"亲""清"教师—家长(学生)关系,为大公、守大义、求大我,广大教师才能"一片冰心在玉壶",任何时候都"心底无私天地宽"[4]。

五、不断夯实"师德"这一师之根本,除教师加强自我修养外,还离不开学校的教育、管理和监督,要求学校守土有责、守土负责、守土尽责

首先,各级各类学校要把师德师风建设作为新时代加强教师队伍建设、培养高素质教师队伍的前提,以师德师风质的飞跃,推动教师各方面素质与能力焕然一新。要坚持育人者必先育己、教人者应先受教的理念,系统梳理、全面总结长期以来师德师风建设的成功经验和良好做法,使其如清流一般流入教师心田,更推动教师见之于行,见贤思齐、崇德向善。尤其对于那些存有松劲心态、放松心理、懈怠情绪的高年资教师,与刚入职对师德师风不以为意、不怎么重视的年轻教师,要格外用心用情用力地予以帮助、引导、矫正,进而借由一"老"一"少"的除旧布新、革故鼎新,推动全体教师真正视师德为教书育人的"起跑线"、安身立命的"生命线"。其次,要充分发挥学校党组织的战斗堡垒作用与党员教师的先锋模范作用,使广大教师一颗红心永向党,把党关于师德师风建设的决策部署、指示精神落到实处。应该看到,全面实行党组织领导的校长负责制的当下,学校党组织在师德师风建设方面守土有责、责无旁贷,须进一步发挥政治领导、组织领导的作用和优势,推动广大教师模范地遵守纪律规矩,注重道德行为、道德规范。同时,"一名党员一面旗"。党员教师不仅要做践行师德师风的模范,而且要采取"结对子"的形式,有重点地帮助其他教师不断增进道德认知、提高道德素养、涵养道德品质。此外,在选拔、培养、重用、激励教师时,也应将"德"作为第一考量,力戒"德不匹位"等情形的出现。最后,在注重平时考察监管的基础上,还应把师德师风情况纳入教师年度绩效考核评价指标体系,并不断提高其权重,使广大教师不敢、不能、不想在师德方面出问题、捅娄子、有僭越。尤其对于少数、个别严重背离师德、极其败坏师风,违反相关刚性纪律规矩约束的教师,要态度坚决地"清理门户",坚决不让害群之马玷污群体形象、损害整体声誉[5]。

"德者,才之帅也。"实践一再表明,好老师必然先于师德方面让人肃然起敬、颔首称赞。坚持从入职到日常管理、从职称评定到职务晋升、从课堂教学到社会活动的"全生命周期"管理理念,始终把师德建设作为教师的入门课、必修课、终身课,不断夯实"师德"这一师之根本,方能实现教师有信仰、学生有指望、教育有希望,让人看到教育强国、民族复兴进程中,广大教师应有的敬业之姿态、雄健之行动、清正之品质、清纯之形象。

参考文献

［1］程建平.培养新时代"四有"好老师[N].人民日报,2017-11-23(17).
［2］人民日报评论员.推进党史学习教育常态化长效化[N].光明日报,2022-01-17(1).
［3］苏寄宛.新时代加强师德师风建设的着力点[N].光明日报,2022-06-28(6).
［4］冰启.以专业化师德师风建设回应社会期待[N].科教新报,2021-01-13(2).
［5］秦平.法纪结合推进师德师风建设[N].法治日报,2019-12-17(1).

师德师风实践指向研究

——学习习近平关于师德师风建设重要论述精神

◎ 程雄飞

> **摘 要** 习近平关于师德师风建设重要论述在时间维度上具有鲜明的实践指向。一是历史维度上指向实践中"以人民为中心、以学生为中心"这一基本立场与中华优秀传统师德师风文化、习近平的人生经历、党的初心使命这一原始初心;二是现实维度上指向实践中作为"培养什么人、怎样培养人、为谁培养人"前提的"由谁培养人"这一根本问题与"党的领导、理论继承、制度创新相统一"这一重要保证,同时,指向"系统化、科学化地满足教师的精神需求和物质需求"这一总体要求与"建立健全师德师风建设工作体系和工作机制"这一实施方略;三是未来维度上指向"国之大计、党之大计,教师教育高质量发展的内在要求"这一发展定位与"更好地服务于立德树人"这一建设方向。
>
> **关键词** 师德师风建设　时间维度　实践指向

作为评价教师队伍的第一标准,师德师风也是学校落实立德树人这一根本任务的关键。党的十八大以来,习近平围绕"培养什么人、怎样培养人、为谁培养人"这一问题,聚焦师德师风建设的方向性、全局性、长效性课题,提出了一系列新观点新思想,形成了师德师风建设重要论述。习近平关于师德师风建设重要论述是习近平关于教育的重要论述的重要组成部分,为发展马克思主义师德师风思想作出了原创性贡献,也明确了师德师风建设的实践指向,主要体现在基本立场与原始初心、根本问题与重要保证、总体要求与实施方略、发展定位与建设方向八个方面,是党对师德师风建设规律的新认识,也是新时代加强师德师风建设、加强教师队伍建设、加快教育强国建设的行动指南。

作者简介　程雄飞,南昌师范学院马克思主义学院讲师,博士。

一、历史维度的实践指向

1. 基本立场：以人民为中心、以学生为中心

党的十八大以来，中国共产党深入贯彻以人民为中心的发展思想，始终坚持以人民为中心的根本立场。中国共产党继承和发扬传统民本思想，领导着中国革命、改革和建设，推进中国特色社会主义各项事业不断前进。以人民为中心体现在教育方面就是办好人民满意的教育，而人民满意的教育在于要以学生为中心。一是以人民为中心。马克思主义最鲜明的特点是人民性，党的根本政治立场是人民立场。重视师德师风建设就是重视教育。以习近平同志为核心的党中央高度重视师德师风建设，把"三个牢固树立""四个相统一""四个引路人""四个标准"等作为师德师风建设的新标准和新要求。习近平在全国教育大会的讲话中指出，要坚持以人民为中心发展教育。党的十九大报告也指出，要"办好人民满意的教育"[1]。办好人民满意的教育是党始终不渝的重要执政目标。以人民为中心办好人民满意的教育，深刻反映了习近平关于师德师风建设重要论述的根本价值追求，体现了师德师风建设的总体要求。广大人民群众日益增长的教育需求对教师素质尤其是师德师风方面提出了更高要求。在市场经济下，师德师风建设面临许多新的挑战，部分教师师德师风方面的表现与广大人民群众对好老师的要求还存在一定差距。习近平关于师德师风建设重要论述始终聚焦广大人民群众反映的师德师风问题，紧紧抓住广大人民群众最关心的利益问题，彰显了习近平以人民为中心的立场。二是以学生为中心。教师的主要任务是教书育人，教书育人重心在于教师要像父母爱自己的孩子一样爱自己的学生，对学生充满仁爱。习近平指出："做好老师，要有仁爱之心。教育是一门'仁而爱人'的事业，爱是教育的灵魂，没有爱就没有教育。好老师应该是仁师，没有爱心的人不可能成为好老师。"[2]这种爱是一种伟大、神圣、无私的大爱。教师对学生要严爱相济，动之以情、晓之以理，让每一名学生感受到公平，从而"亲其师""信其道"，享受成功的喜悦。同时，教师应该理解、宽容和尊重学生，习近平指出："好老师应该懂得既尊重学生，使学生充满自信、昂首挺胸，又通过尊重学生的言传身教教育学生尊重他人。"[2]只有尊重学生，才能充分调动学生的积极性，提高教育教学效果。

2. 原始初心：中华优秀传统师德师风文化、习近平的人生经历、党的初心使命

一是中华优秀师德师风文化。中华民族优良传统之一便是"师道尊严、尊师重教"，这是对教师"为师之道"的规定，对引导社会形成尊师重教的社会风尚起了示范作用。中华优秀传统师德师风文化以其独特的文化基因实现以"传统之师德师风"涵养"时代之师德师风"的动态转向，推动中华优秀传统师德师风文化在新时代的创新发展，为习近平关于师德师风建设重要论述提供文化滋养。习近平在阐述"经师"与"人师"的辩证关系中指出："要引导教师把教书育人和自我修养结合起来，做到以德立身、以德立学、以德施教。"[3]习近平将中华优秀传统师德师风文化作为师德师风建设的源头活水,要求教师不断提升道德修养,充分展现了习近平对中华优秀传统师德师风文化的继承和发扬。二是习近平的人生经历。习近平在地方任职期间就重视师德师风建设,并身体力行。1985年,习近平在厦门任职时,在厦门大学与青年教师座谈,"强调年轻人做人做事要'注重细节'"[4]。1990年,习近平在福州任职,兼任闽江职业大学校长时指出:"从我开始不当挂名校领导,关心这个学校建设,应该及时解决具体问题。"[4]同时,习近平重视学校教师的师德师风建设,指出:"高尚的职业要有高尚情操的人来从事"[5]。2005年,习近平在浙江任职期间指出,要"建立健全以思想政治教育、教师职业道德教育、法制教育、心理健康教育为重点的师德师风教育机制,进一步完善师德评估体系"[6],并亲自为杭州高校学生作报告,彰显了师者的初心使命。2007年,习近平在上海任职期间强调:"大力营造尊师重教的社会氛围……努力让教师成为社会上最受尊敬、最令人向往的职业。"[7]可见,习近平重视师德师风建设是一以贯之的。三是党的初心使命。党的初心使命就是为中国人民谋幸福,为中华民族谋复兴。师德师风建设的初心使命就是阐明党加强师德师风建设从哪里出发、往哪里走的问题。首先,立德树人是教育的根本任务,也是师德师风建设的要求,"要把立德树人的成效作为检验学校一切工作的根本标准"[3],引导学生用大德铸魂、公德善心、私德润身,不忘立德树人初心。其次,要牢记为党育人、为国育才的使命,牢记师德师风建设与政治的关系,牢记师德师风建设的根本任务,牢记培养时代新人的新要求。从历史来看,师德师风建设中党的初心使命体现在党对师德师风建设的经验总结。抗日战争时期,毛泽东要求延安抗日军政大学师生"忠于党的教育事业"。新中国建设时期,毛泽东先后提出"要做人民的先生,先做人民的学生""又红又专"等思想,提升了教师的师德水平。改革开放初期,邓小平认为党和国家及学校"应该热情地关心和帮助教师思想政治上的进步"[8],并"希望广大教师努力在政治上、业务上不断提高,沿着又红又专的道路前进"[9],将师德师风建设与专业发展融为一体。江泽民指出,"广大教师要率先垂范……志存高远、爱国敬业,为人师表、教书育人,严谨笃学、与时俱进"[10],这为师德师风建设提供了价值遵循。市场经济下,胡锦涛指出,教师要"不断加强师德修养,把个人理想、本职工作与祖国发展、人民幸福紧密联系在一起"[11],这为新时期师德师风建设提供了实践指导。党的十八大以来,以习近平同志为核心的党中央在继承党的师德师风建设经验基础上进行创新,提出"学校要把德育放在更加重要的位置,全面加强校风、师德建设"[12],颁布实施一系列有关师德师风建设的文件。

二、现实维度的实践指向

1. 根本问题:"由谁培养人"是对"培养什么人、怎样培养人、为谁培养人"的追问

中国特色社会主义师德师风建设的问题关键在哪?对此,胡锦涛曾指出:"培养什么人、如何培养人,是中国社会主义教育事业发展中必须解决好的根本问题。"[13]对于这一根

本问题,笔者认为,要在追问"培养什么人、怎样培养人、为谁培养人"的基础上,回答好"由谁培养人"的问题。一是"培养什么人、怎样培养人、为谁培养人"。习近平曾指出:"'高校培养什么样的人、如何培养人以及为谁培养人'是教育的根本问题。"[14]首先,这一表述全面阐释了新时代教育的精髓,提出检验学校教育教学工作的根本标准是立德树人的成效,要在理想信念、品德修养、综合素质、爱国主义、知识见识等方面构建全方位育人的体制机制。其次,对"培养什么人"这一问题的思考,只能从社会主义建设者和接班人这一角度出发,培养"又红又专、德才兼备"的人,"说具体了,就是培养社会发展、知识积累、文化传承、国家存续、制度运行所要求的人"。[3]再次,习近平在顺应新时代教育发展需要,借鉴并超越古往今来教育工作的经验教训基础上提出"为谁培养人"的问题,是对如何争夺青少年的思考,避免培养一些"'长着中国脸、不是中国心、没有中国情、缺少中国味'的人"[15]。在这一大是大非问题上,不能犯历史性错误。二是"由谁培养人"。"师者,所以传道受业解惑也",这就明确了教师是培养人的主体。习近平关于师德师风建设重要论述在某种意义上也是对"由谁培养人"这一问题的回答,其实质是为师者以立德为本。为师者以立德为本要求教师立德垂范,在言行、生活、思想等方面为人师表、行为世范,给学生积极向上的影响,时时处处体现教师的职业道德。陶行知主张教师"一言、一行、一举、一动,都要修养到不愧为人之师表的地步"[16]。习近平在不同场合也曾多次提到为师者以立德为本的重要性,他认为教师要"自觉增强立德树人、教书育人的荣誉感和责任感,学为人师,行为世范,做学生健康成长的指导者和引路人"[17],"师者为师亦为范,学高为师,德高为范"[2],"教师不能只做传授书本知识的教书匠,而要成为塑造学生品格、品行、品位的'大先生'"[14]。可见,习近平在"由谁培养人"的思考中,对为师者以立德为本的论述,深刻揭示了师德师风的本质和要求。师德师风不仅是教师的职业道德,也是教育教学的内容和手段,贯穿教师的教育教学全过程。习近平把为师者以立德为本作为新时代教师最重要标准,再次强调了师德师风对学生的重要影响。

2. 重要保证:党的领导、理论继承、制度创新相统一

党的领导是根本、理论继承是基础、制度创新是关键,三者统一于习近平关于师德师风建设重要论述中,是师德师风建设的重要保证。一是党的领导。坚持党对教育事业的全面领导是习近平在全国教育大会上提出的"九个坚持"之一。习近平指出:"加强党对教育工作的全面领导,是办好教育的根本保证。"[18]师德师风建设是教育工作的重要组成部分。因此,加强党对师德师风建设的全面领导至关重要。这种"全面"领导,就是党政负责同志要关心、熟悉并研究师德师风建设,把党的教育方针贯彻到师德师风建设的各个方面,建立健全党委统一领导、部门各负其责的师德师风建设领导体制,"形成落实党的领导纵到底、横到边、全覆盖的工作格局"[19],确保思想统一、政治团结、行动一致。二是理论继承。习近平关于师德师风建设重要论述继承了马克思主义教师队伍与师德师风建设思想,体现了师德师风建设的科学思维。首先,继承了马克思主义教师队伍与师德师风建设思想。马克思、恩格斯、列宁等马克思主义经典作家关于职业理想、尊师重教等方面的论述，构成了马克思主义教师队伍建设的理论基石，是习近平关于师德师风建设重要论述的理论依据。在职业理想方面，马克思强调要选择"最能为人类而工作的职业"[20]。教师作为人类最伟大的灵魂工程师，正是一个为人类而工作的职业，使命光荣、责任重大。面对英国教师队伍质量低下的状况，恩格斯指出，某些人"只是为了生活才来当教师，大多数连自己也没有具备最必要的基本知识，缺乏教师所应当具备的道德品质"[21]。教师的主要任务是培养人才，正如列宁指出的那样："这就是你们在教育、培养和发动整个青年一代的事业中应当执行的任务。"[20]在尊师重教方面，面对教师在马克思主义经典作家所处的资本主义社会得不到尊重的现象，马克思指出："身为学者阶级中的无产者的学校教师从一个乡镇被赶到另一个乡镇，就像被追猎的野兽一样。"[22]面对沙皇俄国教师恶劣的社会环境，列宁希望国家"把他们当人看待，而不是把他们当作你们暂时需要的牲畜和工具"[23]。习近平关于师德师风建设重要论述的原创性贡献也得益于马克思主义经典作家在不同时期提出的师德师风建设思想。列宁指出："在任何学校里，最重要的是课程的思想政治方向。……任何监督、任何教学大纲等等，绝对不能改变由教学人员所决定的课程的方向。"[24]毛泽东也强调："没有正确的政治观点，就等于没有灵魂。"[25]这说明师德师风建设的首要内容是坚持正确的政治方向。其次，体现了师德师风建设的科学思维。习近平关于师德师风建设重要论述体现了对科学思维的创造性运用。例如，他对教师行为规范、道德情操、理想信念提出要求，体现了系统思维方法。提出教师"既要精于'授业''解惑'，更要以'传道'为责任和使命"[2]，体现了辩证思维方法。另外，针对大中小学不同学段的教师提出不同要求，体现了一切从实际出发的科学思维。三是制度创新。师德师风建设要靠公平合理、具有可操作性的制度来保证。要严格遴选制度，注重道德考察，严格资格准入；要建立健全荣誉制度，"让广大教师在岗位上有幸福感、事业上有成就感、社会上有荣誉感"[26]；要建立科学评价机制，坚持以德为先，全过程全方位考核；要建立责权利相统一的制度，实行师德一票否决制。

3. 总体要求：系统化、科学化地满足教师的精神需求和物质需求

习近平从满足教师的精神需求和物质需求方面，系统化、科学化地提出了新时代加强师德师风建设的总体要求。一是要多方面满足教师的精神需求。教师的精神需求包括责任感、荣誉感、认同感的获得。教师的职责是教书育人。教书是手段，要重视"书"的作用。通过教书使得教师获得提升道德水平的责任感。育人是目的，育人先育己，因为部分教师"缺乏教师所应当具备的道德品质"[21]。同时，教师荣誉感和认同感的获得部分取决于外界是否尊师重教。那么，如何满足教师的精神需求？首先，坚持教育培训与自我修养相统一。习近平指出："师德需要教育培养，更需要老师自我修养。"[2]即师德师风建设要用辩证统一思维来指导，坚持内外因相统一。一方面，要把教师理想信念、职业道德融入教育培养全过程，建立健全师德师风建设体系。另一方面，教师要以"三个牢固""四有好老师""四个引路人""四个相统一"为加强自身修养的要求，在师德师风方面不断自我革新和自我提升。只有两方面形成合力,师德师风建设才能整体提升。其次,坚持制度建设与教育督导相统一。关于师德师风建设,习近平指出:"既要有严格制度规定,也要有日常教育督导"[3],还要"在全社会大力宣传和弘扬优秀教师的先进事迹和高尚品德"[25]。可见,师德师风建设除了教师要加强自身修养以外,还要加强制度体系建设、日常督导和模范宣传。二是要满足教师的物质需求。教师的物质需求是否满足在于教师的物质利益是否得到保障,师德师风建设既要重视教师的精神需求,也要关注教师的物质利益。马克思指出:"'思想'一旦离开'利益',就一定会使自己出丑。"[27]邓小平也指出:"革命是在物质利益的基础上产生的,如果只讲牺牲精神,不讲物质利益,那就是唯心论。"[8]马克思和邓小平的这一论断充分体现了精神与物质的辩证关系。同时,思想政治教育中有一条重要原则,即解决思想问题与解决实际问题相结合的原则。而师德师风教育也是思想政治教育,因此,师德师风教育也要遵循这一原则。为此,习近平要求要"满腔热情关心教师,改善教师待遇,关心教师健康,维护教师权益"[2]"必须确保教师职业具有应有的地位"[28]。总之,只有教师的精神需求和物质需求都得到满足,才能最大限度激发教师的主观能动性,为师德师风建设注入持久的动力。

4. 实施方略:建立健全师德师风建设工作体系和工作机制

一是建立健全师德师风建设中多元主体共同参与的工作体系。师德师风建设是一项涉及多元化利益主体的系统工程,涉及党和国家、全社会、学校、家庭、教师个人等多元化主体。在师德师风建设工作体系中,每一个主体都有与自己角色相关的任务。就党和国家而言,其主要任务是在各级各类学校建立健全教师党支部及组织生活制度体系,建立健全师德师风督导制度体系,支持教师参与师德师风建设方面的重大决策,维护教师正当权益,开展师德师风评比、宣传、推广等,教育行政主管部门要规范教师资格申请和认定工作,把好教师入口关,发挥党和国家在师德师风建设中的引领和主导作用。就社会而言,其主要任务是大力营造尊师重教的氛围,邀请师德师风突出的教师代表参加重大节日活动,提供"教师优先"服务等,"让教师真正成为最受社会尊重和令人羡慕的职业"[29],发挥全社会在师德师风建设中的配合和辅助作用。就学校而言,其主要任务是建立健全教师引进和招聘制度体系,厚植校园师德师风文化,开展师德师风专题教育,严格师德师风考核,发挥其在师德师风建设中的主体作用。就家庭而言,一方面,由于师生是双向互动主体,师德师风也会受到学生、家长、家庭教育的影响。另一方面,家庭中有教师成员的,其他成员也会对师德师风产生影响。因此,家庭的主要任务是抓好家庭教育,发挥家庭在师德师风建设中的配合作用。就教师个人而言,其主要任务是加强教师职业认同和师德师风自我修养,守好讲台主阵地,立好德、树好人。可见,多元主体间有主次之分,师德师风建设需要多元主体间紧密配合、相互协作。二是建立健全师德师风建设的长效机制。师德师风的形成是一个复杂的、曲折的、长期的过程。一方面,师德师风建设中某个环节失效,某个领域失衡,就会导致师德师风建设成效显著下降。例如,师德师风建设监督体系失灵、社会监督体系松懈,会导致学校出现师德师风问题,再经过网络的传播、舆论的发酵,对师德师风建设带来不利影响;另一方面,任何忽视师德师风建设持续性的短视行为都可能导致师德师风建设工作的根基不稳。因此,建立健全师德师风建设的长效机制,首先就要在教师管理、教师培训以及学校的日常教育教学中,深化"四有"好老师教育,并将其制度化、常态化,其次要在社会建设、文化建设、法治建设中,融入师德师风建设中的政府监督、社会监测、行风监察等环节,提高师德师风建设的警惕性和自觉性,开创师德师风建设新格局。

三、未来维度的实践指向

1. 发展定位：国之大计、党之大计,教师教育高质量发展的内在要求

一是国之大计、党之大计。习近平在全国教育大会上指出:"教育是国之大计、党之大计"[18],而"国家繁荣、民族振兴、教育发展,需要我们大力培养造就一支师德高尚、业务精湛、结构合理、充满活力的高素质专业化教师队伍"[2],这就标定了师德师风建设的发展定位,突出强调师德师风建设对国家、民族、社会、人民的重要性,肯定了师德师风建设的先导性、基础性、全局性地位,分析了师德师风建设面临的新问题、新任务。首先,"国之大计"是对师德师风建设经验的总结。师德师风建设不仅关乎教育强国建设和民族未来,更与办好人民满意的教育息息相关。从建设教育强国角度看,教师资源是建设教育强国的首要资源。加强师德师风建设将极大促进教育事业的发展,提高全民族素质,推动国家迈向人力资源强国。从办好人民满意教育角度看,加强师德师风建设将极大提高教师素质,培养出一批批让无数家庭满意的子女,提升人民的获得感、安全感和幸福感。其次,"党之大计"也是习近平关于师德师风建设的新论断。"党之大计"进一步把师德师风建设摆在了极其重要的地位,把师德师风建设与党的前途命运紧密联系在一起。作为一个百年大党,必须后继有人,这是党长期执政的伟大战略过程。为此,以习近平同志为核心的党中央加强顶层设计,作出一系列部署,颁布实施了《新时代中小学教师职业行为十项准则》《中小学教师违反职业道德行为处理办法》《关于建立健全高校师德建设长效机制的意见》《关于高校师德失范行为处理的指导意见》《关于加强和改进新时代师德师风建设的意见》等政策文件。这对加强师德师风建设具有重要实践指导意义。二是教师教育高质量发展的内在要求。教师是立教之本、兴教之源。习近平强调要"加强师德师风建设,培养高素质教师队伍"[1],这是建设高质量教师教育体系的重要方面。习近平关于师德师风建设重要论述,强调教师的职责在于立德以树人、教书与育人。他用"传道者""引路人""大先生"来定性教师职业,回答了师德师风建设在教师教育高质量发展中的地位,明确了教师教育高质量发展的要求。同时,教师教育高质量发展成效、教师队伍素质,关键在于建立健全相关评价标准体系,而"评价教师队伍素质的第一标准应该是师德师风"[3]。可见,以师德师风建设加强教师队伍建设,对教师教育高质量发展具有重要作用。

2. 建设方向：更好地服务于立德树人

习近平在党的十九大报告中强调："要全面贯彻党的教育方针,落实立德树人根本任务,发展素质教育,推进教育公平,培养德智体美全面发展的社会主义建设者和接班人。"[1]习近平关于立德树人的这一论述为师德师风建设指明了方向。要把握好立德树人,就需要理解"立德"与"树人"的辩证关系,即"立德"的方向是"树人","树人"的前提是"立德",二者贯穿师德师风建设的全过程。教师要承担起立德树人的任务,首先要"立己德、树本人"。在师德师风建设中,要"立什么样的己德""树什么样的本人",这是把握好师德师风建设,更好地服务立德树人方向的首要问题。一是"立什么样的己德"。首先,教师要立"大德"。所谓"大德",就是中华民族伟大复兴层面上的共产主义远大理想和中国特色社会主义共同理想。这一理想信念不坚定,师德师风建设就容易迷失方向。中国共产党自成立以来,就把共产主义作为奋斗目标,在改革和建设中,明确了中国特色社会主义共同理想。教师要在师德师风建设中做立"大德"的认同者、信仰者和实践者。其次,教师要立"公德"。所谓"公德",是指社会主义道德。教师所要立的社会主义道德包括在为人民服务意识的引导下,树立为教育服务、为学生服务的意识,以促进学生健康成长、全面发展为理念来思考如何立德树人这一问题,也包括积极弘扬和践行社会主义核心价值观,这是新时代教师进步成长的必然选择,也是师德师风建设的重要途径。最后,教师要立"私德"。所谓"私德",就是个人的习惯、作风和品行。"道德之于个人、之于社会,都具有基础性意义,做人做事第一位的是崇德修身。"[30]对教师个人而言,如果不搞好个人师德师风建设,就没有做好立德树人的根基和底气,就不可能赢得人民群众的满意。二是"树什么样的本人"。立身、立学、施教是教师职业的三个方面。作为普通社会成员的教师,跟普通人一样,只有在社会中立好身,才能更好地生存发展,在此基础上再立好学,使自己满足"学高为师"这一条件,最后施好教。加强师德师风建设,要引导教师树"以德立身、以德立学、以德施教"之人,正如习近平指出的那样："要加强师德师风建设……引导广大教师以德立身、以德立学、以德施教。"[14]立德树人是学校的根本任务,而学校的这一根本任务落在了教师身上。因此,教师状况决定了立德树人的状况。习近平强调："教师是人类灵魂的工程师,承担着神圣使命。"[14]为此,要加强师德师风建设,使教师愿意承担起立德树人的任务,勇于肩负起立德树人的神圣使命,从而更好地服务于立德树人这一根本任务。

总之,习近平对师德师风建设的重要论述从历史、现实、未来这一时间维度来说,涉及根本问题与重要保证、基本立场与原始初心、总体要求与实践方略、发展定位与建设方向这八个方面的实践指向,构成了习近平关于师德师风建设重要论述的核心要义。这八个方面的实践指向立足党和国家教师教育工作的全局,对事关师德师风建设的方向性、全局性、长效性问题作了顶层设计,是马克思主义师德师风思想与中国师德师风建设实际相结合的最新成果,开辟了马克思主义师德师风思想中国化的新境界。

参考文献

[1] 习近平. 决胜全面建成小康社会 夺取新时代中国特色社会主义伟大胜利[M]. 北京:人民出版社,2017.

[2] 习近平. 做党和人民满意的好老师——同北京师范大学师生代表座谈时的讲话[N]. 人民日报,2014-09-10(2).

[3] 习近平. 在北京大学师生座谈会上的讲话[N]. 人民日报,2018-05-03(2).

[4] 《习近平与大学生朋友们》编写组. 习近平与大学生朋友们[M]. 北京:中国青年出版社,2020.

[5] 市五套班子领导走访慰问教师:辛苦了,光荣的人民教师[N]. 福州晚报,1994-09-09(1).

[6] 习近平. 干在实处走在前列——推进浙江新发展的思考与实践[M]. 北京:中共中央党校出版社,2018:306.

[7] 缪毅容. 习近平指出要始终坚持把教育放在优先发展战略地位制定措施吸引更多优秀人才当教师[EB/OL]. (2007-09-07)[2022-09-18]. https://www.gov.cn/gzdt/2007-09/07/content_740832.htm.

[8] 邓小平. 邓小平文选(第二卷)[M]. 北京:人民出版社,1994.

[9] 邓小平. 邓小平论教育[M]. 3版. 北京:人民教育出版社,2014:72.

[10] 江泽民. 江泽民文选(第三卷)[M]. 北京:人民出版社,2006:501-502.

[11] 胡锦涛. 在全国优秀教师代表座谈会上的讲话[N]. 人民日报,2007-09-01(1).

[12] 习近平. 从小积极培育和践行社会主义核心价值观——在北京市海淀区民族小学主持召开座谈会时的讲话[N]. 人民日报,2014-05-31(2).

[13] 胡锦涛在全国加强和改进大学生思想政治教育工作会议上发表重要讲话强调:进一步加强和改进大学生思想政治教育工作大力培养造就社会主义事业建设者和接班人[N]. 人民日报,2005-01-19(1).

[14] 习近平. 习近平在全国高校思想政治工作会议上强调把思想政治工作贯穿教育教学全过程 开创我国高等教育事业发展新局面[N]. 人民日报,2016-12-09(1).

[15] 习近平. 论党的宣传思想工作[M]. 北京:中央文献出版社,2020:343.

[16] 陶行知. 陶行知全集(第2卷)[M]. 成都:四川教育出版社,1991:274.

[17] 习近平. 习近平总书记系列讲话精神学习读本[M]. 北京:中共中央党校出版社,2013:223.

[18] 吴晶,胡浩. 习近平在全国教育大会上强调:坚持中国特色社会主义发展道路培养德智体美劳全面发展的社会主义建设者和接班人[N]. 人民日报,2018-09-11(1).

[19] 习近平. 论坚持党对一切工作的领导[M]. 北京:中央文献出版社,2019:278.

[20] 韦冬,王小锡. 马克思主义经典作家论道德[M]. 北京:中国人民大学出版社,2017.

[21] 马克思,恩格斯. 马克思恩格斯全集(第二卷)[M]. 北京:人民出版社,1957.

[22] 中共中央马克思恩格斯列宁斯大林著作编译局. 马克思恩格斯选集(第1卷)[M]. 北京:人民出版社,2012:527.

[23] 中共中央马克思恩格斯列宁斯大林著作编译局. 列宁全集(第36卷)[M]. 北京:人民出版社,2017:207.

[24] 中共中央马克思恩格斯列宁斯大林著作编译局.列宁全集(第45卷)[M].北京:人民出版社,1990:249.

[25] 毛泽东.毛泽东文集(第7卷)[M].北京:人民出版社,1999:226.

[26] 霍小光,张晓松.全面贯彻落实党的教育方针 努力把我国基础教育越办越好[N].人民日报,2016-09-10(1).

[27] 中共中央马克思恩格斯列宁斯大林著作编译局.马克思恩格斯文集(第1卷)[M].北京:人民出版社,2009:286.

[28] 冉亚辉.习近平总书记关于教师队伍建设重要论述的理论特质论析[J].教育理论与实践,2020,40(13):39.

[29] 新华网.习近平:不忘立德树人初心牢记为党育人为国育才使命不断作出新的更大贡献[EB/OL].(2020-09-09)[2021-09-02].http://www.xinhuanet.com/politics/leaders/2020-09/09/c_1126470939.htm.

[30] 中央文献研究室.十八大以来重要文献选编[M].北京:中央文献出版社,2016:7.

高校师德师风建设的现实挑战与影响因素辨析

◎ 陈蕾静　彭贤杰　姜子琛

> **摘　要**　高校师德师风建设是落实立德树人根本任务的重要保障,是推进"双一流"建设的重要环节。当前,高校师德师风建设基本实现了规范化和制度化,师德师风建设呈现常态化。但在教师角色认知和职业行为、高校师德师风制度执行、校园师德文化氛围营造上仍存在一定的现实挑战。面对高校师德师风建设的现实挑战,需要进一步辨析影响因素,把握师德师风建设的根本动力、方向牵引和外部动因,从而确保高校师德师风建设的精准性、长效性和实效性。
>
> **关键词**　师德师风　师德建设　现实挑战　影响因素

2014年,教育部印发《关于建立健全高校师德建设长效机制的意见》,强调建立健全高校师德建设长效机制的重要性和紧迫性。新形势下,建立健全高校师德师风建设是确保高校教师达到"四有""四个引路人""四个相统一"等重要标准的长效机制,高校师德师风建设长效机制的建立健全既能确保中国特色社会主义事业后继有人,亦是提升高等教育发展水平的必备条件。党的十八大以来,党中央、国务院、教育部和上海市先后出台了关于高校师德师风建设的重要文件,要求全面加强教师队伍思想政治工作、大力提升教师职业道德素养、把师德师风建设要求贯穿教师管理全过程[1];提出了师德师风建设的主要要求、内容和维度;进一步明确了新时代师德师风建设的指导思想、基本原则、工作目标及任务举措。强调建立起师德违规惩处和责任追究机制,为各地高校扎实推进教师师德师风建设提供了制度框架和行动指南。

---

*　本文为2021年度上海市教育学科研究一般项目"新时代上海高校师德师风建设长效机制研究"(项目编号:C2021053)的阶段性研究成果。

作者简介　陈蕾静,同济大学中德工程学院与职业技术教育学院团委书记,讲师,硕士。
　　　　　彭贤杰,同济大学人才中心主任,副教授,博士。
　　　　　姜子琛,同济大学中德工程学院与职业技术教育学院学工办主任,讲师,硕士。

一、师德师风建设的内涵价值

1. 高校师德师风建设是落实立德树人根本任务的核心基础

2016年,习近平总书记在全国高校思想政治工作会议上强调:"高校教师要坚持教育者先受教育,努力成为先进思想文化的传播者、党执政的坚定支持者。"2021年教师节来临之际,习近平总书记给全国高校黄大年式教师团队代表回信,提出"希望全国高校广大教师立德修身、潜心治学、开拓创新,真正把为学、为事、为人统一起来,当好学生成长的引路人"。高校是培养社会主义合格建设者和可靠接班人的主阵地,高校教师作为高校立德树人根本任务的主要承担者和具体践行者,其道德素质和精神面貌直接关系到高校学生的健康成长,因此加强高校教师师德师风建设是建设教育强国、办好人民教育、加快教育现代化的基础,是落实高校立德树人根本任务的核心,也是高校的立校之本。

2. 高校师德师风建设是"双一流"建设的重要环节

2018年,教育部、财政部、国家发展改革委发布的《关于高等学校加快"双一流"建设的指导意见》指出,要加强师德师风建设,严把选聘考核晋升思想政治素质关,将师德师风作为评价教师队伍素质的第一标准[2]。教师队伍建设是"双一流"建设的核心环节,高校教师师德师风建设具有重要意义,既是发挥大学社会文明功能的重要基础,也为实现"两个一百年"奋斗目标提供了坚实的教育保障。培养各类高素质优秀人才是"双一流"建设的总体目标,在这种目标下,构建和谐平等的师生关系,促进师生的共同发展必不可少。高校教师必须要深刻理解和把握师德师风建设与"双一流"建设的内在关系,明确自己的价值和角色定位[2]。

二、师德师风建设面临的现实挑战

教育部、各省(自治区、直辖市)教育主管部门先后印发了各类文件作为高校建立健全师德师风建设长效机制的重要指南。各大高校积极响应中央号召初步建立了师德师风建设机制,制定了师德师风建设实施细则并建立了相应的工作机制。上海市各大高校在政策、实施、建设维度等层面上,探索了各自行而有效的建设机制:制定了系列政策文件,覆盖教育、宣传、考核、监督、激励、惩处等环节,从校级层面丰富了高校师德师风建设的政策依据;围绕青年教师、党员教师以各类培训、会议的形式为依托建立了相关建设体系;从高校、院系、党支部、教师等维度提出师德师风建设的要点。总体而言,近年来我国各类高校致力于师德师风建设,有了长足的发展并建立了一定的机制,但是在实际实施推进过程中,仍存在较为突出的上热下冷中梗阻问题,实施浮于表面,缺乏真正具有实效性的政策落地措施和保障。这就需要我们科学把握高校师德发展的规律性,把握教育、宣传、考核、监督、激励、惩处等重要环节,建立"高校—院系—党支部"三级工作机制,构建全员全方位全过程的师德师风建设机制。

1. 角色认知和职业行为存在价值偏差

新时代,随着高校师德师风体制机制建设的不断完善,整体师德师风建设呈现良好态势,但仍有个别教师不能认真履职尽责,主要表现为理想信念不坚定、育人意识弱化、敬业精神不足、学术不端等问题[3],违背了高校教师职业行为十项准则,损害了教师队伍的整体形象。在理想信念方面,出现了发表个人主义、拜金主义、危害国家安全等言论的现象,政治意识淡化、享乐主义突出,究其根本是受到外界环境的影响和西方资本主义的冲击。育人意识方面,一方面,教师关心爱护学生的意识弱化,如重科研产出轻教学质量、只顾知识传授轻思想引领等问题;另一方面,不能妥善处理师生关系,如研究生导生关系异化,部分研究生导师存在"违规拖延学生毕业时间""要求研究生从事与教育教学、科学研究、社会服务等无关事宜""损害研究生学术科研权益"等行为。敬业精神不足方面主要表现在部分教师因将大部分精力用于兼职兼薪而影响上课质量,或因循守旧长期没有进行教法和教学内容的更新等;学术不端等方面则表现为"抄袭剽窃、篡改侵吞他人学术成果,滥用学术资源和学术影响"等。同时,部分教师在"秉持公平诚信""坚守廉洁自律"等方面也存在违规使用科研经费、公款旅游、收受学生及家长财物等行为。上述违背教师职业道德的行为也体现了少部分高校教师对个人职业角色定位和认识的偏差。

2. 制度执行上"热下冷中梗阻"问题突出

在政策层面上,多数高校在上位文件的指导下制定了相关的校级师德师风建设文件,如学校师德师风建设长效机制的实施办法、教师师德行为规范、考核评价指导意见、教职工奖励办法、教职工违规违纪处理办法等文件,基本覆盖师德师风建设的实施、评价、考核、奖惩等方面;部分高校围绕学术科研有针对性地制定了学术道德行为规范、学术不端行为处理办法等文件,从高校教师职业行为的具体准则入手进行规范;部分高校制定了研究生导师育人规范,为研究生导师立德树人的实施提供了行动指南。

目前各类高校师德师风建设制度相对完备,但由于各高校治理水平的差异,在实施覆盖面和政策执行力度上仍存在较大差异,不同高校的施力点也有所不同。部分高校建立了完备的教师全过程管理机制,强调人才引育、考核评价、内部监督和师德师风主题教育。但仍有部分高校的师德师风建设仅停留在政策层面,政策的执行力度和执行效果不佳,缺乏校内纵横联动和部门协同。同时,各类文件制度在执行过程中也存在片面性问题,如教师评价更重视科研产出等显性指标而忽略了关心关爱学生等隐性指标[4]。部分高校虽然进一步界定了教师师德失范行为,列出了负面清单,但是这类清单往往是对行为的描述,难以形成量化评价。同时,完善的师德师风评价体系尚未建立,各基层学院在操作的过程中无章可依。目前,虽然大部分高校现已将师德师风作为评聘、考核、晋升、激励的首要标准,但是在具体的执行过程中仍存在一定的形式主义。一方面,在教师评价上对能绩、科研方面的表现更为看重;另一方面,相较于更容易进行定量评价的科研成果,师德师风考核评价的操作更为复杂。以上种种原因也使得师德师风建设在制度实施过程中"上热下冷中梗阻问题"进一步突出。

3. 校园文化氛围营造亟待优化升级

目前,部分高校从师德师风专题培训、树立典型示范等方面着手,强化师德教育宣传。

融合运用校园新闻网、微信公众号、官方微博、校报、广播台、社会媒体等媒介对优秀教师展开立体宣传;开展优秀导学团队评选、好导师评选等活动;或通过出版相关书籍、推出师德建设专题教育月等方式主抓宣传和氛围营造。这一系列举措取得了一定的效果,但整体上仍存在宣传力度不足,宣传教育以正面宣传为主,缺乏警示案例宣传、失范行为公开等实例,负面警示的震慑作用没有得到发挥。同时,校内的师德师风建设相关活动的开展缺乏系统性和连续性设计,多以相关节日为契机开展。相关活动和宣传的组织开展往往以校级层面为主,院系和基层党支部缺乏联动,师德师风氛围营造没有真正落到教师个人的实践过程中,校园崇尚师德师风的全员文化氛围的营造和养成仍有待进一步优化升级。

三、师德师风建设的影响因素辨析

高校要形成良好的师德师风建设体系,应当从"自律"和"他律"的角度出发,形成刚性和柔性双重约束。其中教师的价值观念塑造作为高校教师师德师风长效性建设的根本动力,有助于从"自律"的角度为高校师德师风建设提供源源不断的动力和基本保障。而完备的制度体系建设则从"他律"的角度为师德师风建设提供了方向指引和外部约束,有助于规范师德、防范教师失范行为。良好的师德师风氛围营造则能为教师提供反思的动力,不断促进教师知行合一,为师德师风建设提供外部动因。

1. 高校教师的价值观念塑造是师德师风建设的根本动力

近年来,随着全球化进程不断加快,西方文化和意识形态对高校教师的价值观产生了较大的影响和冲击,使得部分教师出现政治立场不坚定、国家意识淡化的问题[5],甚至有少部分高校教师在课堂上发表危害国家安全、破坏国家统一和民族团结的言论,推行极端个人主义、拜金主义等错误观点。习近平总书记关于"四有"好老师的重要论述明确指出做好老师要有理想信念、道德情操。高校教师要注重从教初心,保持教书育人的理想信念。优秀的师德师风作为高校教师队伍建设的目标,根本上亦是对教师职业道德的要求[6]。实际上,相关制度更多的是提供外部约束,高校师德师风建设要关注高校教师的价值诉求,意识到师德师风建设的根本动力源于教师自身的价值观塑造,要帮助高校教师逐步实现从外部规范的"他律"到自我价值追求的回归,意识到只有教师自我意识的觉醒才能为师德师风建设提供源源不断的根本动力,在复杂多变的环境中作出正确的判断和选择。

师德师风建设既要把握作为教师"职业道德规范"的师德,也要关注教师行为体现的

"师风"。因此,除了职业道德和教书育人等价值观念的塑造外,更要强调知行合一,将教师专业能力建设与思想道德结合,真正做到言传身教,以德服人、以能服人。高校要结合自身的发展需求开展师德师风专题教育培训、创新教育方式、扩大建设载体,结合专题培训、报告、专题实践等多种形式,将师德师风建设落到实践上,促进知行结合。

2. 多元多维的制度体系建设是师德师风建设的方向牵引

制度体系建设作为师德师风建设的刚性约束,有助于保障、规范和推动师德师风的长效性建设,政策的指向性对师德师风建设起到方向牵引的作用。职称评聘、评奖评优的参照点和评价指标对教师的育人态度和方式有潜移默化的影响,与此同时,制度的可操作性也对建设的长效性起到了重要的引导作用。就各高校现有政策文本来看,各高校在体制机制的建设上存在较大的差异,多数文件只是重复上级政策法规的要求,尚未形成系统化的师德师风自主建设体系[7]。

因此,建立多元多维的师德师风制度体系有助于优化师德师风建设,这既对制度的可操作性提出了要求,也对高校师德师风的组织保障工作提出了挑战。一方面,要通过学校、院系、党支部等多维度管理强化政策执行力度和效度,以校级工作领导小组为领导保障,以院系考核小组为组织保障,以党支部为教育保障,构建全员全方位全过程的师德师风建设机制;另一方面,要强调教师师德师风评价的多元主体性,突出人才培养的核心地位,以立德树人为首要和根本标准,将定量评价与定性评价相结合。强调管理部门评价、自我评价、同事评价、学生评价等多元评价。监督机制上采用学校、教师、学生和社会多方参与的师德监督体系。多维的师德师风制度体系建设应覆盖教师入职、评聘、续聘、考核全过程,建立教育、宣传、考核、评价、激励、惩处六位一体工作格局。提高高校教师准入标准,严守师德师风入口关,对过往存在思想政治问题、品行问题的教师一票否决;健全师德师风教育机制,要强化全过程全方位教育,引导教师正确理解和把握立德树人根本方向,了解新时代大学生的群体特点和心理状态,掌握科学指导学生的方法。

3. 崇尚师德的生态环境营造是师德师风建设的外部动因

改革开放以来,随着社会主义市场经济体制不断完善和市场化观念的逐步确立,逐利性导向导致部分高校教师立德树人、教书育人功能弱化,出现重科研轻教学、导师与学生关系"异化"的倾向[2]。师德师风建设作为一项系统性工程,既受到内因的作用也受到外部因素的影响,而崇尚师德的外部环境营造则为师德师风的建设提供软性支持和向心力。因此,要内外联动营造良好的师德师风环境,促进教师群体和个体对师德师风的自省。

一方面,要在校内营造良好的内部环境,形成纵横结合的建设维度。横向上,首先,要以项目组、系所为抓手,通过师门形成代际间的师德传承和熏陶,营造优良师德文化氛围。其次,要以学术团队为核心,推动学术团队内部形成良好的学术风气和价值导向。纵向上,要深入挖掘学科、专业的文化传承因素,充分挖掘和树立师德师风先进典型[8]。通过纵横结合,将师德师风建设从教师的个体发展转向群体共建,通过群体崇尚师德氛围的形成反过来对教师个体的情感和需求产生作用。另一方面,在社会层面打造尊师重教的外部环境。受个别高校教师师德失范行为的影响,当前社会尊师重教的氛围有所削弱,社会认可度的下降使得教师追求崇高师风的自觉性降低。因此,有必要在社会上营造良好的舆论环境,从而提高教师的身份认同感。与此同时,要充分发挥新媒体等宣传媒介在校内外的舆论宣传和导向作用,利用微信公众号、抖音、哔哩哔哩等媒介广泛宣传师德师风先进事迹,扩大宣传面和受众;在高校内部扩大警示教育的深度和广度,在全校范围内加大对各类师德失范行为的处置和报道力度,提高教师的师德底线意识。

参考文献

[1] 教育部等七部门印发《关于加强和改进新时代师德师风建设的意见》的通知[EB/OL].(2019-11-15)[2022-05-10]. http://www.moe.cn/srcsite/A10/s7002/201912/t20191213_411946.html.

[2] 教育部 财政部 国家发展改革委印发《关于高等学校加快"双一流"建设的指导意见》的通知[EB/OL].(2018-08-08)[2022-05-10]. https://www.gov.cn/gongbao/content/2019/content_5355477.htm.

[3] 刘奕涛,彭旭."双一流"背景下大学教师师德建设:范式转型,价值定位与实践路径[J].现代教育管理,2018(10):5.

[4] 杜彬恒.逻辑,框架,路径——高校如何把师德师风作为教师评价第一标准[J].当代教师教育,2021,14(3):6.

[5] 吴全华.指向师德师风建设的教师评价改革[J].当代教育科学,2022(4):7.

[6] 吴小艳.新时代上海高校师德师风建设研究[D].上海:上海外国语大学,2021.

[7] 冉亚辉.习近平总书记关于教师队伍建设重要论述的理论特质论析[J].教育理论与实践,2020,40(13):38-42.

[8] 王一,刘宏伟,王新影.论研究生导师立德树人职责的四重逻辑[J].学位与研究生教育,2020(5):6.

[9] 李祥,蔡孝露,刘志林.高校师德师风治理机制的法治偏失及矫正——基于41所"世界一流大学"建设高校的文本分析[J].黑龙江高教研究,2021,39(12):80-86.

青年教育

青年教育的思辨性之维
——从"八性"辩证关系角度学习习近平关于青年教育重要论述*

◎ 杨 清

摘 要 习近平关于青年教育重要论述作为新时代青年教育的理论实践指南,对青年成长成才具有重要的指引作用。其理论特征体现了高瞻远瞩的战略性,立足实际的实践性;一脉相承的历史性,与时俱进的时代性;底蕴深厚的民族性,和而不同的世界性;逻辑严密的科学性,叙事巧妙的艺术性。这些理论特征之间存在一定的辩证关系——战略性与实践性相统一,历史性与时代性相统一,民族性与世界性相统一,科学性与艺术性相统一——充分展示了习近平关于青年教育重要论述的哲学思辨性。

关键词 习近平 青年教育 理论特征

习近平关于青年教育重要论述在继承马克思主义青年思想的基础上,依据国外和国内新形势发展背景,提出符合中国国情的青年发展理论观点。这一重要论述的理论特征体现了高瞻远瞩的战略性,立足实际的实践性;一脉相承的历史性,与时俱进的时代性;底蕴深厚的民族性,和而不同的世界性;逻辑严密的科学性,叙事巧妙的艺术性。这些特征之间存在一定的辩证关系——战略性与实践性相统一,历史性与时代性相统一,民族性与世界性相统一,科学性与艺术性相统一——充分展示了习近平关于青年教育重要论述的哲学思辨性。

一、战略性与实践性相统一

习近平关于青年教育重要论述具有显著的战略性,这一理论立足国家战略的重要高度,又立足实际,确保了战略能落实到行动,真真切切地为当代青年教育实践发展提供了重

---

* 本文为江西中医药大学校级人文社会科学研究课题"习近平关于人民健康重要论述研究"(项目编号:2152200808)的阶段性研究成果。
作者简介 杨清,江西中医药大学马克思主义学院,副教授,博士研究生。

要指引。

1. 高瞻远瞩的战略性

高瞻远瞩的战略思维。这一战略思维主要体现在将青年的需求与时代的需求紧密地联系在一起,将青年的发展与国家的前途命运紧密地联系在一起,极具长远战略眼光。

首先,习近平关于青年教育重要论述把青年现阶段发展需求与时代的未来发展需求紧密结合起来。习近平认为,青年具有朝气蓬勃、不屈不挠的精神特点,他们带着强烈的求知欲和发展欲在新时代里拼搏进取。帮助广大青年抓住人生发展的黄金期,将广大青年教育提到一个重要的位置,就要将广大青年现阶段的发展与时代发展紧密联系起来。正是基于这样的深刻认识,习近平提出:"重视青年就是重视未来。"当前,我国正处于向第二个百年奋斗目标迈进的关键时期,未来的发展急需广大青年的热情参与,要把广大青年发展需求与时代发展需求紧密结合起来,呼唤广大青年在时代发展的进程中实现自己的人生价值。

其次,习近平关于青年教育重要论述把青年每一步成长与国家的发展紧密结合起来。习近平认为,青年群体有着强烈的自我发展意愿和实现自身价值的渴望。习近平总书记从未放弃过对"如何帮助广大青年更好地实现自己的梦想、更好地成长成才"这一问题的思考,他认为"青年兴则国家兴,青年强则国家强。青年一代有理想、有本领、有担当,国家就有前途,民族就有希望"。[1] 重视青年就是需要将青年的发展与国家前途命运联系在一起,因此才有了"青年兴则国家兴"的战略定位,这将是我们未来长时间要坚持的战略规划。只要广大青年发展了,就可以为国家的发展提供重要的人才支撑。从这点来看,国家的发展与青年的成长密不可分。我们只有树立高瞻远瞩的战略思维,做好青年思想领域工作,才能在舆论领域的战争中取胜。广大青年的教育必须讲究战略和战术,这是一项长远的伟大工程,是一场讲究战略战术的持久战。

2. 立足实际的实践性

立足实际的实践性,是习近平关于青年教育重要论述的基本要求。"纸上得来终觉浅,绝知此事要躬行。"习近平在许多关于青年教育的座谈会上重点强调了广大青年要身体力行,知行合一。他认为,道不可坐论,德不能空谈。当代青年成长成才,除了扎扎实实地学好理论本领,更要在实处用力,付诸实践并通过实干取得成功,这是习近平对当代青年的谆谆教导。

首先,习近平关于青年教育重要论述立足实际的实践性体现在习近平强调社会实践在青年教育中的重要性。习近平关于青年教育重要论述从其多年基层实践经历,以及对青年成长规律的精准把握总结而来。尤其是他对青年教育提出的一系列观点,绝不是"坐而论道",都是基于他在实践中摸索出来的宝贵经验。因此,这些论述对广大青年的成长成才具有切实的指导意义。他鼓励广大青年不仅要读有字之书,还要读无字之书,读无字之书就是要求广大青年拜基层为师、拜实践为师,书写自己的精彩人生。新时代青年教育就是要在立足实际的基础上,强调实践的重要性,把身体力行中的感悟与理论知识结合起来,引导和促进广大青年重视实践、积极参与实践活动。重视在实践中学习,提升认知和领悟真理,进而增长才干。广大青年只有通过理论指导检验实践,然后再从实践体验中提升出新的理论,才能增长真本领。广大青年实现伟大理想目标的重要方式就是深入基层,通过基层锻炼和深入基层的体验来感知实践的魅力。

其次,习近平关于青年教育重要论述立足实际的实践性还体现在这一理论不仅基于习近平对青年的成长规律的深刻认知,更源于他青年时期的基层经历和劳动经验。这一时期的学习和工作经历为习近平关于青年教育重要论述的形成奠定了重要的基础。在陕西的七年知青生活不仅磨练出他的许多优秀品质,也给他提供了那个年代弥足珍贵的安定环境来博览群书并不断思考从而修心修身。严以修身,"修其心治其身",以身作则,这是习近平青年时期严格要求自己的真实写照。青年时期的习近平深刻地感受到了当地人民生存的艰辛不易,为帮助广大农民解决缺煤缺柴问题,他主动提出去四川学习办沼气的经验,引进建设沼气池的技术,建成后解决了当地缺柴烧的问题。青年时期的习近平在陕西老乡眼里一直都是一个稳重、勤劳、爱学习的小年轻,遇见老乡有困难都会主动帮忙出主意解决,把老乡的大事小事都放在心上,主动请缨,有责任、有担当。青年时期的习近平不仅学会了当地的方言,还在学习文化知识之余从事高强度的农活,坚定了扎根梁家河并为当地百姓作出贡献这一信念。多年的基层经历让习近平深谙青年发展规律中实践的重要性,他认为广大青年就要在年轻时候多吃苦、多历练自己,而不是安逸地躲在温室中虚度青春。于是他告诫广大青年立足当下实际,提醒广大青年要勇于在实践中探索适合自己的人生道路。

二、历史性与时代性相统一

习近平关于青年教育重要论述的历史性是其本质特征,历史性体现在延续了马克思主义中国化青年教育思想的一贯传统,即坚持党管青年,这使得习近平关于青年教育重要论述具有一脉相承的历史性。当代青年教育不仅要保持坚持正确的政治方向这一历史传统不动摇,还要与时俱进体现自身的时代性。事物不可能一成不变,任何事物都在不断地运动发展。习近平关于青年教育重要论述更是立足新的历史方位,为解决当前青年教育存在的实际问题提供了明确应对思路和具体解决方案。

1. 一脉相承的历史性

从毛泽东重视青年政治觉悟,提出的"三好"青年要求,到邓小平提出的"四有新人"教育,再到江泽民提出的"五个成为"的要求,以及胡锦涛提出的"四个新一代"作为青年发展核心,无不体现出党和国家领导人对青年这一群体的高度重视,尤其是对青年思想政治教育的重视。习近平关于青年教育重要论述立足前人基础上,结合时代需求强调国家的未来在青年,青年的关键是教育,教育的目的是把广大青年培养成为中国特色社会主义事业的建设者和接班人。

首先,习近平关于青年教育重要论述一脉相承的历史性体现在强调青年教育坚持党性这个政治大方向不动摇。青年教育活动的开展都需要在党的指导下,要做到一切都是为了中国特色社会主义制度和国家的发展、人民的团结和社会的和谐稳定。中国共产党历来重视青年教育,不忘初心跟党走就是要求青年在一生中努力去实践跟党走的理想信念,不忘初心跟党走就是在坚持正确的方向中实现个人的最大价值。鼓励广大青年要坚持党性,要有稳定的政治立场,坚决拥护党的正确决定,时刻与党中央保持一致。

其次,习近平关于青年教育重要论述一脉相承的历史性还体现在青年教育中强调理想信念的重要性。习近平多次引用名言:"志不立,天下无可成之事。"[2]他反复强调广大青年要把理想信念建立在对科学理论的正确认同基础上。可见,理想信念的树立应该注意以下问题:一是青年人首先要有伟大志向。"有志者事竟成",只有树立志向,奋斗才有不竭动力。二是树立理想信念要有相关的理论知识储备。这些理论知识储备包括马克思主义理论,相关历史知识,以及对世情、国情、党情、民情的把握。

最后,习近平关于青年教育重要论述一脉相承的历史性还体现在重视广大青年的社会主义核心价值观教育。中国共产党一直都很重视青年的价值观教育,对于用什么样的价值观来引领广大青年,在每个历史阶段都有符合当时社会发展需求的核心价值内涵。青年阶段是人生中最富有创造力和奋斗精神的重要时期,青年人极其渴望施展自己的才华和实现自身的各种价值。青年的人生价值观不仅仅影响着自身的发展,更深刻影响着整个社会的主流价值趋势。在青年时期要树立正确的价值观,正如习近平所言:"这就像穿衣服扣扣子一样,如果第一粒扣子扣错了,剩余的扣子都会扣错。人生的扣子从一开始就要扣好。"[3]这教育广大青年要不耽误大好时光,努力学习好自己的看家本领,审时度势,在社会时代潮流中慧眼识珠,并形成健康正确的价值观。

2. 与时俱进的时代性

党的十八大以来,习近平依据新时代发展的特点和规律,提出将实现中国梦与当代青年运动的时代主题结合起来,鼓励广大青年将个人发展与祖国前途命运紧密地结合起来。

首先,习近平关于青年教育重要论述与时俱进的时代性主要体现在这一理论是基于时代特征提出的,符合当下青年的发展需求。马克思认为,"一切划时代的体系的真正的内容都是由于产生这些体系的那个时期的需要而形成起来的"。[4]习近平关于青年教育重要论述不仅是时代的产物,更随着时代的变化不断地与时俱进。习近平强调每个青年都有自己的际遇和选择,要结合自己所处的时代特征来创造人生,既要掌握一定的文化理论知识和技能,又要具备和发展与时代需求相适应的综合素养,这样才能不负韶华,不负时代赋予的责任和机缘。习近平关于青年教育重要论述在深刻分析和掌握新时代和平与发展的重要主题基础上,鼓励广大青年发扬五四精神,将跨时空的五四精神与时代主题结合起来。

其次,习近平关于青年教育重要论述强调要与时俱进地选择符合新时代下青年发展规律的教育方法。在全国高校思想政治工作会议上,习近平总结性地提出:"做好高校思想政治工作,要因事而化、因时而进、因势而新。"[5]开展青年教育工作要建立在一定的科学理论基础上,立足对基本国情的准确把握及对历史规律的认识与遵循,再结合教书育人和青年成长规律。这就是根据时代变迁、形势变化来有效地保持与当代青年的沟通交流从而增强青年教育的实际效果。新时代青年教育要注重一些新旧方法的交替结合,如实践育人法、文化育人法、心理辅导法和榜样引领法。习近平十分重视通过实践育人的方法引领广大青年成长成才,以及通过文化浸润、感染、熏陶等方式来教育广大青年。文化育人是对中华优秀传统文化的继承和弘扬,而心理辅导更是一种隐性的思想政治教育方式,只有从情感和认知层面获得认同,才能在"毫无防备"中埋下"思想"的种子。从中华人民共和国成立到新时代,我们有着无数可以作为开展青年教育的内容的英雄事迹和模范典型。榜样示范的精神内涵也随着时代变化有了新的内容,新时代的榜样精神内涵更加贴切现实、符合现实生活及人民的期待和向往。尤其是处于和平年代的人们,不再需要为解救"水深火热"的祖国而"大义凛然地抛头颅洒热血",但是我们仍然需要以英雄情怀来引领广大青年。

三、民族性与世界性相统一

习近平关于青年教育重要论述的民族性是其显著特征,民族性不仅体现在习近平寄语和呼吁广大青年要重视和学习中华传统文化知识,以及恰到好处地引经据典地教育广大青年,还体现在重视培育广大青年的爱国主义精神。习近平不仅要求广大青年要在底蕴深厚的传统文化中找到文化自信,更要求广大青年带着这种内心深处的自信走向世界,向世界介绍中国文化、中国精神,让世界更加了解中国。从这点来看,习近平关于青年教育重要论述具有包容开放、和而不同的世界性。

1. 底蕴深厚的民族性

在整理和分析习近平关于青年教育重要论述过程中,令人印象最深刻的就是他在引经据典措辞中彰显出的民族性特征。在关于青年教育的许多重要讲话和座谈中,习近平总能恰到好处地引用经典鼓励和教育广大青年,强调并肯定爱国主义教育的必要性。

首先,习近平关于青年教育重要论述底蕴深厚的民族性主要体现在运用中华优秀传统文化资源来启迪和教育广大青年。他强调广大青年要立德修身,锤炼品格,主动积极地践行社会主义核心价值观。"国有四维,礼义廉耻。'四维不张,国乃灭亡。'"[6]"从善如登,从恶如崩。"[6]习近平从中华传统文化中找到名言警句作为广大青年严于律己的示范准则,为广大青年打开了一扇传统文化大门,鼓励广大青年要回归中华优秀传统文化寻找处世智慧,进而树立文化自信,站在中华民族伟大复兴的历史高度来看待中华优秀传统文化传承的重要意义。历史也证明,任何一个国家和民族如果抛弃或偏离了自己的民族文化就犹如丢失了"根"和"魂",失去根基的国家和民族难以走得长远,重视中华优秀传统文化显然有助于我们在文化建设过程中找到彰显民族底色的自信。

其次,习近平关于青年教育重要论述底蕴深厚的民族性还体现在重视青年一代的爱国主义教育。在中华民族几千年的发展长河中,"爱国主义"始终是团结各民族的"最大公约数",也是支撑中华民族不断走向强大的核心力量。"不论树的影子有多长,根永远扎在土里。"[6]习近平认为,这个"根"就是要扎在中华优秀传统文化的土壤中才能生根、发芽,成长为一棵大树。强调爱国主义精神需将个人梦想、前途与国家命运联系在一起。改革开放的中国迎来了新的历史起点,中国特色社会主义进入新时代,中国特色社会主义实践所取得的巨大成就也证明了当前意识形态的理论和实践价值,极大地鼓舞了我们对社会主义意识形态的自信心。祖国的繁荣昌盛需要青年们共同努力,每个青年都能享受到祖国的强大带来的发展机遇,个人命运和祖国的命运息息相关,共荣共损。习近平号召广大青年要参与广大人民伟大实践,与祖国并肩前行,奉献自我,把个人价值的实现融入践行爱国主义的实际行动。

2. 和而不同的世界性

习近平关于青年教育重要论述有着和而不同的世界观。他的人类命运共同体思想和"一带一路"思想都具有全球视野。在实践上,习近平认为,应该通过互派留学方式促进世界青年友好往来、彼此交流,使得世界各国青年相互了解、开阔视野、增强合作,为保障世界人民福祉作出积极的贡献。

首先,习近平关于青年教育重要论述和而不同的世界性主要体现在习近平鼓励广大青年多走出去交流、放眼世界并在国际交流中建立友谊,维护世界和平。新形势下,崭新的国际主义思想引领着广大青年树立一种大格局意识。世界范围内有着不同文化背景的广大青年正以各种方式交流切磋,尤其是以互联网为依托的新媒体技术发展更是实现了不同国家青年的随时随地互动。"和而不同"的情怀深入人心,习近平教育广大青年应该以开放包容的心态看待他国文化,我们在进行文化思想切磋的时候更要尊重他国的文化和礼仪,与此同时对自己国家的文化传统要坚定自信。只有在相互平等尊重的基础上,才能谋求共同发展。

其次,习近平关于青年教育重要论述和而不同的世界性还体现在习近平强调青年对建设美好世界的责任,鼓励青年为构建人类命运共同体而不懈努力。新时代青年作为有本领、有担当、有希望的一代,在人类面临重要历史时刻时都表现得名副其实。习近平在2020年3月15日给北京大学援鄂医疗队全体"90后"党员的回信中,高度肯定和嘉许青年群体在疫情防控工作中的表现。当代青年不仅要放眼世界、兼济天下,更要有人类情怀;不仅要为民族的发展作出努力,还要有为世界发展、为世界人民作出贡献的大格局意识。习近平重点阐述了"青春梦"与中国梦之间的关系,鼓励广大青年不仅要把自己的"青春梦"和中国梦紧密联系起来,还要大胆与"世界梦"紧密地联系起来,要为全世界的经济政治文化发展作出贡献,要为全世界人民的未来谋求更好的发展。

四、科学性与艺术性相统一

习近平关于青年教育重要论述的科学性是其根本特征,科学性不仅体现在它能够全面回答青年教育所面临的重大问题,还从国家、社会、家庭及青年个体四个层次分别论述了如何开展青年教育并促进青年的成长成才。同时习近平关于青年教育重要论述体现出叙事巧妙的艺术性,充分展现了理性思维和感性表述相结合的科学性和艺术性。

1. 逻辑严密的科学性

一个科学的理论体系必然有着严密的逻辑结构,而理论逻辑的严密性就在于是否能够完整地回答这个理论范畴内的所有问题,是否具有理论论证的层次性,是否在论证阐述观点时紧扣主题。习近平关于青年教育重要论述完全具备了理论的科学性,具有严密的逻辑结构。

首先,习近平关于青年教育重要论述全面回答了青年教育所面临的重大问题,在国家战略层面上肯定了青年教育的重要地位,确立了青年教育目标。把青年教育问题放在国家发展战略层面来思考,肯定了青年教育的重要性和必要性,青年教育战略的定位是"青年兴则国家兴、青年强则国家强",要把广大青年培养成"有理想、有本领、有担当的社会主义建设者和接班人"。在青年教育核心内容上,提出了要对广大青年进行社会主义核心价值观教育、传统文化教育、法治观念培育、思想品德教育、理想信念教育、家国情怀教育、知行合一教育、奋斗精神培育、创新精神培育。在青年教育实现路径上,要求党和政府做广大青年的知心人、青年工作的热心人和青年朋友的引路人;要求高校党校肩负起马克思主义理论研究责任,办好思政课是落实立德树人这一根本任务的关键;要求家庭教育要与社会教育、学校教育形成教育合力,利用家风家训做好广大青年价值观教育;要求青年主动学习,把学习作为主要任务,自觉践行社会主义核心价值观,并把人生理想融入国家和民族的事业。可见,习近平关于青年教育重要论述涵盖了青年教育的重要内容,具有完整的逻辑结构。

习近平关于青年教育重要论述沿袭了习近平治国理政思想体系中铸魂育人思想精髓,具有鲜明的层次性,从国家层面到青年个体层面都有所涉及,并给予了具体的路径指引。在国家层面上,习近平在青年教育相关讲话座谈中反复强调广大青年要树立远大理想,为实现中华民族伟大复兴的中国梦而不懈努力奋斗。习近平把青年教育的方向、内容与国家民族的利益发展紧密地联系起来,把为中国特色社会主义事业培养建设者和接班人作为青年教育的目标任务。在社会层面上,习近平教育广大青年要把社会主义核心价值观作为引领社会思潮的精神力量,并身体力行地为推广社会主义核心价值观贡献自己的力量。他还告诫广大青年要多读"无字之书",到社会大学堂中历练自己。从家庭教育层面上来讲,习近平强调家国同构,要培养广大青年的家国情怀,要通过家风建设来作好价值观传承,父母要以身作则给广大青年做好榜样。在个体层面上,习近平教育广大青年要勤学、修德、明辨、笃实,自觉践行社会主义核心价值观,要在实现中华民族伟大复兴的中国梦的历史进程中糅合自己的人生理想、成就自己的人生。这几个层面共同构成了习近平关于青年教育重要论述的逻辑结构,使理论具有鲜明的层次性。

其次,习近平关于青年教育重要论述逻辑严密的科学性还体现在紧扣目标主题展开论述。习近平关于青年教育重要论述的目标维度主要是:青年强、青年兴及国家强、国家兴。青年强、青年兴作为目标维度之一,就是要更好地促进青年成长成才,使青年实现人生价值和创造出彩人生。国家强、国家兴作为目标维度之二,就是鼓励广大"强"青年为更好地推进国家各项事业发展,为实现社会主义现代化和"两个一百年"奋斗目标贡献力量。这两个目标维度对青年教育的指引贯穿习近平关于青年教育重要论述。

2. 叙事巧妙的艺术性

习近平关于青年教育重要论述除了有严密的逻辑结构,形成了科学的理论体系,还具有叙事巧妙的艺术性,是理性思维和感性描述相结合的统一体。语言是人们相互沟通和交流的重要桥梁,以不同的表达方式来表达同样的含义会收获不同的效果。习近平关于青年教育重要论述中叙事风格独树一帜,具有巧妙的艺术性。主要体现为引经据典、恰到好处,通俗易懂、形象生动,言简意赅、言近旨远。

首先,习近平关于青年教育重要论述叙事巧妙的艺术性主要体现在教育广大青年时引经据典、恰到好处。在整理习近平关于青年教育重要论述资料的过程中,可以领略习近平对古今中外经典文化的融会贯通,可谓行云流水般恰到好处。在许多重要场合,习近平曾用过古今中外典故来启发和教育广大青年,习近平在高校考察时,经常用典故来激励广大青年学子,"天人合一""君子喻于义""仁者爱人"等词语频繁出现在系列讲话中。"周虽旧邦,其命维新""苟日新,日日新,又日新"等典故的引用,意在鼓励广大青年要发扬创新精神。2014年5月4日,习近平在北京大学考察时,引用"千磨万击还坚劲,任尔东西南北风"来激励青年要坚定理想信念。引用"从善如登,从恶如崩"来警示广大青年要加强内心的自律,警惕内心的防线,通过自觉树立和践行社会主义核心价值观来保持自己正确的人生道路方向。这些典故的使用对广大青年具有极大的启发和教育作用,恰到好处地彰显了习近平个人的语言魅力,充满了吸引力和感召力。

其次,习近平关于青年教育重要论述叙事巧妙的艺术性体现在语言通俗易懂、形象生动。习近平深知广大青年语言思维特点,教育广大青年的语言风格生动活泼、不失风趣、通俗易懂、朗朗上口,具有很强的感染力和启发性。如他嘉许广大青年大学生是"可爱、可信、可贵、可为的",鼓励广大青年"要如饥似渴、孜孜不倦学习,既多读有字之书,也多读无字之书"。习近平预判青年的未来时认为"我国青年一代必将大有可为,也必将大有作为",提出"抓好这一时期的价值观养成十分重要"的著名论断,还使用"纽扣论"来形容价值观形成的重要性。习近平总书记指出:"要利用各种时机和场合,形成有利于培育和弘扬社会主义核心价值观的生活情景和社会氛围,使核心价值观的影响像空气一样无所不在、无时不有。"

这种生动的表达,把社会主义核心价值观对广大青年的影响形象比喻成空气一样重要,指出社会主义核心价值观应融入青年的血液和细胞,潜入他们的思想和心灵,成为他们生命活动中必不可少的思想观念内涵。这些表述都让人为之振奋、印象深刻。习近平关于青年教育重要论述极具艺术性的叙事表达不仅让广大青年感受到了他语言的魅力所在,还让广大青年学习到了知识,领悟到知识对自己成长成才的重要性,更加能够激发和调动广大青年内在的积极性和主动性,参照习近平关于青年教育重要论述不断完善和提升自己。

最后,习近平关于青年教育重要论述叙事巧妙的艺术性体现在语言言简意赅、言近旨远。习近平非常反对不分重点的长篇大论,反对"长、空、假"的恶劣文风,弘扬"短、实、新"的清新文风。习近平关于青年教育重要论述总体上表现了他关于青年教育理论的语言言简意赅且言近旨远。如:2014年习近平与北京大学师生代表座谈时提出"勤学、修德、明辨、笃实"的"八字要求";2018年习近平再次来到北京大学与师生代表座谈时提出"爱国、励志、求真、力行"的"四点希望";2019年习近平在纪念五四运动100周年大会上提出"树立远大理想、热爱伟大祖国、担当时代责任、勇于砥砺奋斗、练就过硬本领、锤炼品德修为"的"六大要求"。这些著名论断可谓微言大义。2019年7月,习近平来到内蒙古大学与在图书馆的学生亲切交谈,勉励他们志存高远、脚踏实地、奋发图强,可以说,言近旨远地表达出对广大青年的期待和鼓励。

习近平关于青年教育重要论述富含理论并具有深刻的哲学思维。习近平关于青年教育重要论述的理论特征中具有鲜明的辩证思维,辩证思维就是承认矛盾的普遍性,在处理问题时坚持统筹兼顾、协调推进、突出重点。习近平关于青年教育重要论述的理论特征是战略性与实践性相结合,政治性与时代性相结合,民族性与世界性相结合,科学性与艺术性相结合。梳理和提炼习近平关于青年教育重要论述的理论特征有助于我们更深刻地理解当前青年教育工作的必要性和重要性,也将有助于我们更科学地开展青年教育工作。

参考文献

[1] 习近平. 决胜全面建成小康社会 夺取新时代中国特色社会主义伟大胜利——在中国共产党第十九次全国代表大会上的报告[N]. 人民日报,2017-10-28(1).

[2] 习近平. 在庆祝中国共产党成立95周年大会上的讲话[N]. 人民日报,2016-07-02(1).

[3] 习近平. 青年要自觉践行社会主义核心价值观[N]. 人民日报,2014-05-05(2).

[4] 马克思恩格斯全集:第3卷[M]. 北京:人民出版社,1960:544.

[5] 把思想政治工作贯穿教育教学全过程,开创我国高等教育事业发展新局面[N]. 人民日报,2016-12-09(1).

[6] 人民日报评论部. 习近平用典第一辑[M]. 北京:人民日报出版社,2018.

高校官方抖音育人面临的挑战与对策

◎ 黄 丽

摘 要 高校官方抖音顺应时代发展所需,具有高影响力与高渗透力。然而,当前高校官方抖音在运营中存在娱乐化特征突出,核心价值输出不到位,团队的专业化水平有待提升等问题。高校应当积极传播正能量,强调价值引领,提升内容质量及吸引力,做好运营团队的培训工作,充分挖掘抖音平台的育人功能。

关键词 高校 官方抖音 育人 学生

一、前言

2013年移动短视频发展的大幕正式拉开后,众多以社交平台为立足点的视频传播方式走进人们的视野,例如抖音、秒拍、微视等。历经几年的迎头发展,人们在网络社会中,活跃度不断提升,开始通过短视频来完成信息的传递,来展开对应的社交活动,短视频俨然成为生活的一部分。与此同时,短视频分享内容的方式及交互影响力也悄然改变。字节跳动2021年1月发布的《2020抖音数据报告》显示,抖音日活跃用户数量激增,突破六亿大关,也正是用户数量的激增使抖音成为短视频领域当之无愧的佼佼者,与快手平台并驾齐驱。而从某种意义上分析,短视频时代大步向前,2021年2月互联网信息中心发布的相关统计报告显示,截至2020年12月,国内网民数量突破9.89亿人[1],互联网的普及率再创新高,突破七成。其中网络社会的主力由高校学生构成,高校学生在现代网络社会中扮演着重要角色,同时也发挥着明显的作用,高校学生的典型标签即活力、热爱、挑战、个性,等等。他们在获取信息、交往互动的过程中对网络平台的依赖性较强,同时渴望平等,追求公平。对于当代大学生群体来讲,观看短视频不仅仅是获得信息的重要方式,更是生活、学习的具体方式。校园是学生学习、生活的关键空间,充分发挥网络渠道尤其是短视频平台优势来推进

作者简介 黄丽,黄冈职业技术学院,讲师,学士。

教育引导功能,依托成熟完善的内容保障团队运营工作高效展开,发挥更加科学的运营策略优势,来达到理想的传播成效。相关资料显示,截至2019年7月,校园官方抖音账号数量突破两千大关[2],开通官方抖音账号的"双一流"及教育部直属高校的数量越来越多,突破半数,并且还在进一步增加。

二、高校入驻抖音平台的意义

1. 顺应时代发展所需

近年来,短视频App迎来了高速发展新契机,抖音平台在这样的发展背景下也获得了长足稳定的发展动力,依托实时性更强、传播力更强、精准度更高、亲和度更突出的特征迅速抓住流量,成为当之无愧的流量王。截至2020年8月,抖音日活跃用户数量突破六亿大关,这一数字还在高速增长着。抖音凭借自身优势吸引了诸多领域的官方账号前来入驻,其中就包括高校官方账号。越来越多的高校开通了抖音官方账号。高校开通抖音账号可以更好地向外宣传展示自我,极大地提升宣传成效,同时与广大用户即时、高效地联系沟通。继微博、微信公众平台之后,抖音平台成为高校宣传的第三大战场。随着高校运营经验的增加及创作内容的丰富,抖音平台在校园文化宣传方面发挥着愈发重要的作用,对社会大环境产生的影响力越来越显著。

2. 加强舆论引导所需

与以文字、语言为主的传统社交平台相比,抖音平台自身优势更为突出,其展示的手段更加真实且立体,也因此为广大高校学生所广泛使用。抖音平台爆发式推广之后,其发展劲头仍不可小觑,但是该平台内容暴露出来的质量参差不齐的弊病也值得高度关注。现如今,互联网时代大步向前,舆论本身就是主战场,抖音平台所拥有的用户以学生群体为主,当然还有很多其他年轻用户,该平台所具备的可持续发展动力归根结底源于社会主义核心价值观的引导。高校入驻抖音,依托视频内容、评论互动等,充分发挥自身的价值观引导优势,同时做到引导主动、引导恰当,从而将抖音平台的舆论引导功效凸显得淋漓尽致。

3. 迎合学生的心理需求

近年来,短视频平台高速发展,抖音App成为高校学生手机里的标配软件,该平台能够在高校学生群体中迅速升温既与其传播力强、精准性高、亲和力强等优势有直接关系,同时也与其充分符合高校学生的心理特征、与高校学生的校园生活状态高度吻合密切相关。相关调查研究显示,学生对高校紧随时代,积极入驻抖音平台的做法持完全肯定的态度,大部分学生会在休息时查看所在高校的官方抖音账号,也会积极主动地参与互动,这是最令人欣慰的地方。

三、高校官方抖音育人面临的挑战

网络本身就是一把双刃剑，无论是图片还是视频，经由全媒体的爆发式传播，短短数小时，就会直接影响舆论场。2018 年 3 月，共青团中央入驻抖音平台，成功开辟了政务抖音号运营的先河，短短一个月，其粉丝量剧增，突破百万，点赞量破千万，随后各大高校纷纷效仿，入驻抖音平台。但是在具体应用实践过程中，还是需要充分利用网络的影响优势，突出其育人优势，同时积极应对团队力量欠缺、短视频题材内容雷同、平台娱乐化导向等众多考验。

1. 娱乐化特征突出，核心价值输出不到位

抖音是典型的商业开发类软件，抖音平台对于流量十分关注，持续不间断的快速反馈、即时刺激，使广大用户有更显著的满足感，其内容表现出的特征也十分显著，包括短平快、刺激性强等，其能够使人们将碎片时间充分利用起来，满足人们休闲解压的需要。此外，抖音的推荐机制使广大用户容易上瘾，进而出现"抖音一分钟，世间两小时"的现象。大量数据表明，富有趣味、令人感到轻松、触动人心、观赏性突出的内容会赢得更多的关注。而那些强调思想引导、缺乏趣味、辨识度差的内容往往不会被受众所关注。高校官方抖音是校方对外展示自我、宣传自我的重要窗口，也是提升网络生态水平的核心力量，单纯地关注流量不可取[3]。但是，从当前广大高校官方抖音账号获得点赞数较多及获得点赞数较少的作品来看，二者结构方面的差异还是比较显著的。关于榜样人物、校园文化等的视频更容易获得人们的点赞，而科学教研、时事热点类的视频显然没有那么大的关注量。抖音短视频平台较快的表述节奏使得视频内容的广度及深度受限严重，教研类视频往往不能体现出完整性、趣味性。找寻恰当的素材，实现对表达风格和呈现节奏的灵活把控，在既定时间内呈现出启迪、思索的特征，真正发挥其育人作用，防止被平台娱乐化趋向过分影响，是高校官方抖音运营发展过程中面临的主要考验。

2. 内容过于同质化，干扰竞争优势的形成

对高校官方抖音账号而言，其运营的关键点毫无疑问是内容。但是广大高校官方抖音内容存在着同质化严重的问题，无论是在纵向维度还是在横向维度均有突出表现。横向同质化体现为所呈现的内容同其他自媒体内容没有太大差异。部分高校官方抖音热衷于转载自身在其他媒体发布的内容，虽然发布作品的数量较多，但是缺乏原创性视频内容，难以取得理想的运营成效。基于此，在同诸多自媒体争取话语权的过程中，平台自身的竞争力稍显薄弱。广大高校官方宣传平台从开始的纸媒、官网逐步延伸至微博、微信公众号、抖音、快手等。伴随着宣传平台及渠道的增加，也会进一步收获可观的宣传效应[4]。但是在具体的运营过程中，宣传平台所输出的内容还是存在着机械复制问题，宣传平台相互整合后的规模效应薄弱，很多高校官方抖音发布的视频由以往宣传片直接剪裁而成，毫无新意和特色,无法突出平台优势,导致自身吸粉能力薄弱。

3. 团队的专业化水平待提升

高校方入驻抖音平台,想要借助该平台达到理想的育人效果,就需要运营团队的支持与助力。首先,官方抖音运营活动的主体负责部门为高校的宣传部门,其往往缺乏专业新媒体人才,导致高校的专职宣传力量薄弱,人员知识及理念的储备严重欠缺,内容输出不到位。立足内部运营实际分析,新媒体运营人员对育人理念的理解程度会对育人成效产生直接影响,具体表现为官方抖音中的育人特色内容。其次,学生积极参与官方抖音运营的热情不高。对高校学生而言,闲暇之余更愿意运营个人账号,以彰显自己的个性而对校方官方账号的运营工作不是很"感冒"。尽快构建结构恰当、素质可靠、技术过硬的运营团队已成为高校实现抖音育人目标的巨大挑战。最后,广大高校官方抖音不仅仅面临着来自同一平台的挑战,还面临着融媒体局势下平台定位问题。专业力量薄弱使得高校官方抖音定位尴尬、成长受阻,突出表现为下述三点。第一,同一平台内不同账号之间的竞争严峻,而官方抖音在流量方面显然不具备太大优势。抖音平台顶端账号的运营者是专业团队,内容精彩有趣,更新及时。第二,多平台之间的差异优势不突出,短视频本身就是一把"双刃剑",抖音不能撬动腾讯、优酷等长视频平台的地位,同时还面临着哔哩哔哩的严重冲击。契合短视频的内容表达已然成为短视频发展的竞争优势。第三,校内融媒体体系内官方抖音的存在度较低及互补性较差,官方抖音建设成熟度欠缺,与哔哩哔哩关注前期准备工作而后期工作轻松的直播运营模式不同,高校官方抖音的存在境况十分尴尬。

四、高校官方抖音育人策略

根据习近平总书记在全国高校思想政治工作会议中的指示,高校应充分依托新媒体积极提升工作的活跃程度,助力思想政治工作传统优势和信息技术的系统整合,使得其时代感及吸引力大大提升。作为教育融媒体建设不可分割的部分,高校官方抖音需要将做好自身建设,占领好阵地,搭建好平台,整合好资源,谋求好突破路径等工作开展到位,真正实现融媒体建设工作和思政工作的系统整合。

1. 强调价值引领,提升内容质量

高校宣传部门应认真研读《高校思想政治工作质量提升工程实施纲要》,明确高校网络育人工作的大方向。高校短视频平台必须强调自身突出的引导优势,占领好主阵地,致力于高校网络育人品牌的打造,将融媒体育人优势落到实处,将教育融媒体建设同思想政治教育工作完美契合。广大高校还需要关注校园网络育人品牌效应的发挥,促进高校学生形成良好的网络素养,保障网络育人工作精准化推进。对于高校官方抖音而言,突出育人优势的保障之一即连续产出。信息爆炸时代大步向前,在平台每日推送海量信息的情况下,博得受众眼球最关键的影响因素之一即内容的创新性及优质性,碎片化的阅读习惯会使读者更青睐标题短、内容新颖精练的信息。运营团队转变以往的思维策略，突出平台特色，实现育人素材的有效拆分，将其分成数个多层次素材，然后再进行整合，兼顾碎片化需求的同时，助力立德树人目标的高效达成。

2. 提升竞争力，强调平台差异

高校官方抖音要明确自身在融媒体矩阵中的定位，明确自身与其他横向媒体间的差异，内容创作要聚焦学校特色，这就需要高校官方抖音运营队伍及时转变以往的思维及方法，迎合抖音平台的突出特色，将这一平台用好用活。突出抖音平台短、平、快的优势，完善信息发布、工作互动、数据分析的流程，形成"新闻＋文化＋服务"的崭新格局。与此同时，还需要做好宣传平台的分工，将平台与平台之间的差异体现到位，真正形成"两微一抖"（即微博、微信和抖音）的全新格局。充分把握抖音平台的基本特征及受众特征，选定富有特色的内容，强调运营方面的差异性。增加高校学科专长、历史传统、发展规划相关内容，积极开发富有校园特色的短视频内容，将校方历史文化特色体现得淋漓尽致，同时还需要突出其专业优势、智力资源优势，整合归属感及认同感的本土标签，讲述好本校的故事，打造出极富自身特色的抖音育人品牌。与此同时，整合高校师生日常生活、工作的实际需要，深挖平台可延伸及拓展的服务性功能，积极找寻学生自我管理和教育的信息化工作机制。

3. 强化技术赋能，整合多方资源优势

技术赋权已使高校学生成为网络文化建设主体，校方充分突出学生在现代网络中的主体优势。新媒体技术的快速更迭，对复合型网宣人才提出了更为严苛的要求，广大高校要有意识地做好媒体运营团队的培训工作，使其专业素养全面提升，创作出更多令人惊喜的优质内容。与此同时，促进高校同行之间的有机协作，依托平台工具，技术赋能高校，与高校同行在新媒体宣传、研究、实践等多方向多维度深度合作，积极找寻高校和行业共生互动的新模式，进行形式探索和创新。内容的深化及提升，运营模式的完善及升级，为高校官方抖音的长足稳定发展提供新目标、新动力，为短视频媒体发展树立全新标杆。此外，广大高校要在内容生产、团队组织、校内活动展开等方面广泛合作，做好产教融合及人才培养工作，依托企业资源优势，提升高校学生的创新水平，使高校官方抖音的内容质量水平大大提升。抖音等短视频平台是近年新兴的网络新媒体，用好新媒体是增强大学生思想教育实效的必要之举。高校应坚持因事而化、因时而进、因势而新，强化"互联网＋"思政意识，主动占领新阵地、创新工作话语、变革工作方法，大力弘扬校园正能量，积极建构健康向上的网络空间，用好平台流量，营造持久的吸引力和影响力，使互联网从思政教育工作的最大变量转变为最大增量，打造同频共振、全覆盖的思想政治教育工作新矩阵。突出抖音平台优势，共进育人之路。

参考文献

［1］周结.2021中国网络视听发展研究报告［R］.成都：中国网络视听节目服务协会,2021.

[2] 金雪,魏江洋.当前高校短视频建设之现状、问题和对策研究[J].新媒体研究,2019,9(10):33-34,41.

[3] 陈莎莎,白磊.高校运营"抖音"对学风建设的影响及思考[J].新媒体研究,2019(8):36-37,40.

[4] 冯白云.科普类抖音账号的运营策略——以"科普中国"为例[J].青年记者,2019(26):100-101.

大学生网络社交对婚恋观的影响及应对*

◎ 周 鑫 陈 旭

> **摘 要** 随着社交网络平台的飞速发展,越来越多的大学生将网络社交变为自己社交的主要途径,与他人通过网络交往、恋爱,甚至因网络结缘而结婚。网络为大学生获取更广泛的知识、开拓更宽阔的视野提供了诸多帮助,也逐渐对大学生的婚恋观和婚恋关系带来了较大影响。目前学术界对该方面的研究尚有很多未触及的领域,本文从当下网络社交现状出发,探究大学生群体婚姻方面的思想观念受到了社交网络的哪些影响及其有利方面和不利方面,并对大学生如何应对婚恋观和婚恋关系受到网络社交影响提出建议。
>
> **关键词** 网络社交 婚恋观 婚恋关系

科技的发展及电子产品的广泛使用使得社交网络平台如雨后春笋般出现在人们的视野里,与此同时,大学生这一青年社会群体的网络社交方式和内容发生了极大的转变,他们的婚恋观也受到一定的影响。网络社交这一飞速发展的社交方式会给大学生的婚恋价值观带来怎样的影响,于他们而言有什么样的积极意义,又有哪些弊端?这是一个十分值得重视的问题。本文将从分析现状出发,对网络社交给大学生的婚恋观带来的影响进行解读,并试图提供一些改善现状的可行之策。

一、大学生网络社交及婚恋观现状

1. 大学生网络社交现状

从社交方式和社交范围两方面入手分析大学生的网络社交现状,其主要有以即时通信工具为主和社交范围圈层化两个特征。最受大学生青睐的就是即时通信工具,这是与

---

* 本文为廊坊师范学院2022年校级教育教学改革课题"应用型高校《婚姻家庭与继承法》课程思政教育教学实现路径研究"(编号:K2022-35)的阶段性研究成果。
作者简介 周鑫,廊坊师范学院副教授,重庆大学博士后。

亲朋好友交流的最便捷快速的工具。即时通信工具之所以成为大学生社交最重要的形式之一，是因为其使用率极高，例如 QQ、微信、微博等，这些即时通信软件变得和手机号一样重要，尤其是微信和 QQ，全国各地的大学生几乎人人都用，不仅如此，高校中师生联系和办公学习也以 QQ 群和微信群为单位进行。即时通信工具不仅能让正在联系的双方在线交流，而且还能在对方不在线时留下信息待对方翻阅，达到了同步和异步沟通联系的目的。除此之外，即时通信工具还可以共享视频、图片、表情、文字等内容，更加方便了使用者，使得网络和现实中纷繁复杂的内容影像都可以成为与亲友的谈资，更加富有综合性和多样性，因此，即时通信工具成为大学生社交过程中不可或缺的存在。同时，调查发现，微博不同于微信、QQ，虽然使用率同样很高，但通过微博进行的社交以实时热门话题讨论为主，微博使用者亦可以通过共同关注的内容寻找同道中人互相关注成为好友，这种形式非常贴合大学生追求个性的性格，也更适合大学生找到社交网络议题。

经调查得知，大学生网络社交的范围呈圈层化趋势发展。中国社会社交的一大特点是亲疏分明，个体会以自我为中心形成一个有不同层级的人际交往圈。而网络社交不同于以往的社交方式，它可以让人们通过与他人的家庭关系、朋友关系、工作关系等建立起多个社交群来促进既有的现实关系存续及发展，也可以使有相同的兴趣爱好、价值观念和消费习惯的人们建立起联系。圈层化如今已成为网络社交极为显著的特点，圈层化的特征使人们通过不同的方面联系在一起，彼此之间共同语言增多，找到更加志同道合的朋友，从而增进彼此之间的交往[1]。但是，圈层相对封闭的趋势的发展会导致大学生社交能力产生局限性，无法了解更加多样化的观点，思维因受限变得狭窄，从而影响其社交[2]。

2. 当代大学生婚恋观特点

参考有关文献不难得出，当代大学生的婚恋观有以下几项特点：首先，开放性强。大学生活环境相较于中学生活来说相对自由，不受传统道德婚姻标准的束缚，加上大学生身心发展都相对成熟，所以谈恋爱现象比较普遍。其次，多元化趋势明显。大学生谈恋爱动机多样化，或因大学生活远离亲人朋友而感到寂寞，希望找到合适的同龄人陪伴，从而获得安全感；或因学习上需要相互激励的伙伴而后逐渐对伙伴产生好感；抑或是从众心理强烈，因见到周围人的恋爱而产生好奇心和想尝试的想法从而选择寻找伴侣。大学生选择谈恋爱的原因还有很多，总之，大学生的婚恋观整体呈多元化趋势。再次，认知偏差大。随着社会上思想的多元化发展，在谈恋爱过程中，很多大学生情侣在观念、行为习惯上存在差异，容易引发矛盾、争吵甚至会在极端情绪支配下做出极端的行为，严重影响他们的学习和生活状态，造成心理负担，甚至威胁到他人的人身安全。调查还发现，部分学生认为恋爱和婚姻没有必然的联系，婚姻中没有爱情也不会强求，在恋爱过程中也不会考虑结婚，所以在恋爱过程中产生了"体验恋爱是什么感觉""只是找个人陪伴而已"的心态，而这种心态往往代表当事人责任感较弱；不少大学生不了解婚姻相关的法律知识，对于婚姻中夫妻需要承担的义务和责任认识不足。最后，易冲动。许多大学生因在大学期间有相对稳定的恋爱关系就迫切地想要结婚,并未综合考虑整体的影响和细枝末节的问题如何解决,其中不乏大学期间同居或者结婚,这种行为的后果就是会带来许多麻烦和难以调和的冲突。例如:大学生在校期间基本没有独立的经济基础,主要靠家庭给予,从而致使父母长辈的经济压力变大;大学生性教育较为缺乏,婚前性行为已不再是新鲜话题,在相对开放的环境下,一些不良信息很容易诱导学生对性产生错误的认识,而大学生自我保护能力不足,容易出现做了出格的行为却又不敢承担责任的情况。

3. 影响大学生婚恋观的因素

经查阅相关资料可以得出,影响大学生婚恋观的因素主要有以下两点。

(1) 受生活环境影响。多数大学生对于恋爱与婚姻问题的看法主要受到周围生活环境影响,生活环境主要包括家庭环境、学校环境和社会环境。根据当代大学生家庭构成的数据可知,独生子女在现如今的大学生中占有较高的比例,加之中国古代流传下来的以男为主的传统家庭观念,家中有独生子的父母会向孩子传达尽早结婚,传宗接代是"使命",是必须要完成的"任务"的想法,因此中国社会近七成男性认为婚不可不结,子嗣不得不繁衍,从而使爱情在建立婚姻家庭中的影响力比重降低,与人搭伙过日子的想法的比重大于选择一个合适的人度过余生的想法的比重[3]。与此相反的是,有独生女的家庭中父母宠溺心重,多会倾其所有进行"富养",导致部分女生习惯"只要想要就会有"的生活,一旦脱离家庭这个"避风港"的庇护进入社会时,便会对生活大失所望,产生退缩的意愿,恐惧社交,依赖父母,无形中降低了自身婚恋的成功率。自身择偶标准过于理想化,与现实情况不符,与他人交往结婚的难度便大大增加。

在学校中,周围同学恋爱的表现,同学中谈恋爱人数的多少,部分学生到适婚年龄就在毕业前同居或结婚的现象,以及学校对学生输出的教育理念和学校的人才培养方式,都会影响大学生对自己是否需要谈恋爱或者结婚的思考。而从社会上来说,现如今女性权益和地位愈发受到人们的关注,中国封建社会一直是男权社会,故而社会中还充斥着被默许的束缚女性的纲常规矩。而现在,社会各界女性的身影越来越多,女性发出的声音越来越大,法律规定夫妻之间权利义务平等,种种现象均影响着当代女大学生的婚姻家庭观念,她们不再认同已婚女性在家洗衣做饭和相夫教子,女性如今一样可以拥有丰富的知识和广阔的视野,一样可以在社会上取得与男性相同的地位,因此不再认同和遵循"男主外,女主内"之类的陈旧传统的婚姻家庭观念[4]。

(2) 受个人状态影响。这一方面主要有两个表现,一是部分大学生个人素质低下,道德感不强,在恋爱关系中动机不纯,别有用心,责任感差,对待感情不负责任,朝三暮四的现象在校园中也时而有之。在感情中受到对方伤害的人往往会对这种关系感到失望,从而对婚姻恋爱产生极强烈的抵触情绪。二是大学生自身能力水平不一致。大学生活学习中主要靠个人的自觉性和主动性,学习能力有高有低,有些学生天生内向,不善与人交谈,面对性格外向、朋友众多的同学会产生自卑心理,从而怯于与人交往,社交能力差。这也影响了个人的婚恋价值观,使他们单身独居生活的想法更加坚定。

大学的生活和经历于人们而言是一个特殊的人生阶段,爱利克·埃里克森(Erik Erikson)关于心理发展阶段的理论指出,成年早期(18~30岁)的阶段性任务是"亲密对抗孤独",也就是说,在大学生涯里与他人发展亲密关系和建立亲密关系是大学生在人生这一阶段需要完成的任务,也就是与周边或通过某种介质取得联系的人在相识的基础上建立友情和爱情,这样一来,社会交往便是完成这一任务的重要手段。一方面,大学生已经具备了几近完整独立的认知水平,他们刚刚脱离了枯燥乏味的应试教育,渴望得到他人的认可,尤其是来自社会的认同,于是在当下环境里通过网络社交来提高自身的社交能力,培养个性鲜明的兴趣爱好[5]。另一方面,作为刚刚脱离应试教育的学生,初涉社会的大学生在心理上也没有达到稳定发展的水平,面对宽阔自由的互联网世界,他们很难保持理性,在这样的网络社交状态发展的同时,很多非综合性的院校性别比较悬殊,导致学生无法在现实生活环境里找到满意的交往对象,遂无可选择地转向网络,通过更便捷的方式寻求合适的另一半。

二、大学生网络社交对婚恋观的影响

随着网络社交平台的发展,大学生的婚恋观受网络社交的影响越来越大,这种影响往往具有两面性,即积极影响与消极影响。

(1)积极影响。首先,网络社交可以增加大学生交往的可能性,巩固婚恋关系。现实中的交往往往会使人从家庭条件、工作背景、外貌形象、性格特点等外在因素入手,对对方进行审视评判,从而大大降低了双方交往相处的可能性。而网络社交有其虚拟性和隐匿性,大学生可以不受家庭条件、相貌身材等外在条件的制约,通过网络与人直接进行内心的交流,减少外在因素给相处过程中带来的不利影响,为以后的恋爱乃至婚姻打好感情基础。其次,网络社交可以有效地填补当代大学生的情感空缺。广大大学生迈进高校的大门之前几乎不曾接受过健康完整且积极向上的情感指导,大学生活中相对自由的生活空间会导致大学生情感需求大大增加,网络社交大大延伸了大学生的社交层面,也使大学生从多种信息渠道直接或者间接地得到了一定的心灵抚慰和情感指导。最后,网络社交的多元化促使大学生的视野不再拘泥于周身的现实生活,从而增添了更多交往的可能性。大学生通过社交网络平台拓宽了自己的视野,丰富了自身的兴趣爱好,扩大了个人交友圈,更有利于对自己的情感需求进行精准定位,从而找到更好的志趣相投的婚恋伴侣,提高婚恋质量。

(2)消极影响。首先,网络具有虚拟性,网络社交的双方有强大的距离感,这会导致大学生在社交中对情感问题的认知有偏差,毕竟虚拟陪伴终究不同于现实陪伴。同时,强大的距离感会导致双方更容易产生过于美好的期待或更差的印象,不能面对面观察对方的言谈举止会致使交流双方有些许误解,从而在婚恋关系中产生矛盾。其次,网络社交的隐私性较高,这会导致婚恋关系中的双方产生互相怀疑猜忌的心理,恋爱关系或婚姻关系中的矛盾更加突出,不信任感大大增加。与此同时,在很多婚恋关系中道德低下的一方利用网络社交的隐蔽性做出违背社会公序良俗的事情,如出轨,这会导致另一方对于婚恋关系的失望大大增加,使得矛盾激化,产生不可预估的后果。最后,网络信息内容丰富,西方多元开放的文化通过网络这一媒介逐渐渗透到当今国内大学生的婚恋观念中,"性开放""婚前同居""未婚先孕"等观念随着欧美国家思想传入,部分大学生逐渐接受了此类观念甚至对此习以为常,对婚恋的态度不再严肃认真,而是愈发随便,这些情况导致大学生的思想观念受到了极大的冲击,干扰了大学生对于婚姻及恋爱的正确理解,不利于他们的身心健康发展。

婚恋观主要包括四个方面:婚姻观、爱情观、择偶观和性爱观。其中,于大学生而言,爱情观和择偶观在大学生涯中扮演主要角色,通过网络平台的信息传播功能,大学生更加容易认同社会新闻和娱乐新闻,也就是明星婚恋绯闻中所反映出的择偶观与爱情观。正是因为有这种价值观上的认同感,社会新闻和明星绯闻对大学生的婚恋观产生了显著的影响。传播学中有"使用与满足理论"一说,即个体会根据自身的需求来对信息进行筛选。个体的年龄、学历、生活经历和社会地位等都会影响大学生对不同信息的关注程度。因此,大学生这一群体结合自身状态和周边环境,更加倾向于关注与爱情、择偶等相关的新闻报道[6]。大学生会更加关注对社会家庭新闻及明星娱乐绯闻的着重报道。大学生接触的社会新闻和明星绯闻越多,他们的婚恋观就会越趋近以上两类新闻中所折射的婚恋观,更加个性化、独立化,对另一半的要求也更加完美化。不得不承认的是,择偶观基于爱情观,大学生关注社会新闻和娱乐绯闻后形成的爱情观也影响了大学生自身的择偶观。

近年来,网络短视频平台和直播平台颇有鱼跃之势,有些网络直播十分火爆,网红经济飞速发展,但网红乱象层出不穷。因涉嫌低俗内容被封禁的直播间和个人账号屡屡有之。这样的发展致使各大社交网络平台上审丑行为一度盛行,对大学生的婚恋观念和行为造成了极为不良的影响。对于这种乱象,多数大学生都会表示反感,尤其是会毫不犹豫地抵制热门直播平台主播的一些低俗和毫无道德底线的行为和言论,他们认为这些乱象严重损害了社会风气,也对广大青少年造成了极坏的影响,但仍有少部分大学生认为主播在直播间里的一些言论和行为纯属个人行为,观看者无需多加干涉,保持自身观点正确即可。

现如今网络平台数量众多,人们网络社交的方式繁多且复杂,这样的特性导致很多虚拟平台缺乏法律和道德的约束和管制,只要有一个虚拟的 ID,便可以尽情跟随所谓的大热趋势。这就降低了大学生受到不良影响的门槛,极易催生大学生跟风行为,更有甚者会走向极端,走上违法犯罪的道路。

三、应对之策

1. 个人方面

（1）树立正确的婚恋观，有理性地掌控自身行为。大学阶段是学生成长和自我发展至关重要的节点，在这一时期，大学生要在生活中学会平衡婚恋生活和学业事业，养成洁身自爱的良好品行，培养自身正向的审美与兴趣，树立自尊心，不盲目跟风，不趋炎附势，只有这样，才能提高自己的理性，实现远大的抱负与志向。除此之外，要培养自己良好的道德意识，在恋爱方面，一定要遵循道德规范，提升自我约束的能力，坚决拒绝触碰法律底线。恋爱关系中双方要彼此尊重，形成人格和义务上的平等关系，确保双方的人身安全和财产安全。

（2）如今网络环境纷繁复杂，网络平台用户也来自社会各界，大学生在此种网络环境下，应当增强对网络相关法律法规的了解，提高在各社交平台上辨别是非的能力，及时规避负面信息和不良信息，利用网络平台的正面作用提升自身能力，开阔视野，拓宽知识面。同时，大学生也可以合理规划符合自身现实情况的网络使用时间，减小过多上网对生活带来的负面影响，要视沉迷虚拟网络为大忌。接触输出正确价值观的网络文章和社交网络平台，自觉抵制导向不健康的社交平台与文章，多关注时事问题，从社会新闻及其他负面婚恋类社会新闻暴露的问题中吸取经验；多关注国家立法和地方政策出台的实时动态，并认真约束自身和完善自身。

（3）锻炼自身的独立自主能力，减少对家庭和他人的依赖。要想减少网络社交对自身观念的负面影响，除有意地减少沉迷网络的时间外，还要加强自身的独立自主能力，不要在生活中和情感上过度依赖他人，使自己丧失自我判断的能力，而以他人的行为和观点为主要生活方向。要有独立思考、独立生活的能力，自己掌控自己的选择，在面对社会各界的新闻时要有自己独到的见解，不偏听偏信他人的言论和观点，要辩证地对待是非，拒绝养成"公主病"，抵制成为"妈宝男"，坚决不做只有"恋爱脑"的大学生。

2. 学校方面

第一，各地高校缺乏一定的技术手段和管理条件，不足以对即时通信工具、网站等形式的新媒体进行有效监督，故而没有办法管控信息传播的界限，也无法及时监测由校外输入的负面和不良信息。因此，学校要加大对信息传播源的监测与管控力度，这一点可以通过组建虚拟网络组织，专门创建网络管理员等职位来实现。第二，高校教师可以通过不定期在各类社交平台组织开展话题在线讨论，提高教师对学生心理状态的了解程度，同时可以开设一些婚恋观教育的网络课程，增进师生之间的交流与互动，对学生身心发展起到引导作用。也可以鼓励学生通过心理咨询网站、心理咨询公众号问询，或者微博私信、平台问询等形式向相关专业教师咨询提问恋爱中遇到的疑惑和问题。第三，各地高校可以采用当下大学生了解和喜欢的形式,如举办主题为"高校大学生恋爱生活"的 vlog 大赛和校园采风等活动,带领学生深入思考大学生需要面对的恋爱与婚姻问题,提倡学生文明交往,形成健康积极的精神风貌,传播校园正能量。第四,学校可以以即时通信软件和热门媒体平台为载体,进行校园大学生评优活动,发展树立一批优秀的大学生榜样,使大学生的注意力转向学业方面,使得大学生能够自觉平衡学业和婚恋之间的关系。第五,针对多数大学生在生活中存在一些恋爱方面的困惑和心理问题的情况,学校可以建立多个综合性强、互动便捷即时的服务平台,在微信、微博、抖音等社交软件上,通过短视频、话题探讨等形式实现资源共享,让大学生在此过程中健康成长。总体上来说,各地高校一定要在充分利用现有人力资源及改进现有制度等方面帮助大学生树立正向积极的婚恋观,着重加强相关课程的师资力量,聘请校外专业人士和社会翘楚开展心理问询讲座,通过课程选修、社团活动和社会实践等形式进行范围尽可能广的宣传,创建良好合适的文化学习环境,帮助大学生尽快养成正确的恋爱观。

3. 社会方面

其一,营造健康良好的大学生网络环境。强化网络管理,整顿媒体环境,有利于对新时代的大学生展开思想教育工作。首先,政府和社会各界要扶正网络舆论走向,及时整顿网络上侵害他人权益和传播不良信息的不正之风,积极引导大学生健康正向地看待网络环境下的社会问题。其次,有关部门要积极发展社会教育功能,扶持心理方面的教育辅导机构,完善社会上的婚恋观教育体系。要积极走访和了解当前大学生婚姻、恋爱、家庭等方面的问题,并为相关事件的解决提供帮助,同时有关部门可联动社会各界人士和学校,开展有关婚恋教育和健康婚恋观养成的活动,让大学生踊跃地展开讨论[7]。

其二,营造良好的社会舆论氛围,形成社会公认的道德标准。宣传有代表性、激励性和引导性的大学生婚恋事例,以及模范夫妻、学习型家庭等的优秀婚恋事迹,是形成正确婚恋观的舆论基础和前提条件。为达到这个目的,第一,主流媒体要发挥主渠道、主阵地作用,通过官方平台宣传优秀的、有代表性的大学生的婚恋事迹,起到引领和规范大学生婚恋观的作用;第二,加强对网络信息平台、手机 App 和视频播放软件等融媒体的监管力度,使其在优化社会舆论环境、弘扬家庭婚姻美德和社会主义主旋律等方面发挥正向的引导作用。良好的社会舆论氛围能够引导大学生在婚恋中形成高尚的婚恋道德,主动履行婚恋中的义务和承担起婚恋中的责任,主动摒弃和远离婚恋中的不道德意识和行为,从而树立正确的婚恋观。

综上所述,当前形势下,网络社交对当代大学生的婚恋观和婚恋关系的影响十分深远,这种影响有积极的也有消极的,亟须社会的重视,只有更加积极地引导,才能够使网络社交对大学生婚恋观的影响利远大于弊。

参考文献

[1] 李祖超.新时代大学生价值观发展现状与特征透视[J].学校党建与思想教育,2019(24):18-20.
[2] 王贺.大学生网络交往"圈层化"的困境及对策[J].江苏高教,2017(3):94-97.
[3] 王歌雅.《民法典·婚姻家庭编》的编纂策略与制度走向[J].法律科学(西北政法大学学报),2019(6):83-96.
[4] 杜鹃.新媒体对当代女大学生婚恋观的影响[J].青年记者,2016(23):32-33.
[5] 崔海英.高校学生网络话语与网络舆情引导研究[M].上海:上海人民出版社,2018:136-137.
[6] 陶志欢.青年"群体性孤独"现象的审思与调适[J].中国青年社会科学,2020(5):88-96.
[7] 顾超.论大学生婚恋教育[J].黑龙江高教研究,2016(2):125-127.

高校管理

研究生视角下的优秀导师能力素质评价指标构建

◎ 王奕俊 徐明月 王英美

> **摘　要**　导师是影响研究生培养质量的重要因素。本文借鉴能力素质模型理论,从研究生视角出发,对全国10所高校"我心目中的好导师"评选活动中的123名导师的评选材料进行文本分析,提炼研究生评价优秀导师的核心词汇,通过语义网络分析挖掘词汇关联,梳理优秀导师的能力要素。进一步的因子分析和聚类分析显示,研究生所关注的优秀导师能力素质包含学术水平、指导能力和人格力量三类因素,而研究生心目中的优秀导师也分为教书育人、学术引领和均衡发展三种类型。
>
> **关键词**　研究生视角　优秀导师　能力素质　评价指标

一、引言

　　导师对于研究生的培养和成长至关重要。导师是研究生培养的第一责任人,既肩负着传授知识、培养研究生良好的学术与科研素养的重任,又肩负着培养研究生良好的政治思想素质、道德素质和心理素质等的重任。教育部2018年印发的《关于全面落实研究生导师立德树人职责的意见》明确了研究生导师立德树人的七项职责,并强调健全研究生导师评价激励机制,坚持学术委员会评价、教学督导评价、研究生评价和导师自我评价相结合。2020年,习近平总书记就研究生教育工作作出重要指示,强调要提升导师队伍水平。同年召开的全国研究生教育会议提出,要"加快完善导师的分类考核和评价激励机制"。然而,研究生导师的指导存在着较强的个性化和隐性化特征,前者表现为导师的指导方式个性化较强,"导无定法"且规范性不足;后者表现为导师的指导外显成分较少,内隐成分更多。这给客观评价和确定优秀研究生导师的能力素质带来了困难。

作者简介　王奕俊,同济大学职业技术教育学院副教授,博士。
　　　　　徐明月,同济大学职业技术教育学院,在读硕士研究生。
　　　　　王英美,上海农林职业技术学院,助教。

当前研究生导师的评价更多地从导师角度出发,评价指标偏重导师自身的学术素养或工作要求,忽视了研究生视角的评价,有的评价简单地把高校教师与研究生导师画等号,从而导致评价的偏差。本文从研究生视角出发,借鉴能力素质模型,构建研究生优秀导师能力素质的评价指标体系。

二、能力素质模型与教师能力素质模型

能力素质(也称胜任力)一词最早由哈佛大学教授戴维·麦克利兰(D. C. McClelland)正式提出,后广为人知。目前被普遍接受的能力素质的定义,是由莱尔·史班瑟(Lyle Spencer)等共同提出的:能力素质是个体的一种潜在特质,它与一个人在工作中或某一情境中所表现出的与绩效关联的有效的或高绩效的行为有着明显的因果关联。能力素质分为五个层次:知识(Knowledge)、技能(Skill)、自我概念(Self-Concept)(包括态度、价值观和自我形象等)、特质(Traits)、动机(Motives)。

冰山理论形象地描述了不同层次的能力素质,该理论认为:知识和技能属于海平面以上的浅层次的部分,而自我概念、特质、动机属于潜伏在海平面以下的深层次的部分。研究表明,真正能够把优秀人员与一般人员区分开的是深层次的部分。因此,不能区分优秀者与一般者的知识与技能部分,被称为基准性素质(Threshold Competencies),也就是从事某项工作起码应该具备的素质;而能够区分优秀者与一般者的自我概念、特质、动机被称为鉴别性素质(Differentiation Competencies)。

基于能力素质模型理论的岗位通用能力素质模型,具有较强的可操作性,该模型主要包括个性特征、必备知识、工作技能与综合能力、工作经历经验与成果等维度,被广泛地应用于各行业人力资源测评与开发。与之相应,教师能力素质是指教师这一工作角色应当具备的全部胜任力特征,它为成为一名优秀教师提供了可参照的标准。不同学者从不同的角度对高校教师的能力素质进行了研究,多数研究认为高校教师胜任力包括专业知识、专业能力、专业价值观及个人特质等。如邓修权等[1]基于岗位通用能力素质模型,通过文献综述,归纳出包含个性素质、必备知识、工作技能与综合能力三个维度的研究型高校教师能力素质模型。总体而言,现有高校教师能力素质模型的构建更多地聚焦教师个体的特质,但是并未充分体现研究生导师对学生"导"的作用,这与能力素质模型所强调的高绩效相关行为也不完全匹配。

早在1981年,Stein[2]就曾调查了96名博士生希望从导师处得到的帮助,搭建了粗泛的理想导师框架,即提供精神支持、助力学科研究、提供求职帮助和未来生涯指导。此后,学者们一直在不断尝试定义导师和其所行使的指导职能。直到Jacobi[3]以文献综述的方式阐述了学界对于导师概念的三种共识:① 导师需要关注个体成长并为学生提供各种形式的帮助[4-5];② 导师的指导也是广泛的,需要为学生提供包括职业发展在内的有效指导[6-7];

③导师也需要塑造与学生亲密的个人角色并为学生提供相应心理支持[4],[6]。以该文献为基础,关于导师品质与职能的研究向不同学科领域、不同种族人群等垂直领域细化,例如Hauer等[8]通过焦点小组访谈发现,医学生希望导师更注重支持、信任等人际属性,但一直没有人建立更为系统化的导师角色模型。同时,近年来,随着在线教育技术的发展,相比于探讨导师个体,以FTM项目(Faculty Technology Mentoring Program)为代表的导师指导模式更受关注。研究者们希望通过一种模式化的项目,在促进学生和导师"一对一"合作的同时,发展教师在技术集成方面的能力[9]。

国内一些学者也针对研究生导师的能力素质要求进行了探讨,如何齐宗等[10]构建了高校硕士生导师岗位胜任模型,包括知识素养、专业能力、职业品格、人格特质4个维度,并进一步细分为专业知识、通识知识、教学能力、管理能力、指导能力、科研能力、职业情感、职业道德、自我特性、人际特征10个方面的内容。李露等[11]则归纳出基准性胜任特征和鉴别性胜任特征两类共17个研究生导师胜任力指标。这些研究对于构建研究生导师能力素质模型具有比较重要的参考价值,但研究多基于教师或管理者视角、通过专家征询或深度访谈等方法提炼,虽然也有研究将研究生作为调研对象,但仅将其作为辅助和补充手段。研究生是直接接受导师指导的对象,也是导师指导成效的直接受益者,对于导师的能力素质具有直观感知,能力素质模型强调绩效导向,因此研究生导师的能力素质模型,应更多依据研究生对导师的评价构建。

针对现有研究的不足,本文基于学生对优秀导师的评选和评价,通过对评选方案文本的内容分析,挖掘优秀研究生导师的能力素质特征要素,进一步编码、归纳、整理,构建优秀研究生导师的能力素质评价指标,重点挖掘其鉴别性素质,并结合因子分析和聚类分析,为客观、合理地评价优秀导师的能力素质提供可靠的依据。

三、研究生视角下的优秀导师能力素质分析

本文分析素材源于全国高校的"我心目中的好导师"评选活动,该活动始于高水平综合大学,并相继普及至全国众多高校。活动每年或每两年举办一次,一般由高校研究生主管部门指导研究生会组织实施,并由研究生通过网络实名投票评选。将此活动作为信息源的优势是:活动源于全国不同地区、不同学科和不同类型及水平的高校,研究生参与广泛,具有较强的代表性;有利于筛选、归纳优秀导师指导研究生的共同特质,避免导师风格等个性化因素导致的偏误;学生投票评价比研究生导师自评或教育管理者的评价更加可信。

首先对初始材料进行筛选和整理,剔除了只有入选导师名单而没有详细介绍该导师事迹的文本信息(基于本文研究目的,为保证信息的完整性,只有导师个人简介而没有导师如何指导学生的文本信息也被剔除),最终选取了全国10所高校共计123名在评选活动中获奖或获得提名的研究生导师信息。其中既有"双一流"高校,也有普通高校;既有硕士生导

师,也有博士生导师;导师的专业背景广泛,涵盖文理工农医等不同专业领域;导师分布数量比较多的有复旦大学、同济大学、天津大学、北京理工大学、武汉大学等国内知名高校。

本文采用内容分析法挖掘优秀研究生导师的主要特质。内容分析法是一种对显性内容进行客观、定量描述的研究方法。与基于问卷调查的多变量分析法相比,本方法的主要优势在于:能获取调研对象完整的心理感知,具有更强的客观真实性。本文采用内容挖掘系统软件"Rost Content Mining 6"对入选导师的简介信息进行分析,研究重点为词频分析和语义网络分析,以抽取研究生视角下优秀导师的关键文本。

将所有的研究生导师信息汇总在一个文本文件中后,对所有导师评价的相关文本进行词频分析。词频分析是一种基础但十分有效的文本挖掘方法,主要用于统计文本材料中词语出现的频次,发现隐藏在文本内容中的核心信息。本文截取排名前 60 位的高频词,词频统计情况见表 1。频率高的词有"学生""老师""导师""研究""学术""科研"等,从中可以大致看出,学生对导师的评价主要围绕导师和学生之间关系展开,同时学生也对导师的学术素养给予了高度关注。

表 1 导师评价的词频分析

高频词	词频	高频词	词频	高频词	词频
学生	747	中国	88	交流	54
老师	525	学习	85	自然科学	54
导师	314	技术	81	教师	52
研究	258	工程	81	人才	51
学术	224	科技	80	知识	51
科研	220	严谨	78	领域	50
大学	217	教育	76	博士	49
研究生	208	发表	74	课题	49
学院	185	问题	71	关心	47
教授	168	创新	68	心目	47
国家	149	治学	68	教育部	46
教学	143	优秀	67	管理	45
论文	125	获得	64	计划	45
项目	124	博士生	60	参与	44
指导	105	设计	59	青年	44
基金	97	成果	58	完成	44
同学	95	方向	55	能力	44

(续表)

高频词	词频	高频词	词频	高频词	词频
培养	91	理念	54	实验室	43
科学	90	理论	54	课程	42

虽然词频分析能通过提出词组的属性来反映事物的主要特征,但无法反映词组在特定意义上的联系及文本深层次的结构关系。本文在词频分析的基础上进一步进行语义网络分析,该方法主要以词频分析为基础,关注的焦点不是词语本身,而是词与词之间的关系模式。该方法借助网络分析等手段发现研究对象词汇描述中的规律性,对文本内容与概念之间的语义路径进行解构,从而识别出文本词汇的关联和意义。结合特征词的共词矩阵分析(表2),可以进一步观察导师评价文本中各词条件要素的关联。

表2 特征词的共词矩阵分析

排名	共现词	频率	排名	共现词	频率
1	学生＋老师	143	17	研究＋论文	52
2	导师＋教授	84	18	学生＋指导	50
3	学生＋学术	81	19	学生＋培养	50
4	学生＋科研	80	20	导师＋学术	50
5	老师＋研究	78	21	导师＋科研	49
6	老师＋科研	77	22	研究＋国家	48
7	导师＋大学	75	23	老师＋教学	48
8	导师＋研究生	73	24	大学＋科研	46
9	学术＋研究	67	25	老师＋指导	45
10	论文＋发表	64	26	老师＋学习	45
11	老师＋大学	62	27	研究＋发表	45
12	导师＋学生	61	28	学生＋教学	43
13	学生＋学习	58	29	学生＋严谨	43
14	学生＋研究	57	30	学术＋发表	43
15	教授＋研究	56	31	研究＋项目	41
16	老师＋研究生	54	32	学生＋问题	40

进行语义网络分析时,首先对导师评价文本进行分词处理,然后提取高频词,并在过滤部分无意义的词汇后进行特征分析,最终生成导师评价的整体语义网络图(图1)。词语距核心节点距离越近,与核心节点词语的联系就越紧密,而线条的疏密代表共现频率的高低,线条越密,表明共现次数越多。

总体上看,网络图中的核心词汇是"学生""老师"和"导师"。学生评价优秀导师时不仅关注导师自身的学术素养,而且关注导师对学生的指导,因此学生对优秀导师的评判总体上有两个维度:一是导师自身的学术能力水平,二是作为导师对学生的作用和影响。

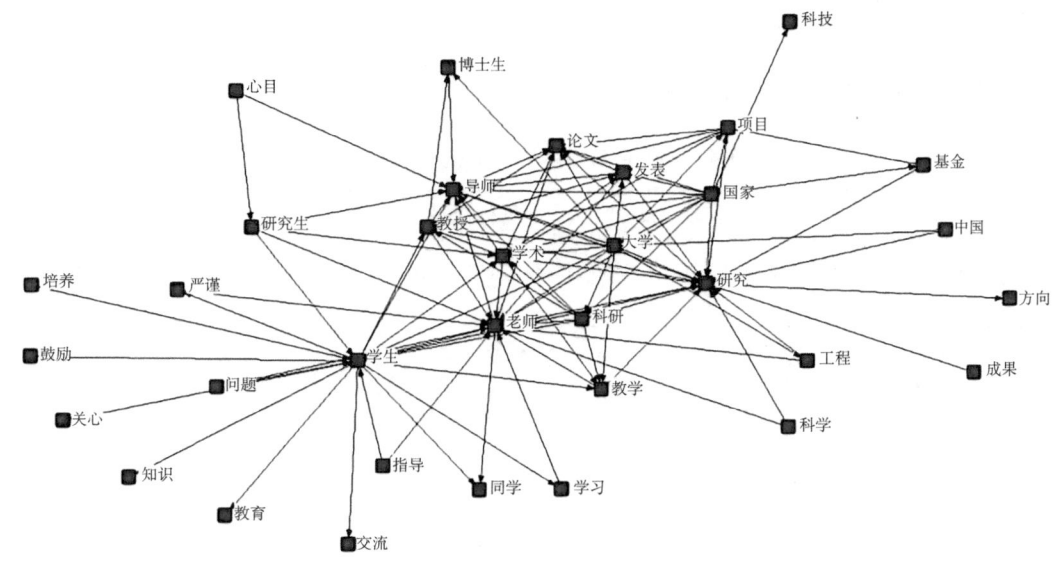

图1 研究生对导师评价的语义网络分析

结合特征词的共词矩阵,进一步从上述两个维度分析围绕核心词汇的二级词汇,其中对学生产生作用和影响的词汇见表3。

表3 导师对学生产生作用和影响的核心词汇分析

二级词汇	具体描述
问题	发掘和思考学术问题(学会提出问题),关心学生的问题与困难(科研、生活和思想方面),主动发现评价学生研究中存在的问题,帮助学生探讨、分析、解决问题,导师的学术素养,如全面细致地考察问题、抓住重要关键问题、提出解决方案等
培养	重视团队培养,扎实的专业基础、学习能力,良好学术科研素养的培养,正确的科研态度与人生观念的培养,独立思考和判断能力与创新意识的培养,兴趣的培养,创新实践能力的培养,国际视野的培养,思想素质、道德素质和心理素质的培养,学识和品德的培养等
指导	定期指导,如每天指导及每周见面交流讨论;指导学生的论文写作,指导学生开展科学研究,充分利用时间指导学生
交流	与学生交流分享,促进学生参与研究领域的学术交流与合作,提供互相交流的机会等
论文	认真评阅,提出修改意见,精益求精,反复修改学生论文,启发学生完成高质量的论文
严谨	严谨求实的治学态度,严谨细致的工作作风,一丝不苟的教学态度,严谨的思维,严谨执着和对学生的无私付出等
关心	关心学生的学习、学术科研工作和各类活动,关心学生的成长,关心学生的生活

(续表)

二级词汇	具体描述
鼓励	鼓励学生保持对科学的探索精神,鼓励学生大胆创新,鼓励学生开阔眼界,鼓励学生进行学术交流,鼓励学生参与各类学术活动和学生工作以增加才干、拓宽视野,鼓励学生独立完成任务,鼓励学生多阅读专著文献

与导师自身相关的二级词汇见表4。

表4 导师自身学术能力的核心词汇分析

二级词汇	具体描述
研究	对科学研究充满热爱,走在研究领域的前沿,沉下心作研究,拥有丰富的学术研究经验,为学生指点研究方向
学术	怀有极大的学术热情,学术造诣深厚,学术成果丰硕(基金项目、论文发表、科研成果等),具有敏锐的学术洞察力及严谨、求真、科学、求实的学术精神,始终站在学术前沿,遵守学术道德和学术规范,积极参加各类学术活动,营造良好的学术氛围
科研	专注科学研究,在教学中搞科研,以科研促教学,科研创新带头人,教学科研一体化模式,注重对学生科研态度、科研素养、科研方法的培养,科研能力和科研兴趣的培养,良好科研习惯的养成,规范的科研训练,学生科研的启迪者,选择科研方向
教学	不是简单地向学生灌输自己的知识和经验,而是因材施教,启发和引导学生,让学生了解最前沿的科学研究,改进教学方式方法,创新学习效果评价体系

可以看出,即使是属于导师自身因素的词汇,也与学生息息相关。

四、研究生视角下的优秀导师能力素质评价指标体系与分类

现有关于高校教师及研究生导师的能力素质模型框架,主要基于通用能力素质模型的个性特质、必备知识、工作技能与综合能力四个维度修改而成,一般包括知识素养、工作技能和综合能力、个性素质等。本文借鉴常见的评价维度,结合上述研究生对好导师评价活动的内容分析,归纳优秀导师能力素质的评价指标,即鉴别性胜任特征指标。研究生对心目中好导师的评价主要体现在导师对学生的指导和导师自身的学术能力两个方面,而知识素养较少被提及,可以认为该因素属于基准性胜任特征指标(因而未在表5中列出)。

为确定优秀导师应具备的能力素质评价指标体系和优秀导师的分类,本文在分析研究生导师评价文本基础上,进行因子分析和聚类分析。首先设计调查问卷,每份问卷包含13项与优秀导师能力素质相关问题的量表,以获取研究生对优秀导师构成要素重要性的评价,为保证测量的区分度,采用李克特六点量表法(1~6分)进行测量,共向十余所国内高校发放问卷350份,其中有效问卷340份。信效度检验显示,克隆巴赫值为0.939,说明问卷信度较高,具有良好的内在一致性;KMO值为0.921,表明问卷具有良好的结构效度,适合

作因子分析。

总体而言,研究生对大多数量表的重要性给予了较高的评价,单个问题重要性的评分平均为5.23,介于较重要和非常重要之间,初步表明这些因素对于优秀导师的重要性。

研究生对导师的能力素质评价可以提炼成三类因子,分别为学术水平、学生指导和人格力量:学术水平对应导师自身的科研能力和学术影响,包括学术成就、学术资源和人才培养投入;学生指导和人格力量均与导师给予学生的指导有关,前者侧重于具体的学术指导,包括教学能力、指导能力和方法能力,后者指导师对学生的关爱和精神感染,包括情感能力、价值观与品质能力(表5)。

表5 优秀研究生导师能力素质的因子分析结果

因子类别	指标构成	指标说明
学术水平	学术成就	导师自身的学术成就在很大程度上决定了导师指导研究生的能力和水平,由导师在本专业领域所取得的科研成果来衡量,如科研论文发表情况、专著出版情况、参加国内外重要学术会议情况、获奖情况、在本专业领域的学术地位与影响力等
	学术资源	学术资源决定了导师能提供的用以培养学生的科研资源,由导师的学术任职、与本领域的学术交流,在研科研项目数量、等级和金额,以及相关学术资源的调动等来衡量
	人才培养投入	导师对人才培养的投入是影响研究生培养质量和效果的关键因素,由科研资源的投入、导师精力的投入等来衡量。前者包括为研究生提供参与科研项目的机会,为研究生提供参加国内外学术会议、与同行交流的机会,后者主要是导师常规指导的时间投入,如日常性的教学、交流、课题讨论、批阅学生报告等
学生指导	教学能力	教学能力决定了学生对知识的掌握和吸收,由导师采用启发引导的教学方式方法、不断创新教学内容、教学效果及教学成果等来衡量
	指导能力	导师的指导能力直接决定了研究生培养效果,包括因材施教,为每一名研究生指明合适的研究方向和主题,并制定适合每一名研究生个人发展的研究计划;对研究生具体科研问题的指导;教学与科研、理论与实践的有机结合
	方法能力	指导的方式方法在很大程度上影响研究生培养的效率和效果。包括是否善于采用启发式的指导方法;是否主动发现学生科研中存在的问题,并帮助学生分析解决问题;能否有效指导研究生学习、开展科研、完成高质量论文的写作;能否激发研究生的科研兴趣、科研素养、探索精神、独立的工作能力、创新意识和精神
人格力量	情感能力	导师对学生的关爱是决定研究生培养成效的必备条件。包括将学生的成长置于重要地位,热心于人才培养,愿意与学生交流分享,通过言传身教影响学生,认真思考和解答学生的问题,与学生一起探讨学术问题等。学生在生活和思想上(包括个人生活、身心健康、未来发展等方面)遇到问题时给予必要的帮助;对学生创新思维及投身科研等的鼓励等

(续表)

因子类别	指标构成	指标说明
人格力量	价值观与品质能力	导师的个性特质通过言传身教对研究生有着显著的影响。包括道德品质教育，正确的价值观，对学术的热爱，严谨的治学态度和科研精神(这既是不少导师对自身的要求，也是其对学生的要求，在很大程度上是对研究生科学研究精神的形塑)

从对优秀研究生导师能力素质的分析归纳可以看出，优秀导师必须具备以下素质：以学生为导向，热心于人才培养，具有较高的学术素养水平，关爱学生，用先进的育人理念启发引导学生，能够采用适切的指导方法激发学生的兴趣和创新精神，全身心地投身人才培养，并愿意为此投入大量的时间、精力和相关资源，并娴熟地掌握指导技巧。

在因子分析基础上进行聚类分析，研究生心目中的优秀导师可以分为三类：第一类为教书育人型导师，这类导师不仅在学术上给予研究生具体的指导，还从精神层面感染学生，帮助其树立正确的价值观和严谨的治学态度；第二类为学术引领型导师，这类导师在其专业领域具有较高的学术造诣和影响力，拥有丰富的学术成果，为研究生的培养和成长创造了良好条件；第三类为均衡发展型导师，这类导师不像前两类特征显著，但在学术素养、指导学生和言传身教三类因子上表现得较为均衡。从三类优秀导师的比例来看，学术引领型导师占了近60%的比重，表明导师的学术成就是优秀导师的首要因素，其次是教书育人型导师，均衡发展型导师所占比重最小。

五、结语

本文基于能力素质模型的理论基础，通过"心目中的好导师"评选活动的词频分析和语义网络分析，提炼出优秀研究生导师能力素质的构成要素，并在此基础上进行因子分析，构建优秀导师能力素质的评价指标体系，完善优秀导师的分类。结果表明：研究生对优秀导师抱有较高的期许，优秀导师的能力素质包含导师自身的学术水平与对研究生的指导，导师对两类因素的侧重决定了研究生心目中优秀导师的分类，既指明了普通的研究生导师成为优秀导师的可靠发展路径，也为导师根据学生特点采取个性化的指导策略提供了启示。

与现有关于高校教师及研究生导师能力素质的研究相比，本文具有以下显著特点：一是凸显了以学生为中心的理念，导师能力素质模型的构建始终基于研究生视角；二是补充了大多数现有研究中忽略的一些重要因素，如导师对研究生的关爱、导师为研究生提供的学术资源、导师为研究生制定个性化培养方案等；三是模型体现了可操作性，模型的绝大多数指标都可测量，待模糊评价或专家评价方法确定各指标权重后，即可作为优秀导师的评价标准，也可成为普通研究生导师学习和努力的标杆，进一步营造高层次人才培养的良好氛围。

参考文献

[1] 邓修权,刘秀梅,刘鑫,等.研究型高校教师能力素质模型构建与初步应用——基于北京航空航天大学优势学科教师调查[J].北京航空航天大学学报(社会科学版),2016,29(6):107-113.

[2] STEIN S L. Faculty expectations of doctoral and career mentors[C]. Philadelphia: Eastern Educational Research Association Annual Meeting, 1981.

[3] JACOBI M. Mentoring and undergraduate academic success: a literature review[J]. Review of Educational Research, 1991,61(4):505-532.

[4] CHAO G T, WALZ P M, GARDNER P D. Formal and informal mentorships: a comparison on mentoring functions and contrast with nonmentored counterparts[J]. Personnel Psychology, 1992, 45(3):619-636.

[5] CULLEN D L, LUNA G. Women mentoring in academe: addressing the gender gap in higher education[J]. Gender and Education, 1993,5(2):125-137.

[6] BROWN M C, DAVIS G L, MCCLENDON S A. Mentoring graduate students of color: myths, models, and modes[J]. Peabody Journal of Education, 1999, 74(2): 105-118.

[7] CAMPBELL T A, CAMPBELL D E. Faculty/student mentor programs: effects on academic performance and retention[J]. Research in Higher Education, 1997,38(6):727-742.

[8] HAUER K E, TEHERANI A, DECHET A, et al. Medical students' perception of mentoring: a focus group analysis[J]. Medical Teacher, 2005,27(8):732-739.

[9] CHUANG H H, THOMPSON A, SCHMIDT D. Faculty technology mentoring programs: major trends in the literature[J]. Journal of Computing in Teacher education, 2003,19(4):101-106.

[10] 何齐宗,戴志刚.高校硕士生导师岗位胜任力的调查与思考[J].高等教育研究,2017,38(8):51-59.

[11] 李露,吕催芳,黄学.基于胜任力模型的研究生导师队伍管理模型研究[J].学位与研究生教育,2010(7):13-17.

进一步完善政府支出经济分类科目设置的思考

◎ 林 嫣

> **摘 要** 政府收支分类改革极大地推进了预算管理制度改革,提高了预算透明度。但随着社会经济的发展,新的经济模式的出现,已有的支出经济分类科目越来越难以满足当前及未来发展的需求。本文通过分析目前支出经济分类科目体系存在的问题和原因,提出进一步改革完善的建议。
>
> **关键词** 政府收支分类 支出经济分类 经济科目

支出经济分类科目是预算管理的基础,是预算编制、执行、决算、公开和会计核算的重要工具[1]。政府收支分类改革极大地推进了预算管理制度改革,提高了预算透明度。但目前的支出经济分类体系在实际操作中仍然遇到了许多亟待解决的问题,而且随着社会经济的发展,新的经济模式的出现,已有的支出经济分类科目难以满足当前及未来发展的需求。因此,有必要加强相关研究,分析和完善政府支出经济分类科目的设置,以适应社会经济发展的需要,做到与时俱进。

一、支出经济分类的历史沿革

我国原来的政府预算收支科目分类,是参照苏联财政管理模式的,是与计划经济体制下的建设型财政管理体制相适应的。随着社会主义市场经济的发展和公共财政体制的建立,这套科目体系存在的问题越来越突出,如果用一句简单的话来表述政府收支科目分类原体系存在的问题,那就是"体系不合理、内容不完整、分类不科学、反映不明细"。简单地说,就是"外行看不懂,内行说不清"。

1999 年,国家推行部门预算改革。1999 年 8 月,时任国务院副总理李岚清同志指出:"要着手进行政府收支分类改革,为细化预算编制、推行集中收付和政府采购制度创造有利

作者简介 林嫣,同济大学财务处副处长兼国资办主任,副研究员,硕士。

条件。"通过几年的试点,2005年12月27日,国务院批准同意2007年1月1日起全面实施政府收支分类改革。

政府收支分类改革是指在我国原来的《政府预算收支科目》基础上,参照国际通行做法,构建适应社会主义市场经济条件下公共财政管理要求的新的政府收支分类体系。新体系具体包括收入分类、支出功能分类和支出经济分类三部分。收入分类反映政府收入的来源和性质,支出功能分类反映政府各项职能活动,支出经济分类反映各项支出的经济性质和具体用途。具体科目设计目标"体系完善、反映全面、分类明细、口径可比、便于操作"[2]。新的政府收支分类体系对进一步深化各项财政改革,提高预算透明度和财政管理水平,起到了十分重要的推动作用。

为了更好地贯彻落实《中华人民共和国预算法》,实施全面规范、公开透明的预算制度,2016年10月,财政部印发了《支出经济分类科目改革试行方案》,要求各部门、各地区在编制2017年预算的同时按照试行方案试编和试运行,并认真总结预算编制、执行中存在的问题。

2017年8月,财政部正式印发《支出经济分类科目改革方案》。该方案修改完善了部门预算支出经济分类,体现部门预算的管理要求;同时增设政府预算支出经济分类,体现政府预算的管理要求。两套经济分类保持对应关系,以便政府预算和部门预算相衔接。该方案充分考虑了政府预算管理和部门预算管理的不同特点和需要,形成既适合我国国情,又符合国际通行做法的支出经济分类体系,为进一步深化预算管理制度改革、提高预算透明度创造了有利条件。

以后每年度,财政部还会根据实际情况对收支分类科目进行微调。

二、支出经济分类目前存在的问题

从以上分析可以看出,支出经济分类科目改革是政府收支分类改革的重要组成部分。支出经济分类与原先相比自成体系,且充分细化,明细反映政府支出的具体用途。支出经济分类科目改革方案的实施,有力推进了政府预算做细、做实,让预算更加公开透明,让人民群众也看得懂。

以2021年部门预算为例,共有10类98款科目[2]。类级科目包括"工资福利支出""商品和服务支出""对个人和家庭的补助""资本性支出"等,能够让大家分清支出的性质。款级科目明确具体用途,如人头费性质的"工资福利支出",具体是"基本工资""绩效工资"还是"津贴补贴"等;属于日常业务的"商品和服务支出",具体是"印刷费""差旅费"还是"会议费"等;属于购买固定资产的"资本性支出",具体是用于"办公设备购置"还是"专用设备购置",等等。通过公开报表上的支出经济分类科目,人民群众可以直观地看到政府的钱究竟是怎么花出去的,是付了人员工资、水电费、差旅费还是买了办公设备等。人民群众都关心的公务接待、公务用车和公务出国(境)支出,各政府部门到底花了多少钱,也一目了然,且便于比较。

按照支出经济性质和具体用途设立的经济分类科目体系,目前总体上可以满足日常支出的核算需要,但由于社会经济的快速发展和实际情况的复杂性,在实际操作中还是会遇到各种各样的问题。结合高校财务工作实际,有以下三方面问题值得重点关注。

1. 部分经济分类科目含义界定不清晰,易被误用

目前的科目说明解释不够清晰,如"商品和服务支出"中的"委托业务费"科目,科目说明是"反映因委托外单位办理业务而支付的委托业务费"。以"委托业务费"解释"委托业务费",明显不够科学严谨。按此说明,几乎所有向外单位支付的费用都可被纳入"委托业务费",很有可能导致预算单位理解上的偏差与核算科目的误用;甚至被某些别有用心者"钻空子",故意调节费用列支科目,从而达到掩盖支出经济实质、规避预算管理的目的[3]。

2. 不能体现知识经济的特点

目前的支出经济分类科目体系基本不能体现知识经济的特点。以部门预算为例,日常业务使用较多的"商品和服务支出"(编码302)类级科目,共有27个款级科目,包括:办公费、印刷费、咨询费、手续费、水费、电费、邮电费、取暖费、物业管理费、差旅费、因公出国(境)费用、维修(护)费、租赁费、会议费、培训费、公务接待费、专用材料费、被装购置费、专用燃料费、劳务费、委托业务费、工会经费、福利费、公务用车运行维护费、其他交通费用、税金及附加费用、其他商品和服务支出。这些明细款级科目中,根本不涉及专利费、出版费、数据库及软件使用费、信息传播费等知识产权事务费用,高等学校、科研院所等预算单位在发生这些费用时,只能笼统地将它们列入"其他商品和服务支出"(编码30299)。而随着知识经济的发展,各预算单位的知识产权事务会越来越重要,知识产权事务费用所占支出比重将越来越大,对于精细核算的要求也会越来越迫切。

3. 部门特色的支出经济分类难以体现

由于支出经济分类科目需要适用于所有相关的预算单位,必然更多地考虑通用性而牺牲个性。但是对于特定预算单位来说,一些个性化的支出经济分类涉及核心业务,也非常重要,而目前的分类体系却无法体现。以高等学校为例,高校特有的一些大额费用,如课程建设或引进费用、实习实践费用、学生活动费等无处体现,只能都列在"其他商品和服务支出"中,从而造成该科目金额较大,但从报表上却看不出具体用于何处。

三、对策建议

1. 明确界定经济分类科目的含义

经济分类科目既然是按照支出经济性质和具体用途设立的,那么各明细科目应说明其最终具体用途和实质,而不是仅仅反映支出的事由和形式。例如可在"委托业务费"科目说

明中明确:"委托业务费"是只有在多方共同合作完成某个项目或任务的情况下,主办方需向协办方支付的协作费用。

2. 增加必要的款级科目

时代在变化,经济分类科目也应该与时俱进。在知识经济时代,出版、数据文献、专利、信息传播等各项知识产权事务费用所占支出比重也会越来越大,是各预算单位需要大力关注的,甚至对预算单位来说可能是至关重要的预算,因此有必要单独设立相应的款级科目来明确核算。

3. 考虑预算单位特点,增设相关项级科目

各预算单位具体情况不同,用一套完全相同的经济分类科目来反映所有预算单位的核算内容并不合理。目前的经济分类科目只设置了类级和款级科目,并未设置项级科目,建议适当开放各"99"款级科目下的项级明细科目设置。增设有部门特色的项级科目,可以更明细准确地反映支出用途,也便于同类部门之间比较。具体可以由相应各中央部委根据本系统的实际情况提出明细要求,报财政部审核备案后统一发布。

综上所述,现有的政府收支分类模式很好地推进了预算管理制度改革,提高了预算透明度,但是,在新发展时期遇到了许多亟待解决的问题,需要进一步完善有关的支出经济分类科目体系,明确有关科目内涵、结合时代发展需求和预算单位实际,方可与时俱进,为实现预期的改革和发展目标提供有效支撑。

参考文献

[1] 中华人民共和国财政部. 财政部关于印发《支出经济分类科目改革方案》的通知[EB/OL]. (2017-08-01)[2018-01-24]. http://www.snd.gov.cn/hqqrmzf/c108342/201801/cd8fa52c12364fb5a562182fd0bfabcf.shtml.

[2] 中华人民共和国财政部. 2021年政府收支分类科目[M]. 上海:立信会计出版社,2020.

[3] 邓畅. 警惕"委托业务费"成"万能"科目[J]. 财务与会计,2014(9):34.

浅析政府会计中处置对外投资账务处理存在的问题

◎ 林 嫣

> **摘 要** 政府会计具备财务会计与预算会计双重功能,实现财务会计与预算会计适度分离并相互衔接,力求全面、清晰地反映单位财务信息和预算执行信息。因此制度设计难度大、挑战性高,难免有考虑不周的地方,在实际操作中,就会发现制度设计本身存在的矛盾。本文针对政府会计处置对外投资账务处理存在的制度性矛盾,详细分析了其形成原因,并提出建议解决途径。
>
> **关键词** 政府会计 对外投资 处置

2019年1月1日起,政府会计准则制度在全国各级各类行政事业单位全面施行。贯彻实施政府会计准则制度,是全面落实党的十八届三中全会关于"建立权责发生制的政府综合财务报告制度"、党的十九大关于"全面实施绩效管理"等决策部署的重要举措,对于科学、全面、准确地反映政府资产负债和成本费用,加快建立现代财政制度,更好地发挥财政在国家治理中的基础和重要支柱作用具有重要而深远的意义[1]。

一、政府会计的特点

政府会计具备财务会计与预算会计双重功能,能更加如实地反映"家底",有利于加强资产负债管理,同时也能更客观地反映运行成本,有利于绩效评价。财务会计核算实行权责发生制,对政府会计主体发生的各项经济业务或事项进行会计核算,主要反映和监督会计主体的财务状况、运行情况和现金流量等;预算会计核算实行收付实现制,对政府会计主体预算执行过程中发生的全部收入和全部支出进行会计核算,主要反映和监督会计主体的预算收支执行情况。政府会计能够实现财务会计与预算会计适度分离并相互衔接,全面、

作者简介 林嫣,同济大学财务处副处长兼国资办主任,副研究员,硕士。

清晰地反映单位财务信息和预算执行信息。所谓两者"相互衔接",主要体现在,对于纳入部门预算管理的现金收支业务,在进行财务会计核算的同时也进行预算会计核算;对于其他业务,仅需要进行财务会计核算[2]。

政府会计是多年来我国政府会计理论研究和改革成果的重要体现,是重大的制度理论创新,同时力求与现行行政事业单位财务规则、财务制度、部门预决算制度、行政事业单位国有资产管理规定、基本建设财务规则等要求保持协调。因此制度设计难度大、挑战性高,难免有考虑不周的地方。在实际操作中,就会遇到制度设计本身存在的矛盾。如在高等学校处置对外投资的账务处理上,就存在无法回避的制度性矛盾。

二、政府会计下处置对外投资账务处理存在的问题

下面以高等学校处置以现金取得的长期股权投资为例进行探讨。为了清晰起见,从取得长期股权投资时开始说明。

1. 长期股权投资取得时

以现金取得长期股权投资(假定无已宣告但尚未发放的现金股利)时,财务会计与预算会计账务处理分别如下。

(1) 财务会计账务处理

在财务会计中,政府会计制度规定,以现金取得的长期股权投资,按照确定的投资成本,借记"长期股权投资"科目,贷记"银行存款"科目[3]。即:

借: 长期股权投资

　　贷: 银行存款

(2) 预算会计账务处理

在预算会计中,政府会计制度规定,以货币资金对外投资时,按照投资金额和所支付的相关税费金额的合计数,借记"投资支出"科目,贷记"资金结存"科目[3]。即:

借: 投资支出

　　贷: 资金结存

根据政府会计制度,对于纳入部门预算管理的全部现金收支业务,在采用财务会计核算的同时进行预算会计核算。

2. 长期股权投资处置时

(1) 财务会计账务处理

在财务会计中,政府会计制度规定,处置以现金取得的长期股权投资,按照实际取得的价款,借记"银行存款"等科目,按照被处置长期股权投资的账面余额,贷记"长期股权投资",按照尚未领取的现金股利或利润,贷记"应收股利"科目,按照发生相关税费等支出,贷记"银行存款"等科目,按照借贷方差额,借记或贷记"投资收益"科目[3]。即:

借：银行存款[实际取得价款]
　　投资收益[借差]
　贷：长期股权投资[账面余额]
　　　应收股利[尚未领取的现金股利或利润]
　　　银行存款等[支付的相关税费等]
　　　投资收益[贷差]

以上账务处理比较好理解，与企业会计保持一致，没什么问题。

（2）预算会计账务处理

在预算会计中，需分收回本年度以货币资金取得的对外投资和收回以前年度以货币资金取得的对外投资两种情况。

① 收回本年度以货币资金取得的对外投资

出售、对外转让或到期收回本年度以货币资金取得的对外投资的，如果按规定将投资收益纳入单位预算，按照实际收到的金额，借记"资金结存"科目，按照取得投资时"投资支出"科目的发生额，贷记"投资支出"，按照其差额，贷记或借记"投资预算收益"科目[3]。即：

借：资金结存
　　投资预算收益[借差]
　贷：投资支出
　　　投资预算收益[贷差]

② 收回以前年度以货币资金取得的对外投资

出售、对外转让或到期收回以前年度以货币资金取得的对外投资的，如果按规定将投资收益纳入单位预算，按照实际收到的金额，借记"资金结存"科目，按照取得投资时"投资支出"科目的发生额，贷记"其他结余"科目，按照其差额，贷记或借记"投资预算收益"科目[3]。即：

借：资金结存
　　投资预算收益[借差]
　贷：其他结余
　　　投资预算收益[贷差]

（3）矛盾分析

预算会计上的账务处理为何规定有以上区别？为何收回本年度的对外投资可以直接冲减原投资支出，而收回以前年度的对外投资则直接纳入其他结余？

笔者认为，政府会计对预算会计科目及其核算内容进行了调整和优化，预算会计仅需核算当年预算收入、预算支出和预算结余，以避免原会计制度下存在的虚列预算收支的问题。故收回的以前年度的货币资金投资，既不能作为当年的投资支出冲减（冲减后投资支出可能为负数），也不可能作为预算收入，而是直接增加了结余。如此看起来也是合理的，但是,这样的操作对预算会计报表来说却是致命的——报表将无法平衡。

政府会计制度中规定,"8501 其他结余:本科目核算单位本年度除财政拨款收支、非同级财政专项资金收支和经营收支以外各项收支相抵后的余额[3]。"即:年末将事业预算收入、上级补助预算收入、附属单位上缴预算收入、非同级财政拨款收入、债务预算收入、其他预算收入、本年发生额中的非专项资金收入,以及投资预算收益本年发生额结转至"其他结余"科目贷方;将事业支出、其他支出,本年发生额中的非同级财政、非专项资金支出,以及上缴上级支出、对附属单位补助支出、债务还本支出、投资支出本年发生额结转至"其他结余"科目借方①。即相关的收入和支出全部结转至"其他结余"科目。完成上述结转后,将"其他结余"科目余额转至"非财政拨款结余分配"科目;根据有关规定提取专用基金的,按照提取的金额,借记"非财政拨款结余分配"科目。完成上述结转后,再将"非财政拨款结余分配"科目余额结转至"非财政拨款结余——累计结余"科目[4],如图1所示。

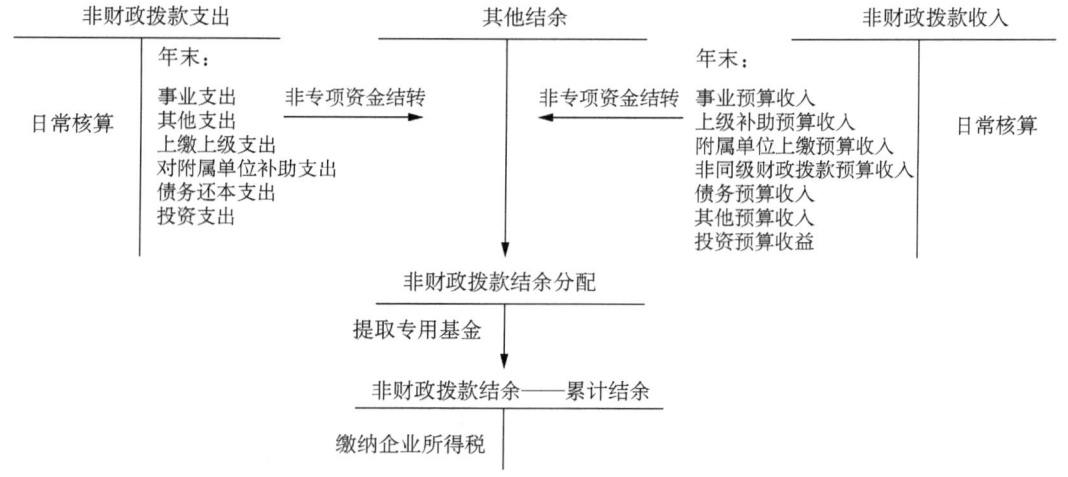

图1 预算会计年末非专项资金结转流程

从图1可以清晰地看出,其他结余这个科目的金额都是通过结转发生的,满足预算收入-预算支出=预算结余(未考虑历年滚存情况下的等式)的平衡关系。如果该科目有直接发生数,将会打破等式的平衡,从而造成报表的不平衡,这是个"硬伤"。

三、建议解决途径

那么该如何解决上述矛盾呢?应该说目前也没有特别好的、面面俱到的解决方式,只能避开直接使用"其他结余"这个科目,使用相关的支出科目,使报表得以平衡。两害相权

---

① 教育部财务司.关于印发《教育部直属高等学校会计核算手册》的通知(教财司函[2018]714号),2018-12-29.

取其轻,为了使报表平衡,也只能承受预算会计准确度受损的代价。

笔者建议,收回以前年度以货币资金取得的对外投资,也应按照取得投资时"投资支出"科目的发生额,贷记"投资支出"。即使年末"投资支出"科目余额在贷方,报表上显示"投资支出"为负数,也清楚地表示当年收回以前年度的对外投资情况。或者,为避免报表上显示负数的支出,也可使用"投资支出"以外的其他相关支出科目,将矛盾隐藏起来。但从报表揭示信息的角度出发,应明明白白地列示负数支出,使信息更清晰。

参考文献

[1] 中华人民共和国财政部. 财政部关于贯彻实施政府会计准则制度的通知[EB/OL]. (2018-08-16)[2018-08-21]. https://www.cee.edu.cn/n161/n245/n313/n6499/c248083/content.html.

[2] 中华人民共和国财政部. 财政部会计司有关负责人就印发《政府会计制度——行政事业单位会计科目和报表》答记者问[EB/OL]. (2017-10-24)[2017-11-09]. http://m.mof.gov.cn/zcjd/201711/t20171109_2746905.htm#im.

[3] 中华人民共和国财政部. 财政部关于印发《政府会计制度——行政事业单位会计科目和报表》的通知[EB/OL]. (2017-10-24)[2017-11-09]. https://www.cee.edu.cn/n161/n245/n269/n315352/c245751/content.html.

教育管理论坛

幼儿园小班室内运动的思考与实施

◎ 吴 蓉

> **摘 要** 室内运动是户外运动的重要补充。当出现雾霾、阴雨等特殊天气时,幼儿无法进行户外运动,只能进行室内运动。晴天在户外运动时,场地大,能摆放各种游戏材料来供幼儿玩耍,一旦到了雾霾天和阴雨天,幼儿的活动范围就被限制在较窄的走廊和空间有限的教室。因此,如何在有限的室内空间范围内满足幼儿的各种运动需求是值得思考的问题。本文通过对幼儿园室内情景运动实践的总结,分析了室内情景运动的有效开展策略,从而帮助幼儿园有效推进小班室内情景运动。
>
> **关键词** 室内运动 幼儿园 小班

一、引言

《幼儿园工作规程》中明确指出:幼儿户外活动时间每日不得少于2小时,其中户外体育活动不得少于1小时[1]。为了保证幼儿在园的运动时间不因天气、场地等特殊原因而减少,幼儿园需要开展有效、有趣的室内运动。幼儿园室内运动通常会使用教室、走廊、活动室等室内空间,与户外的活动空间相比,具有较大的局限性。室内活动受室内空间的影响不仅源于教室内的柱子、隔断等,教室内的柜子、钢琴、桌子、椅子等也会对运动产生干扰。开展室内运动并不意味着简单地将室外的器械搬进室内,也不意味着在室内简单地复制户外游戏内容[2]。那么,教师面对空间有限的教室、走廊、活动室时,应如何设置适宜的运动材料与活动内容,在安全的前提下,尽可能在全面地满足幼儿的运动技能需求的同时,让幼儿喜欢室内运动游戏?

作者简介 吴蓉,上海市杨浦区明园村幼儿园,教师,硕士研究生。

二、幼儿园小班幼儿的运动特点

幼儿园小班幼儿的基本动作发展处于较低水平,其基本运动动作包括走、跑、钻、爬、投掷、跳、攀登等。小班幼儿由于年龄小,平衡能力较差,常表现为走路摇摇晃晃,无法双脚离地跳跃等。因此,在设计小班室内运动时,要充分考虑小班幼儿的年龄特点,运动的设计应该遵循简单、有趣、安全的原则。

三、案例实录

案例1:穿越红外线

下雨天,小朋友都在室内运动,教师将桌子摆成了一排,让小朋友攀爬,小朋友玩了几次之后就觉得没意思了,纷纷去其他地方玩其他的运动游戏,教室的桌子就摆在中间,攀爬的小朋友却很少,设有其他运动游戏的区域就变得异常拥挤。怎样才能解决这个问题?桌子有什么其他玩法?除了正过来爬之外,利用桌子还能创设哪些情境?于是教师将桌子倒了过来,设计了一个叫做"穿越红外线"的游戏,让幼儿以"蜘蛛侠"的身份穿越几道关卡,游戏除了可以训练幼儿走、跨的技能,还能训练幼儿匍匐前进的技能,整个运动既富有情境性,又能帮助幼儿提高运动技能。而且也解决了桌子摆放的问题,将桌子玩出了新花样。

案例2:爬小山

在平时的户外运动时,小朋友很喜欢玩平衡攀爬类的游戏。在阴雨天,如何能让幼儿在教室里也能玩到有一定挑战性的室外游戏?为了让幼儿能够很好地参与攀爬这项活动,如何在一条不长的走廊里面满足幼儿攀爬的运动需求?笔者尝试了许多方法,最后准备了一堆有网的轮胎,叠了两层,靠墙摆放,让幼儿尝试在没有教师帮忙的情况下自己爬小山。幼儿一开始不敢自己去爬,一定要让教师拉着他们的手。

从以上两个实录中我们可以看到,在室内运动时,教室里的固定物品会成为幼儿运动时的阻碍,户外的运动材料也无法全部搬运到室内,如何让这些东西既有地方放,又能发挥作用呢?

四、幼儿园小班室内运动的开展策略

1. 充分利用教室与走廊现有的静态材料

挖掘小班幼儿教室室内的空间,充分发挥教室里固定物品(如桌子、椅子)的作用。传统的爬桌子和钻桌子游戏会将桌子全部排成一排,这种做法常会占据从窗口到门口的大量空间,而且也不有趣。因此教师在此基础上拓展出新的玩法,将桌子分为两部分,其中六张桌子还是供幼儿攀爬用,并且与投掷的情节设计在一起,让整个攀爬游戏更富有情境性。另外六张桌子和垫子结合在一起,将桌子倒过来,用粗橡皮筋交错绑在桌腿上,上面挂了铃铛,让幼儿用跨的方法穿越"红外线",然后通往网区,网上也绑满了铃铛。作为一个厉害的"蜘蛛侠",在前行的过程中不能让任何一个铃铛发出声音,跨越"红外线"看起来简单,但不触碰到铃铛这一要求对幼儿来说具有相当高的挑战性,幼儿在这个游戏情景中会小心翼翼地去跨和爬,生怕碰到铃铛,玩得非常开心。

又如案例2爬小山活动中所使用的轮胎,轮胎的摆放位置虽然在室外,但是与幼儿的教室仅有一墙之隔,把轮胎推进来也不会很费力气,早上准备运动器材的时间还是比较紧张的,要做到能够很快地摆放好,以免缩短幼儿的运动时间。

2. 为小班的室内运动创设一定的情境性

教师除了要满足小班幼儿的运动技能需求,还得考虑幼儿喜欢的情境性。另外,在室内和室外运动时,如何利用有效的运动材料,使空间得到更有效的利用,创造出幼儿更喜欢的运动游戏,也是值得教师思考的问题。

布鲁纳曾言:"任何教学形式都没有情景教学来得直观、深刻。"可见,情景化和游戏化的教学方式对于幼儿习得知识、掌握经验、养成习惯等都有良好的促进作用。小班幼儿年龄小,直观形象思维占首要地位,情景化、游戏化的教学更能让幼儿进入情景、进入角色,以游戏的形式轻松地达到教育目标[3]。在运动中也同样如此,在情景化的环境创设中,先让幼儿有一定的情绪体验,然后通过游戏达到锻炼身体的目的。小班幼儿很容易对简单的攀爬或者跳跃游戏失去兴趣,教师如果能在游戏中设计一些简单的情节,原来呆板的游戏就会变得生动起来。如案例1和案例2,教师对运动游戏做了一些简单的情节设计,将跨越桌子与"蜘蛛侠"穿越"红外线"结合起来,将爬轮胎与爬小山情境融合,在这样的情境和角色代入之下,幼儿对游戏的热情明显增加,参与单项室内运动游戏的时间也有所增长。

3. 教师需要考虑运动器械摆放的安全性和有效性

设计运动游戏时要考虑材料的安全性,以及教师的站位。如案例2中轮胎的选择,室外的轮胎分为有网的和无网的两种,考虑到幼儿的能力和安全性,我们选择了有网的大轮胎。一开始我们尝试了交错的叠高方法,发现这对于小班小朋友来说太难了,而且增加了危险系数,于是我们采用了垂直叠高的方法,叠了2个同样高度的"小山",这样幼儿在翻越小山的时候就更加稳当。

教师的站位安排也需要思考,如果几个运动游戏都需要教师在一旁辅助,显然一个教师无法兼顾整个走廊的运动,因此我们将运动游戏物品靠墙摆放,既留有小朋友走路的空间,也可以降低运动难度,幼儿可以用手扶墙,这样教师也可以兼顾其他运动区域的幼儿。对小班幼儿来说,攀爬运动既非常有趣,又对他们具有一定的挑战性。

总之,幼儿园室内运动是幼儿园户外运动的重要补充,儿童的粗大运动、精细运动和运动的平衡与协调直接影响着儿童身体形态发展。因此,教师应在小班室内运动设计中采用较多巧思,以更好地培养儿童运动能力。幼儿园要重视和全面开发利用丰富的室内运动场景,为室内运动创设良好条件,让室内运动成为幼儿园在特殊天气情况下正常进行运动教学的首要途径,以确保幼儿园日常运动活动高效开展,促进儿童身心素质健康发展。

参考文献

[1] 刘占兰. 新《幼儿园工作规程》解读[J]. 今日教育:幼教金刊,2016(4):2.
[2] 汪泓. 幼儿园有效开展室内运动的策略探究[J]. 四川文理学院学报,2015,25(2):4.
[3] 王柱,夏欢. 对布鲁纳"发现教学法"的再认识[J]. 教书育人,2002(1):10-11.

项目化学习视角下的小学自然学科教学探索

◎ 储 超

> **摘　要**　项目化学习让学生透过问题的情境看到问题的本质,在实际问题的探究和解决中,调动和激活相关的经验与知识,产生可迁移的思维方式,并在完成项目的过程中实现对不同学科知识的深度理解,这种模式适用于现行的小学自然学科教学。本文聚焦项目化学习视角下的小学自然学科教学的实践探索,提出将小学自然学科教学与项目化学习相结合的策略,包括:单元整体设计,构建知识体系;创设真实情境,有效问题引导;科学调控分组,合理分配角色;建立课堂制度,创设和谐氛围;注重项目评价,深化学习内容。
>
> **关键词**　项目化学习　小学自然　课堂实践策略

当前,我国基础教育课程改革正在进入一个新的历史阶段,以学生发展核心素养为主线的基础教育课程体系正在不断建设和完善。项目化学习正在逐渐被人们所接受,其关注点从教师在课堂上讲授知识转为学生在真实情境下解决问题。在当今的信息化、全球化、学习型社会,学习的含义不再只是单纯地将知识装进脑袋,而是学习者在面对复杂的情境时,能够持续地综合运用所学的知识、观念、方法去发现自身问题和自主解决问题[1]。

一、项目化学习与小学自然学科教学结合的意义

小学自然是一门综合性较强的课程,其宗旨是培养学生的科学素养,强调以探究为基础,对学生进行科学启蒙。科学探究是学生的学习内容,也是重要的学习方式。而项目化学习正可以将其设计要素融入学科教学,将低阶认知"包裹"入高阶认知,通过项目化学习的设计培育学生的问题解决、元认知、批判性思维、沟通与合作等重要技能,从而提高学生的科学素养。因此,从项目化学习视角下开展小学自然学科教学研究不仅是对传统教学的

作者简介　储超,浦东新区第二中心小学,二级教师。

增强,也能对课程改革起到支持作用。

二、项目化学习视角下小学自然学科教学的策略

1. 单元整体设计,构建知识体系

传统的小学自然学科教学以"灌输式"的教育方式为主,学生只是被动地接受教师传授的知识。在这个过程中,如果学生不是凭借原有的知识和经验,通过与外界互动,主动去思考探究,那么学得再多也意义不大。知识的获取是项目化学习的重要方面,解决真实情境下的问题时,项目化学习是从整体的角度出发进行思考的。在这个过程中,学科或者多学科的知识会被整合,构成学生的知识体系。这一思路与小学自然教学中的单元整体教学不谋而合,这里所说的"单元"是一个教学主题,不仅仅是教材的一个单元,它可以在教材单元的基础上进行调整。在项目化视角下的小学自然教学中,教师可以把单元主题作为项目化学习的核心内容,从单元主题的知识体系出发,形成项目化学习的思维导图,由此学生习得的知识就是网状的,既有联系又层层递进。

以科教版小学《自然》第六册第六单元"种牵牛花"为例。本单元的设计思路是:以牵牛花为载体,帮助学生了解部分植物一生中经历的从种子到种子的变化过程。依据牵牛花的生长发育顺序,本单元设计了三个主题——播种、茎和叶的生长、开花和结果,分三课时完成。三课时的内容有三个不同的侧重点:第一课时,可以着眼于对牵牛花种子的认识,并引导学生明确记录内容。第二课时,可以将重点放在交流观察记录与观察过程中遇到的问题上,从中发现牵牛花生长过程中的变化。第三课时,可以关注对植物生命周期的认识。在项目化学习视角下,我们重新设计了八课时的教学,使该单元的教学成为一个种植牵牛花并搭建自然花园的项目。这一项目化学习促进学生对牵牛花种植、花园设计、土地测量、活动策划与实施等跨学科概念的理解,最终通过学生自己和团队完成满足要求的习得和理解,规划一个花园,然后种植牵牛花和照料花园。重新设计的课时更符合学生认知规律,便于学生主动构建知识网络。

2. 创设真实情境,有效问题引导

小学自然学科的教学涉及"生命科学""物质科学""地球宇宙"和"工程技术"四个板块,教材的内容源于生活,而项目化学习也强调要让学生关注真实的世界,不仅仅是为了让学生深度理解和掌握知识,或者锻炼思维能力,同时也是为了引导学生敬畏自然与生命,学会与自然和谐相处。

项目化学习视角下的自然学科教学,要让学生拥有真实的问题解决经历[2],成为积极的行动者,调动已有的知识经验、能力基础,学习未知的科学概念、技术方法,创造性地解决真实情境中的问题。学生开展项目化学习首先需要明确要解决的问题,教师要让学生进入问题解决的情境,学生将自身和驱动性问题相联系,就会产生主动探索的动力,也就是学习

动机。在项目中学生会表现出多样的认知差异。如第一轮实践中,有的学生在阅读完驱动性问题后仍然毫无头绪,有的学生对于解决问题的思路没有完整概念,只能提出其中一两个小点,也有学生直接设计出了自己的方案,看上去给出了成果,但是并没有经历解决问题的过程。因此,教师需要设计一些引导性的问题,激活学生的已有知识,促进学生产生问题意识,主动地投入项目中去。学生暴露出不同类型的问题后,教师可以组织学生交流这些不同的问题,引导学生对问题进行分解,确定项目的方向和安排项目的进度。

在教学过程中,教师要利用已有资源创设情境,并利用好问题情境形成真实的问题。如在"花园探秘"项目中,师生围绕"如果我是一名生物学家,应如何进行校园栖息地考察"这一驱动问题展开讨论。学生在解决问题的过程中发现校园栖息地内的不同动植物,并掌握一些简单的探究方法。此项目的教学目标是培养学生在当前社会的环保意识,提升学生的科学素养。在整个探究学习中,学生掌握了比较、测量等一系列探究方法,增强了与同学的合作协同能力,亲近大自然并增强了自主学习能力。学生们通过分组的形式进行合作交流,掌握探究方法、获取知识。最后结项时学生展示团队合作探究的成果,可以是一份校园栖息地考察指南,也可以是一场校园栖息地展览。这都是在真实生活中用得到的成果,在整个教学过程中,学生获得了解决真实问题的体验,并经历了知识迁移和创造性运用知识的过程,科学探究能力得到增强。

3. 科学调控分组,合理分配角色

项目化学习中的合作探究是学生在教师支持下共同解决问题的过程。教师根据班级学生人数及学生的性格、气质、性别、兴趣特长、学习能力、知识掌握情况等对分组情况进行适当的调整,使得学生在这些方面可以互相取长补短,共同学习、共同进步。这样小组内的学习氛围会更加融洽,学习效率会得到提高。通过互相启发帮助,学生学会了共事合作的方法。多元而异质的小组能够培养学生更宽容和多样化的视角。

除分组调控外,还有组内的分工调控。项目化学习中,合作小组的各个成员各自要有特定的角色和各自的责任。项目化学习的组员分为两大类角色:认知角色和管理角色。认知角色是指需要特定类型的思维或专业知识的角色,如"环保时装秀"项目中的环保时装设计师、"家庭防疫用品"项目中的模型制作师、"健康茶饮"项目中的茶艺师等。认知角色保证每个人的智力参与,保证每个人得到知识与技能的发展。管理角色是指有助于确保小组成员相互配合的角色,如团队日志记录员、小组讨论计时员、团队日志资料保管员等。管理角色也是必要的,可以提醒每个组员都将注意力集中在项目上,确保每个人了解自己的角色和分工并完成各自的任务。但是管理角色对于项目问题的解决和成果的产出并不是很重要。因此,教师应当注重小组中这两类角色的合理分配,避免学生担任单一的管理角色,确保每个学生都能作为智力性的认知角色作出贡献。

4. 建立课堂制度,创设和谐氛围

项目化学习的自然课堂要同时有安全感和挑战性,因为安全,学生更敢于挑战。在教

学中,教师要尽可能容许学生犯错,鼓励学生质疑和思考,如此,学生在遇到问题时便会坦然接受、分析原因、想办法解决,而不是因为害怕受到嘲笑而逃避。要引导学生包容独特的观点,从不同的角度思考,跳出固有的思维定式来思考问题;勇敢表达自己独特的想法,深入思考对他人提出的问题和建议。

在项目化学习教学实践摸索过程中也会出现小组合作混乱、课堂失控的情况,基于以上几点理想中的课堂氛围,有必要对课堂和小组学习采取制度管理措施。

(1) 课堂规则

教师可以和学生共同制定合适的课堂规则,鼓励学生对课堂规则提出自己的看法,引导学生自我监控。可以用可视化的方式将课堂规则张贴在教室里。随着项目的推进和学生实践的增多,课堂规则将逐渐成为学生的思维和行为习惯,潜移默化地培育学生的学习素养。课堂规则的制定可参考以下内容:提出问题是每个人的学习自由,是会学习的表现;允许自己和他人犯错,不嘲笑他人;真诚地倾听和赞美他人的想法;不过早停止思考;勇敢提出尽可能多的想法;提出自己独特的想法,不人云亦云;将自己的想法建立在他人想法的基础上;不停止追问"怎样可以做得更好";为自己的工作负责任;提出任何观点都要有证据。

(2) 项目任务进度单

在项目实施过程中,每节课后小组会交流讨论并填写项目任务进度单(表1),然后将项目任务进度单公开张贴在教室的项目墙上。学生可以通过每次的反思和交流来推进项目进程。同时通过公开项目进程获得来自其他小组和教师的监督和建议,提升团队学习成效。

表1 "家庭防疫用品"项目任务进度单

时间	任务	问题	解决	负责人
课时一	确定一个要研究的病毒防疫问题和相应产品			
课时二				
课时三	制定一个防疫用品设计方案			
课时四				
课时五	制作一个家庭防疫用品模型			
课时六				
课时七	选择合适的方式发布产品、交流展示			
课时八				

5. 注重项目评价,深化学习内容

在项目化视角下的小学自然教学中,教学与评价应当紧密结合。而在这样的情况下,教师需要积极利用新的方法、新的手段进行评测,教师可以通过试卷测试、学习成果展示、设计相关内容的方案评价表、学习过程记录、组内或组间互评表及学生自我评价表等展开相应的评价[3]。学生在教师的指导下,从项目设计、人员分工、合作交流、操作过程等项目式学习的不同环节进行反思,分析总结,找到成功之处与需要改进之处,这样既提升了学生的学习能力,也切实有效地提高了小学自然项目化教学的效率。

例如,教师可以将量表作为项目化教学的主要评价方法之一。如在"家庭防疫用品"项目中,教师可以设立学生自评、小组互评和教师评价三个栏目(表2)。而依据项目化教学的过程,教师则可以构建目标完成程度、计划简洁程度、方法创新程度等不同的指标。

表2 组员行动评价表

评价维度	学生自评	小组互评	教师评价
学习态度认真、执着、积极、主动(10分)			
能够按项目计划完成分工任务(10分)			
与组员沟通、协作,共同面对问题(10分)			
积极探索,有创新意识,善于利用知识解决实际问题(10分)			
能客观评价他人作品,善于反思、总结、改进(10分)			

当然,在学生的项目化学习结束后,教师还可以通过小组互评来进行输出性评价。在这一过程中,学生小组逐一上台展示自己的成果,在成果展示之后,所有学生以小组为单位选出本组最喜欢的两个作品,得票最多的即为优胜者。在评价过程中,一方面将学生引入评价过程,另一方面在评价中融入多个指标,以此让学生从多个角度反思(表3)。这样,通过合理的评价方法,教师让学生就过程方面进行了反思,这对于学生核心素养的培养和深化学习内容有着重要的作用。

表3 "成果展示"评价量规

评价维度		具体指标	分值(1~5分)
过程展示		能够图文并茂或者以多种形式讲述项目化学习的探究过程,包括遇到的困难和问题等	
模型制作	功能	充分考虑用户特点	
	需求	能够解决用户真实需求	
演讲表现		能正确、清晰地讲解模型设计理念、材料、制作方法等	
小组合作		小组分工明确,配合默契,团队气氛融洽	

综上所述,在如今的信息化、全球化、学习型社会,学习的含义不再只是单纯地将知识装进脑袋,而是学习者在面对复杂的情境时,能够持续地综合运用所学的知识、观念、方法

去发现自身问题和自主解决问题。将项目化学习应用于小学自然教学中，有助于促进小学生解决问题、自主学习和综合学习能力的发展。作为教师，在项目化学习中，重在关注学生的实际学习过程，鼓励学生完成具有挑战性的任务，根据学生学习需要提供必要的学习支架、指导学习策略、及时反馈学习效果并给予有效的评价。

参考文献

［1］巴克教育研究所.项目学习教师指南——21世纪的中学教学法［M］.任伟，译.2版.北京：教育科学出版社，2008.

［2］夏雪梅.项目化学习设计：学习素养视角下的国际与本土实践［M］.北京：教育科学出版社，2018.

［3］张洪波，张胜利，黄娟.基于STEM教育理念的项目式学习模式构建［J］.教育理论与实践，2020，40（20）：56-58.

"双减"背景下小学生数学学习兴趣培养策略研究

◎ 邓小青

> **摘 要** 数学是一门与生活实践紧密联系的学科。随着学习的深入,对学生独立思考、抽象思维能力的要求也进一步提高。教学过程中,教师应努力创设情景,联系生活实践,采用多种教学策略,在相对枯燥的数学学习中激发学生数学学习兴趣,夯实学生数学核心素养。
>
> **关键词** 核心素养 减负提质 学习兴趣

随着国家"双减"政策的落地,减负提质成为义务教育阶段各学科开展教学的要求。在减少学生书面作业和课外辅导的同时,如何进一步提升小学生数学核心素养?笔者认为,在落实"双减"政策、减负提质的同时,必须要关注学生数学学习兴趣的培养。

一、制约学生数学学习兴趣的原因分析

导致学生数学学习成绩跟不上、数学学习兴趣低下的原因不外乎以下四种。

1. 生活经验的缺失

数学源于社会生活实践,是对客观世界的高度概括和抽象。小学数学更是与社会生活紧密相连。但生活经验的缺乏,致使学生不能理解数学与客观世界的联系,从而使数学学习与生活割裂开来。如三年级数学教材中"年、月、日"这一章内容,有些学生就不能很好地理解和应用。

2. 阅读理解能力的欠缺

随着学习的深入,数学学习对于学生对数学题目的理解能力的要求也相应提高,学生要从一段较长的文字中提取有效的数学信息,在充分理解题干的基础上进行思考。如四年

作者简介 邓小青,广东省深圳市光明区百花实验学校,教研处主任,学士。

级学习的奥运中的数学等,用一段较长文字创设一个问题情境,给学生造成较大的学习压力。

3. 学习方法不当

学习数学的方法与学习语文、英语的方法是不同的,许多学生像学习语文、英语学科那样来学习数学是非常不恰当的。在数学学习中,普遍存在忽略过程重视计算结果的现象。学生想当然的思考方式和不愿动脑、动笔的学习习惯是学习数学的莫大障碍。

4. 学习动力的欠缺

学习动力的来源非常多,有来自教师的鼓励、家长的肯定,以及学生的自我学习意识等。但是,当下学生面对的诱惑也非常多,如在智能手机、电脑游戏、电视等上面消耗了较多精力,在学习上花费的精力则能省就省。但数学学习如仅仅依靠学生的那点好奇心是远远不够的。有些家长忙于自己的工作,使孩子的学习处于过于放松的状态;还有一些家长认为小学阶段不必过于关注孩子的学习习惯和学习兴趣的培养。

基于上述原因,培养学生数学学习习惯,提升学生数学学习兴趣,成了数学教学的当务之急。

二、培养学生数学学习兴趣策略

1. 丰富小学生生活经验

生活是数学学习的起点,也是数学学习的归宿。教师在教学过程中,应巧设生活教学情景、模拟生活场景开展教学。如教师可借助多媒体技术模拟生活场景,通过游戏、角色扮演、故事叙述等方法,围绕教学目标制定教学方案。让学生通过生活场景的体验,从生活出发,发现数学问题、分析数学问题和解决数学问题,从而提高学生的数学综合素养。在生活情景探究过程中,激发学生学习兴趣和探究欲望,促使学生主动联系生活实践,积累经验,夯实学习基础。

2. 培养良好的数学阅读习惯

阅读是学习的起点,良好的阅读理解能力是学习数学的前提条件。首先,阅读能够使学生增长生活经验,积累生活素材,有助于学生时空想象能力发展,培养学生独立思考和问题分析能力。其次,阅读能力的提升有助于学生思维能力的发展。心理学家研究表明,语言和文字是思维的载体,语言既是思维的表达方式,又是思维建构的工具[1]。阅读能力的提升和阅读技巧的掌握,有助于学生厘清数学问题的结构。如对分数乘、除法意义的理解,用分数或百分数解应用题等,弄清楚题干中的基本结构,才能更好地开展教学。再如,在学习四年级下册中列方程解应用题时,学生应充分理解题目结构,找出题中的等量关系,再根据等量关系列方程解答应用题。

3. 保护学生的数学好奇心

幼儿学会说话后,对世界充满着无限好奇,总能提出让父母觉得不可思议的问题。好奇心是学生产生问题的源泉,教师要在课堂教学过程中灵活应用数学情景,巧设数学问题,通过问题来激发学生的学习兴趣[2]。在对具体问题的思考中,学生将所学的数学知识灵活运用起来,这样不仅能夯实学生数学基础,还能拓展学生的思维,提升学生观察、发现、分析和解决问题的内驱力,激发学生学习数学的兴趣。因此,在课堂教学中,教师要有意识地重视学生在学习过程中所展现出来的好奇心,激发其进一步思考,以问题驱动,培养学生对客观世界的热情。

4. 关注学生的学习情绪

教师应关注学生的学习情绪,多鼓励、慎批评,帮助学生找到学习数学的信心,使学生在自我肯定中培养学习数学的兴趣。有些学生之所以觉得数学难学,就是因为他们在学习数学的过程中碰到的困难没有得到及时解决[3]。这些困难如长期积累,就将成为学生数学学习中的阻碍,学生可能从此跟不上课堂教学的正常节奏,从而对数学学习失去信心。教师应关注学生的作业、考试、学科比赛活动等,及时发现问题,主动与学生沟通,鼓励学生正确对待数学学习上的困难,帮助学生掌握方法,正确看待自己的学习现状,激发学生的进取之心[4]。

教师应积极培养学生自我效能感,增强学生学习的信心,鼓励学生克服数学学习上遇到的每一个困难。通过有梯度的教学设计、分层次教学策略,让每一个学生都能学到有用的数学知识,感受到数学的魅力,体验到数学学习带来的成就感。

5. 制定多种教学策略

数学是对现实生活的描述,是以特有的数学语言对客观世界进行的抽象。因此,增强数学教学的直观性、趣味性是提升学生数学学习效果的重要方法。教师应创新教学方法,使学生对数学产生兴趣,提升学习数学的自主性和积极性。如计算教学,利用学生争强好胜的心理,教师可以通过开展一系列比赛活动来提升学生的计算速度和正确率。教师应灵活应用多媒体技术辅助教学,如在讲解圆的面积、圆柱的体积时,借助多媒体技术,清晰展现这些几何知识计算原理的推导过程。教师还可以制作微课,吸引学生的兴趣。教师应设计让学生动手的实践性课堂教学环节,如在教授分数的意义、分数加减乘除算理时,画图实践是一种非常重要且有效的方法。在教授质量单位、面积单位、长度单位等在生活中经常应用的数学知识时,实践活动就更显示出其独特的价值。

6. 开展积极有效的评价

积极有效的评价是学生产生学习兴趣的催化剂。什么样的评价才是恰当中肯的呢?笔者认为,积极有效的评价应遵循三个原则:多一些肯定评价,少一些否定评价;多一些过程评价,少一些结果评价;多一些努力行为评价,少一些人格评价。教师应采用行之有效的评价方式,以促进班级整体学习氛围提升和增强学生数学学习兴趣为目的,多从学生心理发展角度出发,开展一系列的评比活动、竞赛活动或数学实践活动等,打造良好的数学学习集体氛围,提升学生数学学习的内驱力。

  学习兴趣的培养能够帮助学生自愿主动地参与学习,数学学习离不开兴趣的支撑。在教学中,教师要时刻关注学生的学习状态,帮助学生克服学习上的畏难情绪,及时采取有效的教学策略,用新颖、创新的形式来感染学生,激发学生数学学习兴趣。教师要使学生养成良好的学习习惯,并鼓励学生参与数学教学活动,发挥学生自身的学习主动性,从而提高学生数学学习效率。数学教学应以兴趣激发为引领,把数学核心素养落实在每一节数学课和每一个数学活动中。

参考文献

[1] 列夫·维果茨基. 思维与语言[M]. 李维,译. 北京:北京大学出版社,2010.

[2] 张荣松. 小学数学学习兴趣的培养方法探析[J]. 试题与研究,2022(1):184-185.

[3] 彭凯平. 孩子的品格[M]. 北京:中信出版集团,2021:37-59.

[4] 杨闻,闫希刚. 小学高年级数学学习兴趣培养的策略研究[J]. 试题与研究,2020(1):70.

中小学生理想教育的"三切入点"模式

◎ 江平萍

> **摘　要**　中小学生是未来"共产主义建设者",对他们的理想教育须受到重视。为此,以思想政治教育为切入点,以思想政治教育作为应对,来增强未来"共产主义建设者"的理想辨别力、理想教育有效性;以平行四边形对角线的"历史合力"教学为切入点,讲好平行四边形对角线及"历史合力"有关的人物、知识和启示;以班会为切入点,通过问题导入,讲好理想与历史合力的联系,通过实操带动,画好理想与"历史合力"的平行四边形对角线示意图,通过总结升华,提升理想境界及增强理想的辐射力,开好"理想与历史合力"主题班会。"三切入点"为未来"共产主义建设者"理想教育构建了可借鉴的微观教育模式。
>
> **关键词**　未来"共产主义建设者"　中小学生　理想教育

"我们是共产主义接班人,继承革命先辈的光荣传统,爱祖国,爱人民……顽强学习,坚决斗争,向着胜利,勇敢前进……为着理想,勇敢前进……"每个中国人在小学阶段就对《我们是共产主义接班人》这首歌曲非常熟悉。"共产主义接班人"这一称谓在不同历史时期有不同的含义。在革命时期,"共产主义接班人"指的是为建立新中国,实现民族独立、人民当家作主,向着新民主主义革命胜利勇敢前进的革命者,即歌词中"向着胜利,勇敢前进"的"共产主义革命者";在中国特色社会主义建设时期,"共产主义接班人"指的是为了建设中国特色社会主义,实现中华民族伟大复兴中国梦,实现中国特色社会主义共同理想和共产主义远大理想勇敢前进的建设者,即歌词中"为着理想,勇敢前进"的"共产主义建设者"。如果说"共产主义事业的建设者是平凡却生动的群众"[1],那么中小学生则是未来"共产主义建设者"的平凡而生动的主力军。中小学生的理想是主力军战斗力生生不息的内在根本。"中小学阶段是青少年世界观、人生观、价值观形成的重要时期"[2],也是共产主义远大理想树立的重要时期。因此,抓好作为"共产主义建设者"的中小学生的理想教育至关重

作者简介　江平萍,江西省婺源县江湾中心小学一级教师。

要。一方面要从大处抓好思想政治教育,另一方面要从小处抓好具体学科的理想教育和班会的组织。

一、未来"共产主义建设者"理想教育的思想政治教育应对

未来"共产主义建设者"是共产主义奋斗目标的直接奋斗者、承担者、实现者,是置身共产主义伟大事业的局内人,而不是置身事外的共产主义排班人。作为未来"共产主义建设者"的中小学生,要继承革命先辈的光荣传统,在内心深处牢固树立共产主义理想,需要通过接受思想政治教育来应对社会思潮多元化的社会环境。

1. 通过思想政治教育来增强未来"共产主义建设者"对理想的辨别力

未来"共产主义建设者"对理想的辨别力决定了他们的未来发展方向。"随着市场经济的发展以及人们物质生活水平的提高,以往单一、同质的价值文化社会结构被打破,宽松、自由的社会环境为中小学生提供了更多价值认识和价值选择的机会。"[3]这样的社会环境容易导致未来"共产主义建设者"出现思想混乱和对理想感到迷茫的情况。为此,应该加大马克思主义理想教育力度,引导中小学生用马克思主义立场、观点和方法分析思潮多元化的社会环境。通过摆事实、讲道理来加强党情国情教育,抵制历史虚无主义、民主社会主义、新自由主义、普适价值论、消费主义、泛娱乐主义等错误思潮。应该强化共产主义方向意识、未来"共产主义建设者"主动意识,有效提升正确理想对多元化社会思潮下的社会环境的辐射力、向心力和引导力,扎实推进习近平新时代中国特色社会主义思想在未来"共产主义建设者"中的传播,提升他们对理想相关理论的认知和认同。

2. 通过思想政治教育来提高未来"共产主义建设者"理想教育的有效性

一是要把握好未来"共产主义建设者"的思想特征,转变思想政治教育方式,提升理想教育的吸引力。为此,要转变传统的单纯以说教和单向灌输为主要方式的思想政治教育模式,通过微博、微信、微电影等载体,以讲演、讨论、辩论等形式,实现与未来"共产主义建设者"的实时互动、平等对话,激发其学习热情。二是借鉴"大思政"思维,整合多元主体,提升理想教育的整合力。为此,要整合大中小学思想政治理论课教师、其他各科专业教师和其他人员的力量,着力打造多方共同参与的"理想教育生态圈"。可以与社会各部门合作,通过购买服务建设一批思想与技术高度融合的主流宣传网站和网络文化产品,做好对未来"共产主义建设者"的正面引导。要通过实时收集未来"共产主义建设者"的互动交流信息,运用大数据分析他们的思想状况,变被动为主动,有针对性地对未来"共产主义建设者"关注的社会思潮进行解读和引导,进而优化调整对他们实施理想教育的内容、路径和方式。

对中小学生进行有关"共产主义建设者"理想的思想政治教育,在某种意义上是必要的。它有利于突出思想政治教育的地位,凸显思想政治教育集中式、专题化、理论化教育的优势,有利于中小学生有关思想、品德、政治等课程的学习。但是,一味地强调思想政治教

育也会给中小学生带来乏味感,不符合他们的心理特点。同时,中小学教育是一种基础教育,是为未来教育打好广泛而扎实的基础的综合性教育。因此,中小学生的综合素质,尤其是核心素养成为基础教育的重中之重。而各科课程便是中小学生形成核心素养的主要载体。如何通过各科课程的教学来有效地对作为未来"共产主义建设者"的中小学生进行理想教育?一方面要挖掘各科课程中的理想教育因素,另一方面要让理想教育因素"活"在学生当中。一般认为,带有文科性质的课程比较容易挖掘出理想教育因素,而理科性质的课程则较难。但笔者认为,只要有"挖掘"的理想,从理科性质的课程中也能挖掘出理想教育因素。"理想教育有别于一般的知识性或技能型教育,不因课程结束而终结,不因知识技能获得而终止"[4],因而要将理想教育延伸到其他各科课程的学习和课程之外的活动中。下面,笔者以数学课程中的平行四边形教学为例,挖掘出"历史合力"这一概念,然后将"历史合力"与理想结合于一堂班会课的组织。

二、通过平行四边形对角线讲好"历史合力"

平行四边形对角线是基础教育中的一个具有广泛应用价值的知识点,存在于几何这一部分的数学教学中,也存在于力的合成这一部分的物理教学中。"历史合力"这一概念是马克思主义理论中历史唯物主义的一个重要概念,也是思想政治理论课中的一个重要知识点。数学几何教学中的平行四边形对角线与物理力学中的教学结合已经比较普遍,然而将平行四边形对角线与"历史合力"相结合的教学较少。中小学思想政治理论课一体化包括纵向一体化和横向一体化,平行四边形对角线与"历史合力"的结合是纵横两向一体化的典范。那么,如何通过平行四边形对角线讲好"历史合力"?笔者认为应着重讲好以下三方面。

1. 讲好平行四边形对角线和"历史合力"有关人物

一切思想理论都是人的思想理论。因此,要准确把握一种思想理论,首先要了解这种思想理论的提出者、坚信者、弘扬者,包括他们的生平、著作、论述、理想、品格,等等。根据基础教育中学生的心理、思维及知识准备、兴趣爱好等特点讲好有关人物,比一味地就思想理论讲思想理论,要有效得多。平行四边形对角线是物理力学的一个分析工具,力的合成也遵循平行四边形对角线蕴含的规律。因此,教师可以挖掘力学领域伟大人物的事迹,以此为学生学习平行四边形对角线之外的知识树立良好的学习榜样。例如,可以介绍提出力学三大定律的伟大物理学家牛顿。恩格斯在《致约瑟夫·布洛赫》中指出:"有无数个力的平行四边形,由此就产生出一个合力,即历史结果。"[5]这里的历史结果就是由各种力合成的。恩格斯是马克思的挚友,因此,教师可以讲解马克思、恩格斯的为无产阶级革命事业奋斗的精神,以及他们在学习上不偏科,全面发展的学习态度。

2. 讲好平行四边形对角线和"历史合力"有关知识

首先,讲好平行四边形对角线和"历史合力"的概念。平行四边形对角线包含"点""线""夹角""箭头"(用符号表示就是:→)这些元素。通俗地讲,"历史合力"即:人类社会历史的发展不以个人的主观想法为转移,而是人类社会中无数人的想法综合而成的结果,这一结果既不完全符合每个人的想法,又不脱离每个人的想法。其次,讲好平行四边形对角线和"历史合力"的联系。采用比喻方法,形象巧妙地对应好平行四边形对角线和"历史合力"中的各个构成元素。例如:"点"对应"单个人";"线"对应人的"理想";"线的长短"对应人"勤奋的强弱","线"越长表示人越勤奋;"夹角"对应人的"理想的差别度","夹角"越大表示人的"理想"差别越大;"对角线"对应"历史合力"。

3. 讲好平行四边形对角线和"历史合力"有关启示

首先,讲好平行四边形对角线和"历史合力"给学习带来启示。各门学科的发展在不断综合中分化,在不断分化中综合。基础教育是人一生所受教育的主要部分,奠定了今后学习的基础。只有"打破学科之间的界限,理顺其关系,才能在教学实践中实现课程协同,促进学生知识与经验提升"[6]。被称为百科全书式天才的牛顿,广闻博识的思想家、哲学家、历史学家、革命家马克思和恩格斯,是全面发展的学习者,是学生学习的榜样。从平行四边形对角线到"历史合力"是从理科到文科的具体案例。因此,学生应认真学习语文、数学、英语、历史、地理、化学、物理等各门学科。其次,讲好平行四边形对角线和"历史合力"给班级管理带来启示。新时代班级的有效管理离不开班级成员的广泛参与。每一个班级成员的想法都是平行四边形的一条"线",每一个班级成员的成长经历、思想意识、认知特点、努力程度、先天因素等,决定了"线"的长短及方向,全体班级成员总的想法就是平行四边形的对角线。因此,全体班级成员总的想法的产生是科学的,既不是每个成员想法的简单相加,又不脱离每个成员的想法。最后,讲好平行四边形对角线和"历史合力"给思想政治教育带来启示。通过平行四边形对角线讲解"历史合力",从而讲解历史唯物主义,讲解"历史合力"中的中国特色社会主义民主,也能以此使学生明白集体中每个人的想法与集体决策的结果难以达成绝对一致,从而有利于人际关系的和谐。

三、以"理想与历史合力"为主题开展好班会

班会是在班主任指导下,以班级为单位,围绕一个主题开展的全班性活动,是在学校各科课程教学之外的班级和学校集体活动中最重要的活动之一。显然,班会是一种活动,但是不能将班会的意义简单理解为为了活动而活动,班会还要有教育性,最好能同时"增强教育的趣味性和实效性"[7]。正因为如此,教师需要像对待各门学科课程教学一样,事前精心设计班会。所以,班会一般也被称为"班会课"。

1. 以问题导入,讲好理想与"历史合力"的联系

问题是事物发展的逻辑起点,蕴含着问题的背景、解决思路和结果,直接推动事物的发展。班会的开展除了要完成规定的教育性任务之外,还要解决或有助于解决中小学生在家庭、学校、社会的学习生活中面临的各种各样问题。在提出和解决问题的过程中,每前进一步,学生的发展就向前一步。以问题为导入能有效提高班会的实效性和针对性。首先,应设置好问题。好问题的标准有三点:一是问题要具体明确。模棱两可的问题等于没有问题,不但起不了问题本该有的作用,还有可能误导学生,使正向教育的效果大打折扣。二是问题要难易适中。问题太难,难过学生能力之所及,则会浪费学生的时间和精力,挫伤学生的积极性;问题太易,易过学生能力之所余,则有侮辱学生智商之嫌,也会挫伤学生的积极性。而处在学生最近发展区范围之内的问题难易适中,能够调动学生思考的积极性,促进学生发展。三是问题要激发学生积极思考。简单的客观题或内容固定的选择题,虽然能促进学生的积极思考,但不利于学生发散性思维的培养,"最好是真实生活中的问题或学生好奇的问题"[8]。基于以上三点,可以提出以下问题:前面讲到了通过思想政治教育来讲授未来"共产主义建设者"理想教育和平行四边形对角线中的"历史合力"的相关内容,请学生以组为单位思考"为什么有些人的理想难以实现"?然后派代表回答。学生回答后,教师总结并顺势提出问题:"谁能用示意图表示有些人的理想难以实现的原理?"其次,应讲好理想与"历史合力"的联系。在"为什么有些人的理想难以实现"这一问题中,学生会给出诸如理想脱离实际、不够努力、先天因素等答案。但是,这一问题背后涉及理想与"历史合力"的联系。理想与"历史合力"是通过平行四边形对角线连接的。为此,要帮助学生回顾之前讲过的平行四边形对角线与"历史合力"的相关内容。在此基础上讲好理想与平行四边形及其对角线的联系。这是一个由理论抽象到具体形象的转化过程。"理想"是理论抽象的概念,涉及个人理想、共同理想、远大理想、生活理想、职业理想、道德理想、近期理想、中期理想、远期理想。个人的不同理想形成的平行四边形对角线就是理想的"历史合力"。

2. 以实操带动,画好理想与"历史合力"的平行四边形对角线示意图

综合素质培养下中小学生能力是指动眼、动脑、动手的综合能力。实际操作中,这一环节是动眼和动脑所得结果在"手"上功夫的运用和检验。在画好理想与"历史合力"的平行四边形对角线示意图的实际操作过程中,要根据平行四边形对角线原理画出理想的不同"历史合力"(图1)。

图1(a)中,线 A 和线 B 分别表示两个人,线的长短表示为实现个人理想付出的努力和先天因素,越长则表示付出的努力越多。箭头表示个人理想的方向和目标。线与线形成的夹角表示理想差,即理想的差异性。线 A 和线 B 形成的夹角表示两人理想的差异性。具有不同个人理想且为理想付出不同程度的努力的两人形成了线 C 这一共同理想。线 C 是以线 A 和线 B 为边形成的平行四边形的对角线,即线 A 和线 B 的"历史合力"。线 C 的方向指导着线 A 和线 B 的方向。这样,线 A 和线 C、线 B 和线 C 之间形成的夹角表示两个人的

个人理想与共同理想不完全一致。可见,共同理想不是个人理想的简单相加。

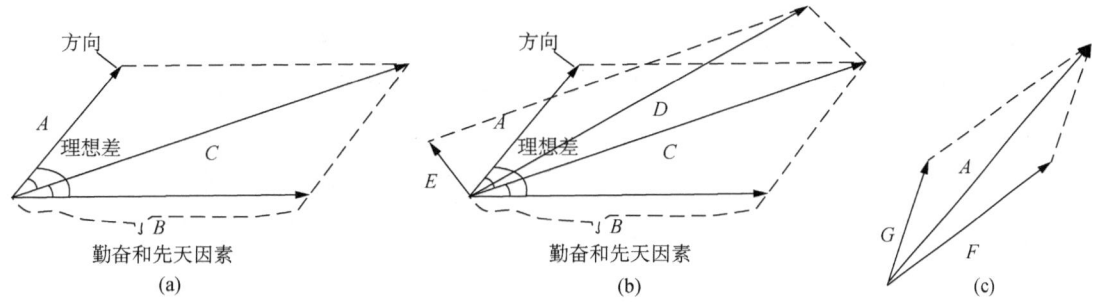

图 1　理想与"历史合力"平行四边形对角线示意图

图 1(b)表示线 A、线 B、线 E 三个人形成共同理想线 D 的过程。由图 1(a)可知,线 A 和线 B 两人的共同理想为线 C。共同理想线 D 则是以线 C 和线 E 为边的平行四边形的对角线,即线 E 和线 C 的"历史合力",或线 A、线 B、线 E 的"历史合力"。

图 1(c)中,线 A 这一个人的理想看可被看作线 G 和线 F 两人的共同理想。

由图 1(a)、图 1(b)、图 1(c)可知,个人理想和共同理想在一定条件下可以相互转化。

3. 以总结升华,提升理想境界及增强理想的辐射力

班会的最后总结不仅要提炼概括已经学过的知识,还要通过量的积累达到质的飞跃。在总结"理想与历史合力"这一主题时要注意以下两点。一是总结理想的层次,提升学生的理想境界。从纵向上由低到高划分,理想可以划分为个人理想、家庭理想、社会理想、国家理想和人类理想。根据平行四边形对角线原理,后一层次理想是无数个前一层次理想的对角线的"历史合力",并指导着无数个前一层次理想的方向。每一层次理想本身也是共同理想,是无数个本层次理想的对角线的"历史合力",并指导着无数个本层次理想的方向。处在最高层次的人类理想是无数个人理想、家庭理想、社会理想、国家理想的对角线的"历史合力",并指导着它们的方向,但归根结底是无数个个人理想的对角线的"历史合力",并指导着无数个个人理想的方向。这一人类理想就是共产主义远大理想,在当下体现为构建人类命运共同体,"而构建人类命运共同体,继承和发展'历史合力论'的人民立场、思想内容、价值理念和科学方法,是'历史合力论'在解决全球问题、促进共同发展实践中的生动展开和具体运用"[9]。以上启示我们:在树立个人理想并决定为之努力奋斗时,要保持个人理想的方向与家庭、社会、国家和人类理想大体一致,与社会发展趋势、国家发展目标、人类发展愿景相一致。当个人理想方向与家庭、社会、国家和人类理想不一致时,要及时纠偏。就中小学生而言,抓好个人学业是他们的个人理想;不辜负父母的期望且家庭和睦是他们的家庭理想;积极健康的校内外社会环境是他们的社会理想;建设好中国特色社会主义,实现中华民族伟大复兴中国梦是他们的国家理想;做好未来"共产主义建设者",实现共产主义是他们远大的人类理想。二是总结理想的运用领域,增强理想的辐射力。理想与"历史合力"

的平行四边形对角线示意图是平行四边形对角线原理在"理想"问题上的应用。实际上,平行四边形对角线原理也可以运用在其他领域。以班级决策为例,假如某个班级要组织一次活动,需要每个学生献计献策,由于每个学生情况不一样,他们的想法也就不一样,如何形成班级统一的决策?一般做法是少数服从多数。这种方法虽然简单有效,但部分学生还是会"口服心不服"。此时,可考虑通过平行四边形对角线原理形成一个"历史合力"意义上的决策。再以人民代表大会制度为例,人民代表大会制度的民主集中制原则实际上也是一种少数服从多数的原则。通过这些讲解,把"理想"主题辐射到日常生活中,增强"理想"的辐射力。

综上所述,以思想政治教育、平行四边形对角线的"历史合力"教学、班会为切入点,探讨对作为未来"共产主义建设者"的中小学生的理想教育是一次挖掘各科课程的理想教育资源的微型探索,是对分科教学的弊端的反思和对全科教学的尝试,也是理论层面的以理想教育为内容的课堂思想政治教育与实践层面的以理想与"历史合力"为主题的课外班会的完美结合,对中小学各科课程的思想政治教育化有一定的启示意义。

参考文献

[1] 刘清泉.共产主义事业应是平凡而生动的——重读列宁《伟大的创举》[N].学习时报,2020-04-08(5).
[2] 吴梅芳.加强中小学教师思想政治教育工作[N].学习时报,2020-05-27(2).
[3] 秦晶晶.中小学生价值观的问题及其培育[J].教育理论与实践,2020(1):46.
[4] 郭彦瑞.教学中渗透理想教育的途径[J].思想政治课教学,2017(9):35.
[5] 中共中央马克思恩格斯列宁斯大林著作编译局.马克思恩格斯选集(第4卷)[M].北京:人民出版社,1995:696.
[6] 陈兴有,白玉民,杨长富.国内基础教育课程结构的变革与反思[J].中国教育学刊,2020(S1):22.
[7] 戎静."模块化"主题班会在新时代德育工作中的价值[J].中国教育学刊,2020(S1):163.
[8] 张丹,于国文."观念统领"的单元教学:促进学生的理解与迁移[J].课程·教材·教法,2020(5):116.
[9] 周银珍."历史合力论"与"人类命运共同体"构建研究[J].广西民族研究,2020(3):45.

爱国主义教育综合实践活动的教学反思与经验借鉴*

◎ 谌凤山

> **摘 要** 笔者以编辑爱国主义手抄报为综合实践活动课的形式,分两个课时实施了爱国主义示范课教学。虽然达到了上示范课的预期,但仍觉得该次实践活动课存在诸多不足。首先,应该改善"教"与"学"的底层逻辑,达成思想观念的价值共识,并运用双向思维、双层思维,促进教师和学生对话互动,以达到和谐共济、和合共生的效果。其次,应放弃"历史科学认识论"的教学论,秉承"社会生活认识论"的教学观,引导学生用历史事实解释社会现象,理解当今中国社会的历史选择和爱国主义文化的传承逻辑,让学生在对爱国主义历史的理解中实现对爱国主义思想的自我理解。最后,借助爱国主义实践及批判性思维的中介,助力青少年学生从爱国主义知性向爱国主义理性发展,最终建立起爱国主义思想信仰。
>
> **关键词** 爱国主义教育 综合实践 教学反思 经验借鉴

作为一名历史教研员,率先贯彻《新时代爱国主义教育实施纲要》,培养青少年爱国主义精神,既是本职工作使然,也是家国情怀的彰显。为此,笔者选择七年级学生作为上课对象,以编辑爱国主义手抄报为综合实践活动课的形式,分两个课时实施爱国主义示范课教学。第一课时主要向学生讲解爱国主义手抄报的编辑意义、构成要素、版面设计、制作步骤、排版方法、美化装饰,以及爱国主义资料的收集、整理、书写等,最后布置编辑任务。第二课时主要是鉴赏、评析,诠释什么是爱国主义、为什么爱国,以及怎样爱国。本次活动的重点是爱国手抄报的鉴赏评析,难点是如何培育爱国主义精神。为突破重难点,将第二课时分为五个环节:一是教师示范鉴赏两张网上习作,教会学生赏析、评价的方法和思路;二

---

* 本文为怀化市教育科学研究"十三五"规划市级重点课题"中学历史教育践行新时代'高势位'爱国主义核心价值观"(项目编号:HHS20JK006)的阶段性研究成果。

作者简介 谌凤山,湖南省怀化市洪江区教育研究室教研员,中学高级教师,主要从事中学政治、历史、地理教育教学研究及德育、心理学、教材教法研究。

是分组鉴赏、评价与评比,目的是让组内同学取长补短、提高爱国意识,同时检测编辑任务完成情况,提高实践活动的参与度、合作度;三是各小组依据标准,开展自评、他评及组际互评,宣布评比结果,给予每组两个最优作品以一支笔的物质奖励和精神表彰;四是在学生评比结果出来后,教师抽取两张学生习作,给予总结性综合鉴赏评析,深化学生的思想认识;五是使学生通过编辑、鉴赏关于岳飞"精忠报国"、戚继光抗倭、郑成功收复台湾等爱国事迹的手抄报,升华爱国主义信仰,激扬爱国之情,树立报国之志,筑牢强国之心。该次实践活动课,达到了上示范课的预期,引发了爱国主义教育热情,并激励了教师探索新的教育形式,克服爱国主义教育低效的问题,但在教的逻辑与学的逻辑、学科逻辑与实践逻辑、理论逻辑与信仰逻辑方面,存在诸多说不清、道不明的欠缺。

一、教的逻辑与学的逻辑难以共生

上课之前,笔者一直在思考,到底该为师生们上一堂什么样的课?是按一线教师的教学进度上一堂"新课"?还是为初三学生上一堂"复习课"?抑或为某班学生上一堂历史小论文写作指导课?经与一线个别教师交流及自己反复权衡后,笔者觉得这些并不是头等大事,重要的是如何贯彻立德树人、以文"化"人的育人宗旨。特别在西方遏制中国崛起的当下,强基固本,夯实扎牢爱国主义篱笆,成为笔者施教的逻辑首选,再结合平时下校听课调研得知的教师重知识灌输应试、轻实践创新能力培养的情况,决意开展综合实践活动课的教学。对应上级"示范"的要求,从不奢望上得多么出彩,但至少要突出"以学定教"的理念,以树立以家国情怀、自主发展、创新实践等核心素养的培养为重点教学方向。最后,将示范课教学的逻辑框架确定为:以立德树人为经线,培养学生的爱国主义核心价值观;以自主发展为纬线,培育学生的综合创新实践能力。

让笔者感喟的是,上课伊始,"教"与"学"的隔膜与抵牾,就已埋伏在课堂上,时隐时现地干扰实践活动,让人感到若有芒刺在背。

首先,逻辑起点分裂错位。面向全体学生,面向人的全面发展,是笔者从事教育工作的出发点,总企望受教育者具备适应终身发展和社会发展需要的必备品格和关键能力。但是,愿望是美好的,现实是"骨感"的。在第一课时"直观感知,初步认识"环节,让学生谈一谈"爱国手抄报编辑意义"时,学生很不配合,不是无从下口,就是胡说抵触,感觉学生压根没有"学"的动力和热情,听到最好的回答是"长知识""增才干",最差的回答是"不会""不知道""问我干什么"等。可以说,这些口不择言的学生没有"学"的准备和欲望,根本不知道"为何而学""学有何用"。这种被刺的感觉,让笔者猛然意识到,课堂上之所以会出现"熊孩子"现象,根源在于"教的逻辑"与"学的逻辑"分裂错位,即,"教"的起点很高,高到了"云端",而"学"的起点很低,低到了"尘埃",两者没法调适到同一个频道上。随着时间的推进,这道裂痕像东非大裂谷那样,裂变得非常深、非常宽,以致生成了两岸不同的风景:一边是滔滔不绝,倾其所能;一边是昏昏欲睡,不在状态。

其次,逻辑发展无法靠近。说实话,笔者总想把示范课上得"高、大、上"一些,以合乎当今课改理念。由于急功心切,忘记教授一些陈述性知识,如爱国手抄报的主要组成要素(如刊头、报名、正文、插图、花边等),以及一些设计、排版、美化等知识。同时,也没必要每个环节都让学生合作探究,只要求学生以一定的形式将这些"是什么"的知识表征在认知结构中,稍后检查学生是否能够掌握这些陈述性知识即可。或许过于看重手抄报制作步骤、版面设计、书写排版等比陈述性知识高一层阶的程序性知识,即"怎么设计""怎么制作""怎么排版""怎么美编"等问题,将大量课堂时间花费在"编辑实践"系列较长的程序性知识上,虽然突出了教学的重难点,但由于没有为学生提供正反情境及集中与分散练习的时间,更没有对陈述性知识进行检查与反馈,造成学生对爱国主义手抄报理解不充分,影响了学生在后一个环节编码、提取关键信息的能力。如,学生不理解刊头与报名、正文与插图、主题与标题、整体与局部的关系。笔者偏重"怎么办"的程序性知识,可由于没有让学生在草稿纸上运用规则"操练",纯粹纸上谈兵,使课堂形式重于内容,教法重于学法。总之,这节"理论课","教的逻辑"获得了某种程度的"展示",但"学的逻辑"则被主宰、阉割了,导致学生学的积极性不高,课堂由本应越教越近的"相向而行"关系变成了渐行渐远的"同向而行"关系,甚至是南辕北辙的相背关系,两者怎么"捏"都无法"捏"到一块。

再次,互动效果不如人意。第一课时本应给学生预留足够多的技能训练与现场指导时间,以促进学生将新习得的规则应用于新情境,做到一见到相似的条件就能做出"怎么办"的反应。然而,在学生参与不充分的情况下,笔者课前让学生"多做""多说""多思"的预设,被急躁不安的情绪挤压变形,变成一种表演仪式而被去中心化。为什么会出现这种"违背初心"的现象?症结在于:"学的逻辑"不是"教的逻辑",特别是教师心中"学的逻辑"与学生实际"学的逻辑"不完全重叠,两套"学的逻辑"在运行过程中互相牵制、互相忽视,无法完全相融共生,影响课堂效度。真正"学的逻辑"只有一种,那就是学生内在的觉醒的自我发出"我要学""我会学""我乐学"的心声并做出相应行为。从"学的结果"看,在笔者规定上交"爱国主义手抄报"第一时间内,不管其作品优劣,班上 43 个学生,只有 34 个学生完成了编辑作业;在笔者第二次约定的时间内,有 4 个学生象征性地补交了手抄报;在笔者上第二课前夕,有 2 个学生勉强补交了作品,但仍有 3 个学生没有任何"表示",拖欠"拒交"。我约谈了这 3 个学生,他们都缄口不语,任凭问责。

勿庸置疑,"教"与"学"耦合,是一件非常难的事。因为,两者隶属不同的逻辑主体,各有各的思想和态度。但两者并不是不能"调和",仍存共生共荣的可能。将潜在的"可能"转变为现实的"能",关键在于两个主体愿意改善底层逻辑。就逻辑起点而言,首先是彼此尊重,相互理解,相互包容,达成价值观念的共识,为"教"与"学"打开通往正知、正见、正行的大门,避免底层逻辑的对立冲突,为课堂营造教学相长的氛围。就两个逻辑的运用看,务必使课堂由"单层思维"向"双层思维"转轨。教师作为课堂的主导方,应具备"等待花开"的耐心,努力调控"教的逻辑",使"教的逻辑"切合学生"学的逻辑",当两个逻辑相左时,应立即站在学生的立场上,设身处地反问自己,教的出发点是否以学的出发点为出发点。恰如让·皮亚杰(Jean Piaget)所言:"就智育而论,关键的问题就是儿童逻辑的问题。"[1]邹韬奋就两个逻辑的转换,有过切身体会。他说:"我自己是吃过私塾苦头的,知道私塾偏重记忆(如背诵)而忽略理解的流弊,所以我自己做'老学究'的时候,便反其道而行之,特重理解力的训练,对于背诵并不注重。"[2]确实如此,逆向思维、双层思维,有助于我们摒弃将"教的逻辑"凌驾于"学的逻辑"之上,促成两者对话互动,和谐共济、和合共生。

二、学科逻辑与实践逻辑难以贯通

令人遗憾的是,当前许多历史教师仍视"科学认识论"为课堂教学的核心工具,将历史教学视为史学家(主体)对历史本身(客体)的认识结果,要求学生像镜子一样把史学家"咀嚼"过的史实史论机械地映照出来,再对包括爱国主义精神在内的价值目标加以点缀和渲染,以为这样就完成了历史学科核心素养的培育。这种认识逻辑,实质上割裂了学习主体与历史客体的关系,造成了主体认识与实践的对立和分裂。这种历史"科学认识论"对学科逻辑与实践逻辑的贯通融合产生了许多负面影响:一是把课本上的历史知识视作权威论证过的绝对真理,要求学生机械记忆,造成课堂上只有权威僵化的文本,没有真实鲜活的学生,当这种反馈不断负强化后,学生对历史的批判能力日渐萎缩,家国情怀也就成为"被晒干水分的干鱼"。二是课堂关系依然传统守旧,没有用"将来""变化""动态"的眼光去审视把握教学过程中人与人的关系、人与教材(知识)的关系,教师仍是教教材,而不是用教材教,学生仍旧学教材,而不是用教材学,多年后,该改未改,陈陈相因。

为从源头克服历史"科学认识论"对课堂教学的影响,笔者选择"社会生活认识论"作为示范课的教学论,以实践活动为方法论,以"爱国主义教育"为主题,以人教版七年级下册历史教材为依托,引导学生浏览课本目录、单元和章节,然后要求学生依据爱国立意、取材需要,搜集整理编辑爱国主义历史,至于编后评价评论,虽不作强制规定,但还是期望学有余力的学生写一点"编后感",不希望学生纯粹做一个爱国历史的搬运工。为彻底释放实践的自由度,笔者又将时间线稍稍放宽,由原来只注重教材上的爱国主义知识,转变为只要是符合本教材时间线规定的课内外爱国主义历史知识,皆在本次手抄报编辑活动范围内。

但从学生编辑的内容看,还是不如人意。第一,全班所有学生只对爱国主义历史知识进行了简单汇编,缺乏自己的情感渗透和思想表达,个别作品胡乱拼凑,敷衍塞责,连抄都抄不好,语句不通,错别字连篇。第二,学生对爱国主义内容的理解过于平面、浅显和单薄。从对学生编辑内容的数据统计(表1)中,可以明显地看出这些问题。

表 1　人教版七年级下册历史教材内容相关爱国主义手抄报编辑数据统计表

单元		课文内容	总人数(43 人)	百分比
第一单元	第二课	从"贞观之治"到"开元盛世"(玄武门之变)	1 人次	2%
	第三课	盛唐气象(唐诗)	2 人次	5%
	第五课	安史之乱与唐朝衰亡(安史之乱)	1 人次	2%
第二单元	第六课	北宋的政治(陈桥驿兵变)	1 人次	2%
	第八课	金与南宋的对峙(岳飞抗金)	20 人次	47%
	第十课	蒙古族的兴起与元朝建立(文天祥抗元)	20 人次	47%
	第十二课	宋元时期的都市和文化(宋词)	1 人次	2%
	第十三课	宋元时期的科技与中外交通(四大发明)	1 人次	2%
第三单元	第十五课	明朝的对外关系(戚继光抗倭)	5 人次	12%
	第十六课	明朝的科技、建筑与文学(小说和艺术)	1 人次	2%
	第十八课	统一多民族国家的巩固和发展(郑成功收复台湾)	2 人次	5%
	第二十一课	清朝前期的文学艺术(《红楼梦》)	2 人次	5%
其他课文		屈原、卫青、霍去病、不平等条约等	3 人次	7%
感悟评论		编后感,爱国主义历史人物、事件、文化等评论评价	0 人次	0

从表 1 数据看,47% 以上的学生,都以同样的"眼光"选择编辑岳飞、文天祥等人的爱国事迹,表现出对抵御外来侵略的英雄人物有较高的认同度。让人忧思的是,如果都用"同一模子"引导学生对国家的认同,那思想情感就单一了。须知,爱国主义中的"祖国",绝不是一维的、平面的,而是多维的、立体的。爱国,既要爱自然意义上的国家和文化意义上的国家,还要爱历史意义上的国家和政治意义上的国家。同时我们可以看到,没有一个学生编辑清政府对西藏地区、新疆西北边疆及黑龙江和乌苏里江流域包括库页岛在内整个东北地区的有效管辖,表明学生对"统一多民族国家的巩固和发展"关注不足。须知,多民族国家统一与发展,是爱国主义极其重要的内容之一。而从政治、经济、商业、文化、艺术、科技、对外交往等方面编辑手抄报的人次极少。这种情况,说明学生不能多维度认同国家及国家历史文化。第三,3 人漠视实践活动的要求,擅自跳出编辑的规定时间线,将七年级上册历史教材中的屈原、卫青、霍去病等爱国人物事迹及八年级上册历史教材中的不平等条约等内容编入手抄报中。当然,内容没有跑题,但至少说明学生上课心不在焉,无视规则,违背要求。这种无拘无束的学习习惯,对于青少年注意力训练及责任意识培养有害无益。第四,特别让人感慨的是,全班竟然没一人写编后感,也无一人给予自己编辑的爱国历史手抄报只言片语的评价,真不知这是爱国思想的缺乏,还是批判思维的缺乏。

让笔者发愣的是,竟有一个学生编辑了这样一份爱国手抄报:左版面的内容是唐朝的玄武门之变和安史之乱,右版面的内容是后周大将赵匡胤发动的陈桥驿兵变。爱国主义手抄报应该是阳光的、凝心聚力的,如果给灰色阴暗的历史事件贴上"爱国"的标签,不仅会影响学生对历史事件的正确认知,甚至会严重误导学生;如果当众否定,则会掐断学生的创新思维。因而,笔者单独与该生进行了沟通。首先,表扬他的求异思维,手抄报做得有个性,新颖别致;其次,借题发挥,说他有"迂回"的爱国热情,通过否定历史上的负面的事件,达到"否定之否定"的肯定效果,强调爱国主义基本精髓就是维护社会秩序,促进社会稳定。最后,笔者向他提出两点建议:一是大家都不喜欢负能量的事物,希望多创作一些励志作品;二是建议将报名更改为"勿忘报""批判报""史鉴报"等,突出爱国主义思想的建设性和思辨性。该生边听边点头,有所悟、有所思。

从设计、制作、编排看,绝大多数学生都践行教师"以内容定形式"的原则,依据所选的题材,坚持"先大后小""先长后短""先整体,后局部""先轮廓,后细节",科学美观地编辑手抄报;但部分学生似乎天生就喜欢"横着来""逆着去",混合使用三角形、倒三角形、椭圆形、圆形等几何边框,凌乱不堪,没有美感;少数学生则怎样省事怎样来,正文少得可怜,信手涂鸦几幅插图,草书几行文字,应付成一张手抄报。课堂上,笔者专门设计了一个"观察、探究"环节,以4个学生为一个小组,研究教师下发给他们的《人民日报》《中国教育报》等报纸,让他们从这些正规报纸的版面设计中,理解什么是刊头、报名、报眼和正文等,从而掌握标题及正文水平和纵向相结合的排版格式,目的是希望他们编辑一份严谨端庄、稳重有余的爱国主义手抄报。然而,从收上来的手抄报看,无不让人困惑,学科逻辑与实践逻辑难以调和、难以贯通。

让人不理解的是,在评课研讨时,有教师认为"不应该浪费一节课的时间让学生探究认识手抄报的编辑技巧",进而质疑课堂性质:"是爱国主义手抄报编辑课还是爱国主义历史教育课"。他们的"逻辑"起点是:当今生活节奏加快,媒介已进入自媒体时代,人们读报的时间缩短,没有必要"搞得那样复杂",应倡导手抄报的"简洁易读"。对于"简洁易读",笔者不主张将手抄报搞成"标题党"式的"快餐文化",更反对将手抄报的编辑形式与爱国主义历史内容对立起来,而是期望爱国主义手抄报编辑活动是一次有温度、有热度、有深度的爱国主义教育活动。一份优秀的手抄报,无不由其教育内容与版面形式共同决定,两者不可偏废。脱离两方面中的任何一方面,都不利于学生完成爱国主义手抄报编辑,并妨碍学生综合实践能力的提升。因为,爱国主义本身就是一种高尚的品德,是人格的大美,它需要一种"美的形式"服务其"美的内容"。事实证明,学生搜集、整理、筛选爱国主义历史,然后按照自己的爱国取向、美学理念和实践能力编辑一份爱国主义手抄报,本身就是对历史课程的学习,同时也表达了自己的爱国主义情感,比起机械记忆历史结论要轻松愉快得多。

与其在"历史科学认识论"中作困兽斗,不如跳到"社会生活认识论"的角度,从学科内容、课程设计、学习过程等方面,审视"我们是怎样出发的",重新调整学科与实践的逻辑关系。爱国主义历史教育,绝不能在故纸堆里"讨生活",必须与当今社会生活相联系,用历史事实解释社会现象,理解当今中国社会的历史选择和爱国主义文化的传承逻辑,让学生在对爱国主义历史的理解中实现对爱国主义思想的自我理解。学生的"自我理解",任何人都无法越俎代庖,我们必须抛弃"高高在上"的灌输和教导,给学生充分理解的权利。因为唯有理解才可以融解、打通学科与实践的梗阻,使学生的认知获得社会历史生活的观照,并且使学生通过对实践生活的理解,加深对爱国主义精神的整体理解,促成实践活动成为有意义生活的社会"表达式"。

三、理论逻辑与信仰逻辑难以直通

爱国主义信仰的养成,绝非易事。否则,就不会出现这么多有争议的问题,也不会出现不谙家事、国事、天下事的学生。可见,爱国主义理论知识与爱国主义信仰之间总是隔着点什么,两者很难相融直通。如爱国主义理论知识都印刷在书本里,也被学生编进爱国主义手抄报中,但学生能否将这些爱国主义之"知"转化为爱国之"识",再将爱国之"识"提升为爱国之"智",进而演化为爱国主义思想信仰,还真让人不得而知。

例如,班上有个学生,将岳飞的《满江红·怒发冲冠》编入手抄报,以此佐证岳飞精忠报国的爱国感情,但当教师询问岳飞为什么在该词的首句就直言"怒发冲冠"时,学生哑言。这说明学生虽然"知觉"了岳飞的爱国思想,将其从课外众多爱国主义知识中筛选出来,并编入手抄报,但并不真正理解岳飞"怒发冲冠"的原因,即没有掌握岳飞写这首词的历史背景,自然不能言说岳飞心中理想与现实生活尖锐的矛盾冲突,无法诠释如此愤怒的感情因何而起。因为学生对历史原因缺乏最基本的认知,所以不能对这首词的思想内容进行深度解读和感情领悟,继而阻碍了爱国主义历史知识向爱国主义历史智慧及爱国主义思想信仰的有效转化。

有人认为,这个学生虽然对爱国主义知识浅尝辄止,停留在表面"知觉"的水平,但说不定他有浓厚的爱国主义思想,有些人可能拥有丰富的爱国主义理论知识,却不一定具有上述这个学生朴素真挚的爱国主义情感。这似乎在暗示:爱国主义理论知识丰富,不一定爱国主义思想感情深厚。换句话说,不必太在意学生是否掌握了足够渊博的爱国主义理论知识。的确,要求每个学生达到历史专业学者的理论水平,既不现实,也不可取;但要求学生掌握现有学段的爱国主义理论逻辑和历史逻辑,培育他们的爱国主义信仰,没有任何不妥。对于心智尚未成熟的青少年来说,爱国主义理论修养与爱国主义思想信仰,不是非此即彼的逻辑关系,而是你中有我、我中有你的因果关系,理论知识直接影响着爱国主义信仰的养成。如果把爱国主义信仰比作大海中的灯塔,那么爱国主义理论知识则是爱国主义信仰得以矗立的物质基础。离开这些物质支撑,灯塔只能是一种虚无缥缈的空洞之物。但话又说回来,爱国理论知识与爱国主义信仰,确实不互为必要条件。但作为爱国主义教育工作者,我们不能让爱国主义教育仅仅停留在知识—情感层面,必须加强爱国主义知识学习,提升理论修养,使学生超越"情感质",养成理性爱国的"意识质",并将"意识质"转化为报效国家的"行为质",最终树立爱国主义信仰。

最让笔者难过的是,一名高中教师认为中国古代史没有爱国主义可言。言下之意,不必进行有歧义的爱国主义教育。理由如下:一是中国古代的国家不是近现代真正意义上的国家,"国家公权"全是"家天下"的专制世袭,"国民"也不是真正意义上的"公民",全是专制王权皇权下的"王臣"和"私产"。二是中华民族一直随着专制王朝更迭而不断融合发展,即便是战争,也是民族融合的一种特殊形式,不宜将"反侵略"解读为爱国主义。三是古人的"爱国",爱的不是全体国民的国家,而是皇帝一个人的王朝,其忠君行为不具有真正的爱国意义,只是一种"愚忠"。以岳飞所处的历史阶段为例,其竭力捍卫的"赵姓"王朝与入侵南宋的北方金朝的"国家公权"都被少数家族势力所把持,都是"君要臣死,臣不得不死"的君臣依附关系,而那些被统治的广大人民群众,国民待遇也相差无几,都是王权皇权下的"家产",面对这两个世袭专制王朝,何谈爱国主义?因而,不管岳飞是"精忠报国",抑或选择支持金军南下统一中国,其行为都没有爱国主义意义可言,不能把民族主义当作爱国主义。他还进一步指出,在课堂上高调解析"壮志饥餐胡虏肉,笑谈渴饮匈奴血",容易将学生引入"狭隘的民族主义陷阱"中,说吃"胡虏肉"、饮"匈奴血",是对我国古代北方少数民族的侮辱和不尊重,不利于民族融合和团结。再"察看"岳飞效忠的君主,就知道其行为"可笑""可怜""可叹"。南宋皇帝赵构,地地道道的投降派,为了皇权惧怕与金朝作战,甚至一度乘船入海,不敢登陆,苟且偷生。他还派使臣向金朝乞降,哀诉自己逃到南方后,"所行益穷,所投日狭""以守则无人,以奔则无地",要求金朝统治者"见哀而赦己"。对于这种奴颜婢膝、卖国投降的皇帝,岳飞真没有效忠的必要,把人间最珍贵的"忠诚"错误地奉献给"昏庸之君",真是不幸。

笔者不赞同该教师的观点。尽管中国古代社会是"家天下"的专制王朝,国民没有像现代国家的公民一般享受国民待遇和基本权利,与近现代资产阶级党派轮流坐庄掌管国家政权的所谓民主国家相比,没有什么本质差别,无非是将古代的奴隶主或地主阶级统治更换成党派竞选下的资产阶级统治,被压迫、被剥削的,仍是广大的劳苦大众。其实,当今一些国家至今仍保留君主政体,古代王室或皇室的政治生活犹存,其国王、天皇等,仍被其国民奉为名义上的最高统治者。这就不难让人明白,如果有人借古代国家是皇帝"私产"的阶级性质而否定国家不同政体的存在形式,那只能说明他根本不理解马克思主义关于"国家是阶级矛盾不可调和的产物""国家是一个阶级压迫另一个阶级的机器",更不懂"这一点即便在民主共和制下也丝毫不比君主制差"的理论内涵[3]。其实,任何不同政体类型的国家都具有鲜明的阶级性,只要阶级存在,国家一定存在,爱国主义思想也如影随形。不能因为中国古代社会统治阶级奉行"家天下"的世袭专制就否定国家产生的客观规律和基本属性,继而否定中国古代社会存在爱国主义思想。不能说近现代抵御外来侵略是爱国主义行为,而中国古代社会反抗外族烧杀掳掠入侵的自卫不是爱国主义行为。仍以岳飞抗金为例,面对外族入侵,作为南宋政权的一员、国民的一分子,岳飞有义务、有责任为南宋王朝及被金朝奴役的所有人民赴汤蹈火，展现出自己的家国担当。尽管当权者昏庸无能，但抵御外敌侵略与忠君愚孝不能简单画等号，其间不存在逻辑的包含与被包含关系。诚如林则徐虎门销烟，他也是代表腐朽没落的清政府履行爱国责任，其"苟利国家生死以，岂因祸福避趋之"是爱国主义；而七百多年前的岳飞，代表南宋王朝及被金朝压迫的广大人民，英勇无畏地去收复旧山河，他豪迈咏唱的"壮志饥餐胡虏肉，笑谈渴饮匈奴血"怎能不是爱国主义？正如在市场经济环境下，一个民营企业的领导，可能德才不配位，但"我"作为企业的一分子，不能苛求企业是何种股份制，也不指望领导像自己心中的"英雄偶像"那样"完美无缺"，只要在工作岗位上，就必须恪尽职守，忠于企业，不能因为"我"不喜欢领导的为人，就出卖企业的核心机密，不能因为企业是家族式企业，就玩忽职守而使企业蒙损，这是人之为人的根本。忠于国家与忠于企业，逻辑相通。

《辞海》对爱国主义的解释是"对祖国的忠诚和热爱"[4]。列宁有句脍炙人口的名言，爱国主义就是"千百年来巩固起来的对自己祖国的一种最深厚的感情"。显而易见，这个定义的重点在于强调思想感情的"忠诚和热爱"，导向人性的"真善美"。因而，根据一个人面对侵略与反侵略、压迫与反压迫、正义与非正义的是非问题的态度和行为，就能得知一个人的爱国主义思想感情的真假和爱国人格的高下。试问，一个民族在自己的国土上生活得好好的，可域外民族为霸占别国领土，残害别国人民、掠夺别国资源，被侵略一方任何有良知的公民都会拿起武器，保家卫国。这种爱，可能来自"忠君报国"的担当精神，但更多的情感逻辑归属于正当自卫的人的本能。当然，爱国主义思想感情，不能仅局限于反侵略方面，它体现在对国家方方面面的"忠诚与热爱"。就爱国主义情感性质而言，一定是发自肺腑、没有差别、无条件的由衷之爱，不需要对国家制度、政权运作等作过多的理解；当然，若是对国家的国体政体理解得更深、更全面，爱国主义思想可能更理性、更深沉、更智慧，对善恶美丑是非对错更有分辨心。恰如艾青的爱国诗句："为什么我的眼里常含泪水？因为我对这土地爱得深沉……"

许多教师都教过或在中学时代学过法国小说家都德的短篇小说——《最后一课》，无不被法国人崇高的爱国主义思想所感动。在教授世界历史时，我们也借他国爱国人物（如法国的贞德、南美洲的玻利瓦尔、印度的章西女王、美国废奴运动领袖约翰·布朗及颁布《解放黑人奴隶宣言》的林肯等人）的历史事迹，培养学生的爱国心，这正是爱国主义教育的借鉴意义之所在。对于国外的爱国人物，我们从不在乎他们隶属或服务于什么阶级，也不细究他们代表谁的利益或不代表谁的利益，只要有益于青少年爱国情怀的培养，我们都拿来"喂养"我们的学生。怎么一回到中国古代史，就有人非要抹杀中国古代不同历史时期英雄人物的爱国壮举不可？为什么要与国内的爱国英雄过不去？为什么有人将元明清时期的文天祥、史可法与洪承畴、吴三桂混为一谈，以"忠君并不等于爱国"为幌子，混淆是非界限，阉割爱国主义历史文化？这种"公知"论调或观点，于人于己于国于民，都有害无益。要知道，吴三桂之流，绝非为了顺应国家统一而改易旗帜，纯粹是为了"政治私利"而"弃明降清"。后来的史实也证明,他在康熙年间举起了所谓的反清复明的大旗,就是对"一次不忠,百次不用"的最好注脚。爱国主义只是一个历史范畴,不能拿现代人的爱国标准和观念去要求古人如何爱国。如果不尊重其历史性、情感性及历史人物的道德品性,爱国主义教育就无从言说。

从逻辑起点抵达逻辑终点,必须借助起承转合的中介形式,使爱国主义获取从知性到理性,再升华为信仰的有力支撑。这个中介有两条路径:一是外化于行的马克思主义实践观及其指导下的实践活动,二是内化于心的批判性思维及其运用下的学习取向。众人皆知,理论是灰色的,未能转化为思想力的东西是没用的,即便在纸上取得一百分的成绩,但实践起来也可能一塌糊涂。实践出真知,磨难长才干,一点不假。列宁曾说:"理论要变为实践,理论要由实践来鼓舞,由实践来修正,由实践来检验。"[5]就爱国主义历史教育而言,其无法像理化生那样在实验室被验证其所凸显的关于国家发展的所有属性特征和规律。因为,它蕴含的社会发展所特有的一切历史活动都是一去不复返的。我们只能通过超越爱国知识本位的实践活动,去探寻历史事实到当今社会事实、爱国英雄人格到爱国思想信仰的逻辑意义,懂得当今中国选择走中国特色社会主义道路,是我们党在推进革命、建设、改革的进程中,经过反复比较和总结,历史地选择了马克思主义、选择了社会主义道路的应然与必然,"要了解中国特色社会主义形成和发展的脉络,更加充分地认识其历史必然性和科学真理性,应该拉长时间尺度,放在世界社会主义演进的历史进程中去把握"[6]。无论在何种意义上,爱国主义实践活动,有益于学生认识社会历史生活本身所特有的实践逻辑,笃信今天的社会生活作为果,由昨天社会历史的因所铸成,今天的社会生活的果,又会成为明天的社会生活的因,国家社会生活一切循环变动的因果,都是历史的结论和人民的选择。我们的核心工作,就是顺应时代发展,坚持科学社会主义理论逻辑、实践逻辑和中国社会发展历史逻辑的辩证统一,促成爱国知识向爱国智慧转化,使爱国智慧升华为爱国信仰。同时,着力培养学生的批判性思维习惯和能力。诚如中国留学生程修凡在《美国特级教师的历史课——批判性思维的养成》一书中所揭示的那样,教师应该教学生去研究历史,而不是记忆历史,要求学生可以不当历史学家,但一定要像历史学家那样思考,那样阅读、考察不同来源的文献,用历史思维去伪存真,分析历史事件的前因后果,理解历史方位,"侦破"历史真相,形成自己的结论,培育批判性思维能力。当然,教师要向学生明确使用批判性思维的安全边界,不让学生胡思乱想地滥用,对于学生认识不清的问题,应加强科学正向的引导,使爱国主义教育体现中国特色社会主义核心价值标准。学生只有学会用批判性思维去理解、分析、研究历史的来龙去脉,才能树立正确的历史观和爱国观,才不至于割断历史,也不至于掉进历史虚无主义的泥潭而不能自拔。我们的爱国主义历史课堂,最缺的就是实践活动,最需培养的就是批判性思维能力。所以,解放学生的手、眼、脑、嘴、时间和空间,给学生足够多的练习与体悟的机会,是实现"好的先生不是教书,不是教学生,乃是教学生学"的本真目标[7]。一言以蔽之,置"批判性思维"于各种逻辑关系与课程设计中,推进实践逻辑前移,于爱国主义思想建设大有裨益,何乐而不为?

参考文献

[1] 让·皮亚杰.教育科学与儿童心理学[M].傅统先,译.北京:文化教育出版社,1981:164.

[2] 邹韬奋.韬奋文集(第三卷)[M].北京:生活·读书·新知三联书店,1955:31.

[3] 中共中央马克思恩格斯列宁斯大林著作编译局.马克思恩格斯全集(第4卷)[M].北京:人民出版社,1979:166,168,170.

[4] 辞海编辑委员会.辞海[M].上海:上海辞书出版社,1979:3420.

[5] 列宁.列宁论国民教育[M].北京:人民教育出版社,1958:276.

[6] 中共中央宣传部.习近平新时代中国特色社会主义思想学习纲要[M].北京:学习出版社,人民出版社,2019:28-36.

[7] 陶行知.陶行知文集[M].南京:江苏人民出版社,1981:14.

新冠疫情期间家校合作机制探究

——以厦门市 Y 校为例

◎ 郭春君 郭 强

摘 要 学生居家学习是新冠疫情间的现实选择。实践表明,学生居家学习效果与家校合作有着直接的关系。在重叠影响阈理论视域下,以厦门市 Y 校为例,分析疫情期间家校合作的互动实践,发现在六种传统类型的家校合作互动实践中,"当好家长""相互交流"和"在家学习"三个方面发生了变化。为保障学生居家学习效果,这些方面的家校合作须作出积极调整,以适应家校合作的新需要。

关键词 重叠影响阈 新冠疫情 家校合作机制

一、家校合作机制研究的时代发展需求

1. 家庭教育法治化

2021 年 10 月,全国人大常委会通过了《中华人民共和国家庭教育促进法》(以下简称《家庭教育促进法》),明确要求家庭教育、学校教育、社会教育紧密结合、协调一致。其中第三十九条至四十二条规定,中小学校、幼儿园应当将家庭教育指导服务纳入工作计划,作为教师业务培训的内容;针对不同年龄段未成年人的特点,定期组织公益性家庭教育指导服务和实践活动;根据家长的需求,邀请有关人员传授家庭教育理念、知识和方法,组织开展家庭教育指导服务和实践活动,促进家庭与学校共同教育。随着《家庭教育促进法》的实施,学校的家庭教育指导也将得到更多重视。家庭教育指导将成为学校的一种义务,家庭教育指导的专业性和系统性越发重要。

家庭教育法治化不仅对学校家庭教育指导提出新的明确要求,更是对家校合作变革的

作者简介 郭春君,厦门海沧延奎实验小学孚中央分校教师,段长。
郭强,同济大学外语学院教授,硕士研究生导师。

系统性推动。《国家中长期教育改革和发展规划纲要(2010—2020年)》提出树立系统培养观念,学校、家庭、社会密切配合,实现人才培养体制改革;党的十九届五中全会也提出,将"健全学校家庭社会协同育人机制"纳入国家"十四五"发展规划和2035年远景目标;《中国教育现代化2035》明确提出"推进家庭学校共同育人"。对家校合作的深入研究成为我国教育事业发展的战略需要。

2. 教育信息化

教育信息化2.0行动推动着教育信息化的新升级,引领教育现代化、智能化发展。教育信息化的应用体现在教育资源、教育过程、教育管理等多方面。一方面,利用信息技术整合、创造、分享优质教育资源,促进知识的跨学科融合,构建知识图谱,使得高质量教育资源、高水平教学能够为所有学生服务;另一方面,教学手段与教学设备的信息化,利用多媒体技术、智能化课堂使得教学内容更加生动有趣,学生的学习更加高效,而交互式的学习也彻底改变了传统的教师单向教育模式,学生可以与教师、同学等双向交流并利用互联网的交互性远程学习;此外,信息技术下的大数据应用,提高了教育管理的便捷性——对于教与学的评价与反馈更加精准、高效,更具针对性,对内对外沟通更具即时性,沟通平台更具专业性、系统性[1]。

教育信息化使得新冠疫情期间学生的居家学习成为可能,更是当下家校合作不可忽视的重要内容。新冠疫情期间,以教育信息化为引领,教育部和各地方政府积极建立教育信息化共同体,推进在线家校社协同育人场景。以教育信息化助力家校社协同育人,既是新时代"加快教育现代化和建设教育强国"的重要内容,又是"十四五"时期建设高质量教育体系的题中要义。以教育信息化搭建家校社协同育人新平台,增加家校社优质资源新供给,构建家校社共育学习场等[2]。

3. 居家学习规模化

新冠疫情的暴发,使得全球各地学生开启大规模的居家线上学习模式。加上疫情形势的复杂与反复,学生在居家线上学习模式与返校线下学习模式间不断切换,逐渐适应了居家线上学习。

学生居家学习效果一方面依赖学生的自主、自律学习,另一方面对家长的支持提出了更高的要求。家庭教育是学生学习成长阶段至关重要的影响因素,积极的家庭教育模式可以帮助学生养成良好的习惯、形成辩证的思维模式和保持健康的心理状态[3]。在疫情期间,家庭教育的原有内容得到扩展,即承担了传统教育中教师对学生的监督与支持任务。研究表明,小学生居家学习期间,父母陪伴的不同维度与儿童成长各方面存在不同程度的相关[4]。由此,学生居家学习期间,家长的支持,尤其是义务教育小学阶段低年级学生家长的支持,将成为家校合作的重要内容。

二、新冠疫情下家校合作实践的新变化

新冠疫情期间,生活、工作等各方面原因造成家长未能有效支持学生居家学习,家庭教

育缺失。这促使我们去探究疫情期间,如何以家庭为背景,有效促进家长参与行为,以及在家校合作中提高家长参与行为的效能,以帮助学生提高居家学习效率。

1. 重叠影响阈理论下的家校合作互动实践框架

关于家校合作的研究中,目前得到普遍认可的是美国约翰·霍普金斯大学研究者乔伊斯·L. 爱普斯坦(Joyce L. Epstein)等基于生态学的解释框架和社会资本概念提出的重叠式影响理论(Overlapping Spheres of Influence)[5]。该理论提出了六种类型的家校合作互动实践(表1),并提供了具体的实践案例,分析了面临的挑战及预期结果等[6]。

表1 爱普斯坦提出的六种类型的家校合作实践框架

类型	家校合作互动实践
类型1 当好家长	帮助所有家庭建立将孩子视作学生以进行支持的家庭环境
类型2 相互交流	构建关于学校教育与学生成就的家校有效双向沟通
类型3 志愿服务	招募并组织家长从事帮助性和支持性的活动
类型4 在家学习	为家长提供信息、观念等,以帮助其对孩子家庭作业、在家其他学习活动、决策、计划等的辅导
类型5 参与决策	让家长参与学校决策,培养家长领导者和家长代表
种类6 社区合作	识别和整合社区资源与服务,巩固学校教育、家庭教育、学生学习与发展

实践证明,在重叠影响阈理论指导下,学校能够发展平衡、全面的家校合作[7]。然而在新冠疫情期间,六种类型的家校合作实践都发生了变化,其中变化最明显的是"当好家长""相互交流"和"在家学习"三个方面。

2. 视孩子为学生的家长

新冠疫情期间,学生居家学习,家长的角色功能发生一定的转变——除了要做好父母,还要做好教师的"助手"。实际上,在义务教育小学阶段,特别是一年级,学生年龄小,大部分学生无法独立操作线上学习软件以进行居家学习活动。学校的居家学习安排,很大程度上依赖父母。如果没有父母的执行与监督,孩子就无法进行正常的居家学习。因此,父母其实就是家里的"教师"。这与爱普斯坦对于"当好家长"的定义极为贴合,即营造将孩子视为学生的家庭环境。

在疫情期间,Y校在家校合作中,在"当好家长"方面作出了诸多努力(表2)。

表2 学生居家学习期间Y校对家长的指导阶段汇总

日期	内容	形式
2021年9月14日	居家指南(防控政策;健康监测;个人防护;线上学习;亲子互动)	学校微信公众号(推文链接)
2021年9月16日	疫情期间亲子关系调节	海沧区进修校(文章链接)

(续表)

日期	内容	形式
2021年9月24日	居家期间亲子关系的调适	厦门市团委(直播二维码)
2021年9月27日	教师、家长们如何守护自己的情绪	海沧区教师关爱中心(讲座二维码)
2021年9月29日	心理健康公益辅导	讲座视频
2021年9月30日	如何陪伴孩子度过疫情中的国庆	专家直播二维码
2021年9月30日	国庆假期怎么度过	学校推文
2021年10月3日	疫情居家学习期间 亲子关系的调适	中共福建省委文明办(专家直播二维码)
2021年10月10日	居家学习期间 亲子关系的调适	中共福建省委文明办(直播二维码)
2021年10月11日	疫情期间学生、家长情绪调节的指导	学校微信公众号(推文)
2021年10月16日	做好返校的准备	线上家长会

居家学习以来,学校为家长提供的指导主要集中在家长情绪调节、心理健康辅导、亲子关系调试等方面,这些方面都具有疫情期间的独特性。然而,学校对家长如何将孩子当作学生,营造将孩子视为学生的家庭环境给予的关注与支持不够,并没有对父母如何做孩子的"教师"进行有针对性的指导。

3. 相互交流的逆向转变

爱普斯坦的实践框架将相互交流定义为关于学校教育与学生成效的双向交流。在新冠疫情期间,这一点尤为重要:学校得到家长的反馈才能更好地掌握学生的居家学习效果,家长需要学校更加具体的指导与说明来对孩子的居家学习进行辅导。学生成就的沟通方向由学校向家庭的传达方向逆向改变(图1),即学生成就的掌握更多地依赖家庭向学校传达,这对学校教育向家庭传达的程度也提出了更高的要求。由于居家学习这一特殊的学习模式,家长对于学生学习的参与度大幅提高,家长对于学校学习活动的了解程度加深,对于学生学习的评价与反馈等都有了更深程度的参与。

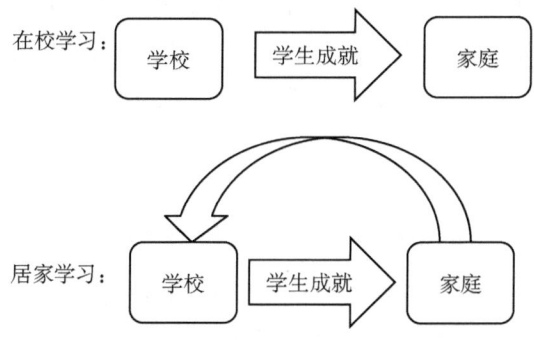

图1 在校学习与居家学习期间相互交流的方向转变

4. 在家学习的内涵变化

新冠疫情期间,在家学习较爱普斯坦实践模型中关于在家学习的内涵发生了变化。线下学习时,在家学习和在校学习是相对独立、相对联系的两个部分,二者并存(图2)。然而,由于疫情影响,学生的学习场所发生了变化,学校学习转为线上学习,但实际的地点是在家里。因此在家学习与在校学习出现了相互交融的情况(图3)。

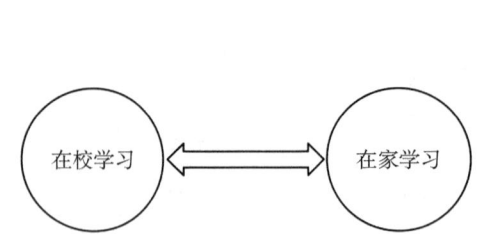

图2 线下学习期间的在家学习与在校学习关系图

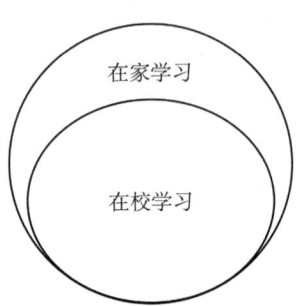

图3 居家学习期间在家学习与在校学习关系图

由此,学校不仅要为家长帮助孩子做好家庭作业,以及参与与学习相关的其他活动、决策、计划等方面提供信息、观念等,也要就家长支持学生进行线上学习等做出指导。关于学生在家学习活动的安排,Y校给出了居家学习活动指南作为参考,然而此指南并未就家长如何根据各自家庭的实际情况进行调整,如何将孩子纳入关于自身学习的决策中等进行详细的说明与指导。在居家学习期间,如何科学安排孩子的居家学习活动,如何面对居家学习带来的在家学习与在校学习相融合的新挑战,这些都需要学校为家长提供系统的指导。

三、新冠疫情下家校合作机制发展的新思路

1. 营造"学校型"家庭环境下的指导

重叠影响阈提出,"学校般的家庭"可以巩固家校伙伴关系。这种家庭视每个孩子为学生,强调家庭中的环境、在家学习、培养学生技能及成长体验的重要性,与父母、兄弟姐妹和其他家庭成员一起开展乐在其中的教育活动[8]。对家长来说,这一术语暗含了家长在家扮演教师角色,积极支持教师的工作,从而促进子女学习,也暗含了要求子女在家也要像在校学生那样表现[9]。

(1) 重视居家学习辅导

学生居家学习期间,父母的责任更重了,配合学校使孩子较好地完成居家学习,不仅需要父母的努力,更需要学校给予指导,不断提高家长的教育能力。

Y校学生居家学习期间,家长对于孩子居家学习的辅导方法与技巧的培训需求度高,半数以上家长认为自己需要具体反馈与个别指导。Y校校长在谈到新冠疫情期间的家庭

教育指导时提出："加快建设家长学校,充分利用家长云校平台,提升家长素质,加强家庭教育指导。"

从Y校实际来看,疫情期间的家庭教育指导集中在家长及孩子的心理健康、情绪调节、亲子关系等方面,缺乏将孩子视作学生的家庭环境的营造、与学习相关的活动等的支持内容。而从居家学习结束后,对学生的居家学习质量的摸排结果来看,家长重视孩子学习、关心孩子学习、陪伴孩子学习的,孩子的综合测评结果普遍更好。因此,在家庭教育指导方面,学校不仅要加强对家长教育观念的引导,更要聚焦对于家长在学生居家学习方面的辅导技能、方法等的指导。

(2) 用好"家长云校"

在家庭教育指导上,结合"家长云校"学习平台做好家长学校的建设,开启家校共育的常态化陪伴模式。根据经典的案例、专业的测评及系统的家庭教育课程等,找到家长的盲点,有效解决家庭教育中存在的困惑。除充分利用省、市、区教育局的资源外,学校还应根据本校的实际情况,进一步完善本校的家长学校建设。调查中发现,家长缺乏学习习惯、生活习惯培养方面的知识,亲子沟通的培训不足,以及部分家长不能胜任学生居家学习生活辅导工作。针对这部分家长,应通过"家长云校"加强学习方法的指导与培训,根据家长学历、工作情况等提供不同话题、不同时间段、不同方式的培训。

(3) 搭建家校共育网络平台

搭建家校共育网络平台,为家长反馈居家生活中遇到的问题开辟专门的板块,如居家学习育儿论坛。家长可以根据每周情况进行反馈,学校针对问题最多的话题进行在线培训、讲座、论坛、沙龙等形式的指导。家长可选择性参加适合自己的活动,还可以参与线上模拟测试,检测自己育儿各项水平,根据检测结果的分析,找出自己的弱项,从而进行针对性的课程学习。学校还可建立积分兑换制,将家长云课堂积分与家长参与学校组织的志愿者活动、为学校建言献策等环节积分相融合,充分利用平台的积分制,鼓励家长积极参与,提高育儿水平。根据家长的积分水平设置相应的活动、服务等供家长兑换,如与校长对话、一对一辅导、名师的一节课等。总之,学校应完善家长培训系统,包括家长学校课程系统设置、家长课程需求反馈机制、培训效果反馈机制及后续完善跟进机制等。

2. 以评价反馈为载体的交流升级

由于教育场所的分离,学习反馈是学生线上学习的一个较大难点。反馈形式的创新、家长的深度参与,可以使家、校、生之间更好地联动,保障学生的居家学习效果。

(1) 参与评价主体多元化

根据学生的年龄特点设计评价反馈单,依据学习内容、学习方式等的不同进行学生自评、组员互评、家长评价、教师评价的设计。评价主体包括学生、家长、教师。

在学生自评、组员互评方面,应尽量采用直观、简单的方式,便于学生理解与操作。在家长评价设计上,一方面针对学生的居家学习表现进行评价,另一方面针对一周的学习安排、学习内容、学习指导、家长指导进行反馈与评价,以便于学校收集信息,不断改进完善居家学习的安排与指导。教师评价则需要对学生的居家学习表现进行综合、具体的评价,便于学生对于自己的居家学习有概念并清楚应改进之处。

(2) 创新学习汇报与评价反馈形式

由于学生居家学习,学校较难掌握学生居家学习的具体情况,因此学校应创新学习汇报、反馈形式,使学习汇报形式多元化、立体化,如采用书面汇报、作品展示、知识竞赛、小组评比、线上小组讨论、线上师生问答互动等相结合的形式,每周根据居家学习的安排灵活采用相应的汇报形式。例如学生定期与教师视频通话,更加容易维系并增进师生之间的信任感,使学生保持学习的动力;而教师与学生面对面地沟通、听取学生的反馈,可以更直观地认识到居家学习安排、指导等过程中需要改进的方面,从而及时调整。

教师的反馈形式可以根据反馈对象、反馈内容等选择书信反馈、表格反馈、语音反馈、视频反馈、实时视频会议反馈等。例如教师可以在每周的学习结束后根据全班同学的表现录制一个反馈视频发送至班级群,视频既包括全班的整体表现,也有针对个别学生表现的反馈。学生从教师录制的视频中可以了解其他同学的表现,也可以听到教师对自己的点评,既可以向其他同学学习,也可以继续保持自己正确的做法或者有的放矢地改进自己的不足。教师对于班集体的整体点评,一定程度上可以弥补学生居家学习期间集体感的缺失。

家长根据学生一周的学习,反馈居家学习过程中在辅导、沟通、学科等方面出现的问题,可以通过留言、填表等方式进行,教师据此调整下一周的学习资源、任务设计,录制答疑视频,或通过视频会议进行现场答疑指导等。居家学习汇报、评价反馈的创新一方面应采用适宜、多元的方式,尽量避免单一化、数字化,增加居家学习的趣味性、可操作性,提高学校对学生居家学习情况的掌握程度,对家长指导的针对性;另一方面也要依托现代信息技术,搭建评价反馈平台,使操作更加智能、便捷。

(3) 灵活调整评价维度与评价对象

学生、学校(教师)、家长这三大评价主体同时互为评价对象。学生评自己、评组员、评家长、评学校;家长评自己、评学校、评学生;学校评教学、评学生、评家长。从评价维度上,应该更多考虑居家学习的特点,注重体育锻炼、动手能力、自律能力、自理能力、对家人的关心等方面的评价、鼓励与引导(图4)。

评价体系多层级建构、多维度设置。从欣赏的角度,力求全方面、校内外进行综合评价。将家长们纳入评价人员队伍,考核学生居家学习及生活情况。在Y校"五角星芒,个性定制"的评价体系中,全面纳入家长评价。如在"德"方面,家长要填写"美德闪光点";在"劳"方面,家长要填写生活技能、家庭劳动、社会实践、志愿劳动等内容。通过信息技术手段实现线上评价,是Y校建设智慧校园在评价体系方面的重要突破。在家校合作的实践中,在家学习与相互交流中父母对于学校课程、教育教学评价的参与程度得以提高,家校合作伙伴关系得以提升。

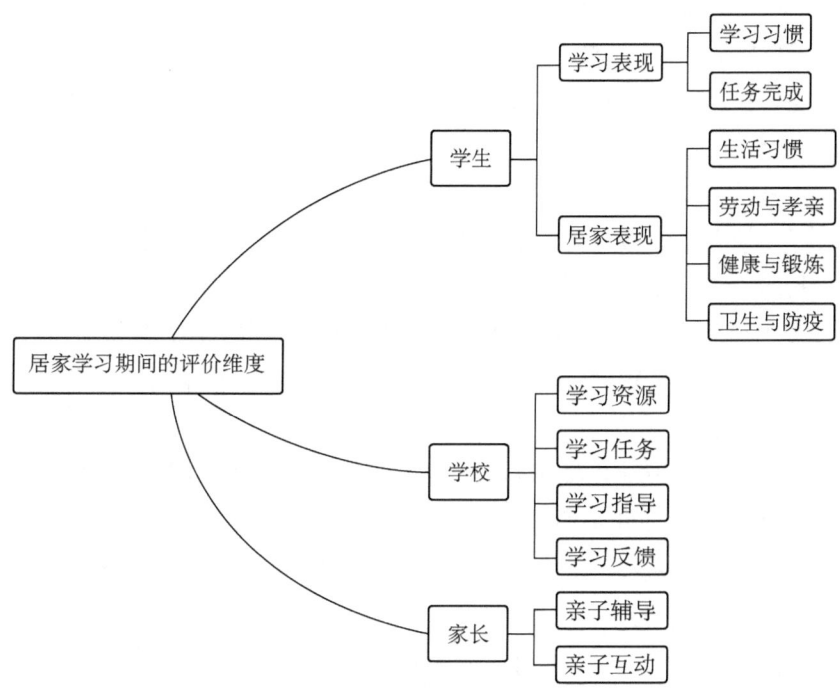

图 4　居家学习期间的评价维度

3. 学习内容结构化助力在家学习

(1) 结构化的资源学习包

将学习内容模块化,每周定时更新学习资源池中的各项资源包。每个资源包应包含学习任务单,学习汇报形式说明,评价反馈单,文字、图片、视频等各种形式的学习资料等。学习任务单需要提供至少两种不同程度的选项,供基础、兴趣不同的学生选择。每个资源包内应提供一张家长说明书,指导家长该资源包旨在帮助学生掌握哪项能力,应该达到何种程度,家长可以如何有针对性地指导等。

在对家长的指导方面,尤其要注意说明如何培养学生的学习兴趣、帮助学生建立与维持良好的学习习惯等。根据学生的基本情况,家长与教师共同商议安排学生的居家学习。家长根据学生的实际情况灵活安排,形成不同的组合。当然,在家长进行选择组合时,学校也应该给予详细的指导说明,如每周必须完成的资源包数量,应该遵循动静结合、劳逸结合、注意用眼时长等规则。如果白天时间学生无法独立完成必须使用电子设备的课程模块的学习,则可以先进行可独立完成的体育锻炼等。根据学生的兴趣、基础等,还可以选择相应的难度。如体育资源包提供舞蹈类、体操类等不同难度的资源;数学练习提供不同难度的题目等。当然,基础级别要求所有学生都必须完成,有能力的学生可以选择更高级别。

如此,提高家长的参与度,丰富孩子的居家学习资源,家长在孩子居家学习期间有据可依,有自由调整安排居家学习活动的空间,为家长在新冠疫情期间平衡工作与生活提供了有利条件,更有利于家长对辅导孩子居家学习的信心与胜任力的提高。

(2)"居家友好型"学习方式

由于线上学习的掣肘,低年级的学生无法在没有家长支持的情况下独立学习。因此,学校可以从学习形式、任务设计、反馈形式上进行"实化",即去网络化,对学习方式进行调整,多加入学生可以独立进行的学习方式,确保学习的顺利开展。组织教师开展关于线上学习的教研,开发基于学生教材的知识结构图,以游戏地图、思维导图、闯关等形式呈现给学生。在知识、能力点上设计,充分遵循课标和教材的内容及要求,所设各项内容与教材每课的知识点、重难点相对应;注重各单元、各课时的衔接,突出系统性和整体性。这样既方便家长有据可依,对于学生居家学习的情况心中有数,也使得学生对于学习充满兴趣,有利于学生的自主学习。

在评价反馈方面,如为学生提供每日自省卡、每周自省卡、认读卡、进度表、记录表等,采用注释拼音的标注,解决低年段学生识字少的问题。在反馈、评价方面,学生可采用画画、涂亮小星星等方式,解决不会书写的问题。一方面培养学生总结思考、计划安排等能力,另一方面也为家长指导孩子每日、每周的学习提供详细的依据。值得注意的是,将每日、每周的自省卡引入生活习惯、学习习惯的指导,意在引导家长重视学生学习、学生养成良好的习惯。

四、结语

针对新冠疫情期间家校合作互动实践出现的新变化,结合学生实情,学校在家校合作方面应加强对于家长辅导与支持孩子学习的关注,营造学校型家庭的氛围;加强与学生、家长的沟通与交流,将学生与家长完全纳入学习与评价,充分掌握学生学习情况,调动学生与家长的能动性;根据学生的年龄特点进行教研,创新学习内容与学习方式,助力学生的居家学习。

随着教育改革不断深化,信息技术与教育持续融合,居家学习实践经验不断积累,家校合作的内容、方式、平台等都在发生深刻的变革,家校合作的广度、深度与频度都经历着前所未有的变化。然而,实践过程中仍然存在诸多亟须解决的问题:部分教师的家校合作观念仍然停留在家校分离的阶段,一些家长的家庭教育观念与当下的教育改革理念脱节等;家长学校的课程建设不够体系化,互动性不强;社区力量对家校合作的参与度不够,学校、家庭、社区三者之间的关系未形成成熟的互动模型。教育改革不断推进,对于家校合作机制的研究,将有效助力学生素养的培育、现代学校的推进、家庭教育水平的提升、文明社区的建立和教育的现代化建设。

参考文献

[1] 中华人民共和国教育部. 教育部关于印发《教育信息化 2.0 行动计划》的通知[EB/OL]. (2018-04-18)[2022-07-02]. http://www.moe.gov.cn/srcsite/A16/s3342/201804/t20180425_334188.html.

[2] 王晓燕. 教育信息化是家校社协同育人的战略选择[N]. 中国教育报, 2022-03-18(2).

[3] 田薇臻. 浅谈家庭教育中的家长参与[J]. 世界教育信息, 2020(7):68-70,72.

[4] 帅筱悦,芦咏莉. 居家学习期间父母陪伴与儿童成长的关系[J]. 中小学心理健康教育, 2021(9):8-12.

[5] 杨小斌,黄月,彭超. 选课走班制改革进程中的家校协同教育探索[J]. 中国电化教育, 2017(10):15-22.

[6] EPSTEIN J L. School/family/community partnerships: caring for the children we share[J]. Phi Delta Kappan, 1995, 76(9):701-712.

[7] 张俊,吴重涵,王梅雾,等. 面向实践的家校合作指导论:交叠影响域理论综述[J]. 教育学术月刊, 2019(5):3-12.

[8] 吴重涵,王梅雾,张俊. 家校合作:理论、经验与行动[M]. 南昌:江西教育出版社, 2013.

[9] 乔伊丝·L. 爱普斯坦. 学校、家庭和社区合作伙伴:行动手册[M]. 吴重涵,薛惠娟,译. 南昌:江西教育出版社, 2013.

萍乡教研工作的体会和思考

◎ 汤 华

> **摘　要**　教研工作是基础教育质量的重要支撑。发挥教研工作在推进教育综合改革，构建高质量教育发展体系，全面提高教育质量方面的支撑作用，需要在改革中抢抓机遇，在规范中补齐短板，在继承中创新实践。
>
> **关键词**　高质量发展　教研工作　服务

　　萍乡教研系统坚持"小地市办大教育"理想，紧扣时代要求，明确使命价值，以"有内涵的教研,有质量的供给"为工作思路，以能力建设夯实教研基础，以创新担当提升服务水平，推进教研转型，全面落实立德树人根本任务，促进教育高质量发展。

一、夯基筑体，加强能力建设

1."软+硬"思想共识,凝聚教研力量

　　2015年，萍乡市获得江西省高质量发展考核评价"教育发展"考评第一名，2018年，按下了从义务教育基本均衡向优质均衡迈进的"启动键"。答好内涵式发展"必答题"，走好高质量发展"长征路"，"教研"作为基础教育质量的"关键软件"必不可少已成为共识。全市教育系统秉持"教研是教育发展的第一生产力"理念，将打造"有内涵、有特色、有作为的教研"作为重点工作列入"读在萍乡、魅力教育"战略发展规划，结合实际出台《萍乡市关于加强和改进新时代基础教育教研工作的实施意见》，计划用3～5年时间建立起富有萍乡特色的新时代教研体系。市教育局对教研工作保障做到"有求必应"，2019—2022年年均下拨50万元专项经费弥补教研经费不足，2022年增加640 m² 市教研室办公用房并增拨80万元用于修缮。各县区将教科研工作作为重要指标细化，列入基层学校绩效考核和"名师名校长名学校"评选中，每年召开教科研工作大会，对在教育科研工作中表现突出的单位和个人进行

作者简介　汤华，江西省萍乡市教学研究室副主任，江西省初中物理学科带头人，本科学历。

表彰。教研工作不仅在教育系统内"优先""置顶",在系统外也经常被"高看一眼,厚爱一分"。市人社局在职称评聘、岗位设置中开"绿灯",做到应评尽评、应聘尽聘,让教研员无后顾之忧。萍乡教研在领导的高度重视和高位推进下,以研促教、科研兴校的氛围越来越浓,"不重视教研的教育局局长是不合格的局长,不重视教研的校长是不合格的校长,不重视教研的教师是不合格的教师"已成为萍乡教育人的共识。

2. "1+N"队伍模式,增强教研力量

2021年萍乡事业单位机构改革,市教研室编制数从20人增至26人,增幅达30%,同时还增配了1个正科级和1个副科级领导岗位职数;为配齐配足学科专职教研员,2022年面向全市选调6名优秀教师。各学段各学科成立了学科中心组,1个学科教研员配备N个中心组成员,职业教育学科因门类众多也成立了12个学科中心组。县区教研室结合自身实际建立专兼结合的教研队伍,通过"传帮带"形式建立阶梯教研队伍培养模式,以1个专职教研员配备N个兼职教研员,或以1个名师工作室配备N个骨干教师的"1+N"模式改变单一教研队伍模式,实现从"单兵作战"向"团队协作"转变,充实和壮大了教研团队力量。

二、同频共振,提升服务水平

1. "点+面"管理机制,服务学校教育教学

义务教育教研员以学科教研基地为点,全市中小学、幼儿园为面,开展送教送培、调研指导、专题讲座等活动,高中教研员以学科为点,以学校为面,每学年开展3轮专题调研,指导新课程新教材新高考。建立教研员联系学校制度,以5年为一周期,至少联系1所农村或城镇学校,每学期进行至少2次现场指导,持续开展课堂诊断、集体备课指导等工作,发挥以点带面作用,帮助教师提升教学水平和教研能力。开展教学教研工作示范校创建工作,通过典型引领、校际互动等方式,帮扶薄弱学校,促进教研、教改优质均衡发展。

2. "课堂+课题"教研平台,服务教师成长

采取"教研训一体化"策略,围绕探索"绿色低碳"课堂,建立"层层选拔、现场赛课、专家点评"机制,开展全学段全学科全覆盖的优质课比赛,围绕学科难点开展"主题式"同课异构赛课和"送教下乡"活动,围绕教师基本功开展青年教师教学大赛和音体美、幼儿教师技能大赛……一大批教师在比赛平台上快速成长,不仅站稳站好了讲台,还逐步成为学科骨干,萍乡连续五年荣获全省优秀课例展示活动"优秀组织奖"。采取课题引领策略,激发教师成长内生动力,一方面通过开辟小课题等平台增加机会供给,通过集中和分散、线上和线下培训增加服务供给,打造萍乡课题1.0版,实现课题增量,课题在研教师比例最高达21%。另一方面建立"一平台两抽查""人防+技防查评""结项现场展示答辩"等机制,严格过程管理,以制度保障课题增质。同时,为了防止课题研究与教育教学"两张皮"现象,聚焦教学问题,开展了一系列课题课堂研讨活动,推进课题真正服务教育教学。自2020年至2023年6

月,萍乡有5项课题获省教育教学成果奖、6项课题获省教育科学优秀成果奖,3项课题入围国家教学成果奖培育项目,"芦溪县构建提高农村幼儿园保教质量'教研＋'联动模式的成功实践"入选全国基础教育优秀工作案例,3次在全省作典型经验介绍,"落实'五度'提升教育软实力"课题工作经验文章发表在《中国教师报》上,"课题热"已然成为萍乡的一道亮丽风景线。

3. "课程＋课后服务"有效供给,服务学生全面发展

萍乡市教育局坚持课程思政与思政课程"协同育人",推进两类课程互联互通,出台《中小幼德育课程一体化建设指导意见》,形成学段纵向衔接、学科横向融通、课内外深度融合的德育课程实施体系,荣获第五届全国未成年人思想道德建设先进单位称号。开展"核心素养年"活动,加强对教学、作业和考试评价等育人关键环节的研究,在内容、策略、方法、机制方面开展探索,使各项行为都关注到育人上来,落实到核心素养上来[1]。充分挖掘课后服务资源,开展"五育融合"学校特色课程体系建设行动,加强校本课程建设,推进"梦想课程",力促"育人有课程,校校有特色",以丰富的课程为学生提供个性化的学习机会。全省校本课程展示交流活动连续在萍乡召开,麻田学校"摔跤进课堂"特色办学项目入选中国基础教育典型案例。持续实施了"五育并举""艺体提升""特色创培"等丰富多彩的学生素质展示活动,为学生个性化发展搭建平台,力争使学生"身心健康、低进高出、高进优出、全面发展",萍乡团队在WER机器人世界锦标赛等赛事中荣获多个一等奖,皮影戏节目在全国中小学生艺术展演活动中获一等奖,萍师附小"萍乡春锣"、长丰学校"葫芦丝"表演登上央视,萍乡空军飞行员录取数连续多年名列全省乃至华东各地市第一。

4. "上＋下"工作模式,服务教育行政决策

打破单向输出指导模式,利用校本教研、片区教研、联片教研、网络教研等教研平台,探索重点项目联合攻关机制,构建以问题为导向的自上而下、自下而上,双向循环、上下贯通模式,重构市县校组四级教研体系,变传统上传下达命令式的教研组织形式为学术共同体式,实现四级教研体系互促互长。"上"一级教研机构下沉一线,通过调查研究、专题研讨等形式收集信息,确定重点教研主题;"下"一级教研单元结合自身实际或教研需求,研制方案并反馈至"上"一级教研机构,形成主题与问题、计划与解决、反馈与评价一体的双向循环模式,让教研与教学实践始终同向同行,从而增强实效。《萍乡市小学非纸笔测评指导意见》《萍乡市义务教育阶段学校课后服务课程建设的指导意见》《学科教学指导意见》等文件,就是在几上几下、反复论证的基础上出台的,切实履行了教育参谋角色。

三、守正创新,深化教研转型

1. "需求＋平台"融合,赋能教研

"双减""新课标""课后服务"……新时代使教育发生新变化,教研若要为教师迎接新挑战赋能,就需要紧跟时代步伐、把准时代脉搏,在搭平台、补短板、优服务、促发展中体现自

身价值。我们紧盯转型最突出的"瓶颈",发展最脆弱的"短板",教师最渴望的"红利",以"立德树人为目的,有效供给为手段,项目建设为抓手",出台了《关于进一步加强教研工作平台建设的实施意见》,打造了学生、教师、学科、课程、教研协作、评价诊断、资源共享、队伍建设八大平台26个项目。八大平台各项目的实施,涵养了萍乡教育的"绿水青山",其"魅力"与"活力"并举,"民声"与"掌声"同在,有效性得到了广泛认可。

2. "实践+共享"融合,赋能教师

以教学实践为载体,组织教师形成研究和实践的共同体,通过"问题—专题—研究—实践—改进"流程,解决日常教育教学问题的范式为教师赋能。[2]萍乡市教育局及时出台了《关于进一步加强教研组建设的意见》,"以评促建"加强校本教研和教研组建设。同时教研员主动对接一线,通过自身的专业能力、影响力和组织力赋能教师。如开展高三复课备考研讨会,共享优秀经验,搭建稳定的校际专题交流平台,有助于教师把个体的优秀经验转化为群体的优秀经验;链接学科专业、学科教学的专家共同开展主题教研活动;链接学科内容与学科资源,指导教师设计建立挑战性任务,达到精准教研效果。

3. "线上+线下"融合,赋能教育

积极探索"信息技术+教研"深度整合,构建"纵向互通、横向互联、线上线下互补"的新型网络教研模式。在全市优质课比赛中采用课堂教学网络直播、UMU等移动软件实时评课,近80万人次围观。中小学"海量阅读"现场展示交流会现场直播,超25万人次围观,好评如潮。线上课堂、线上教研、线上课题工作培训、线上研讨会已成教研常态。积极融合各方助力教育,形成以教研室为主导、教学名师为主体、公益组织通力协作的教研工作新格局。例如组织开展"萍聚京城大讲堂"线上讲座50多场,邀请学科名师通过"网络直播课+现场答疑"的方式开展"线上公益直播课"近百场,与公益组织灯塔计划联合开展"百人千场"专家名师送教活动18场,受众超过60多万人次,切实减轻了学生校外培训负担,赢得了师生家长的好评。

回望过去,"改革"和"规范"成为教育的关键词;我们在汲取历史智慧中守正创新,在紧扣时代脉搏中开拓进取;我们锚定发展目标,勇于革故鼎新,重塑教育生态;教学教研实现"零距离",服务"全覆盖",教育科研成果"捷报频传"。2015—2021年萍乡连续七年获省高质量发展考核评价"教育发展"考评第一名,在全省率先全域通过县域义务教育基本均衡发展国家督导评估,先后在全国职业教育创新发展高地建设交流研讨会、全省职业教育大会、全省基础教育综合改革经验交流会等重要会议上作典型发言,《人民日报》、新华社、央视《新闻联播》多次深度报道萍乡教育发展成就,萍乡教育呈现优质、均衡、协调、公平的发展态势。

四、结语

教研工作是保障基础教育质量的重要支撑。进入新时代,教育综合改革的"四梁八柱"

已经搭建,"内部装修"还需要教研更大支撑。但萍乡教研工作还存在教研队伍不健全、教研方式不科学、教研内涵不丰富等问题,这些问题摆在发展素质教育、全面提高基础教育质量的新形势新任务新要求前面,亟须加以解决。更好地履行"四个服务"职责,推进教育高质量发展,需要我们在改革中抢抓机遇,在规范中补齐短板,在继承中创新实践,在科研中深练内功,提升本领;需要我们解放思想,潜心研究,赓续百年初心,担当育人使命,求真务实,接续奋斗,在全力推动教育高质量发展新征程上,留下我们教研人一路向前的坚实足印!

参考文献

［1］中华人民共和国教育部.教育部关于加强和改进新时代基础教育教研工作的意见[J].中华人民共和国国务院公报,2020(8):69-72.
［2］罗滨.教研应为教师迎接"双减"挑战赋能[N].中国教育报,2022-02-25(5).

大学附中依托大学开展生涯教育路径优化分析[*]

◎ 康校博

摘 要 大学附属中学是高中和大学合作的前沿阵地,生涯教育是中学和大学合作的重要内容。以上海市 Y 区 A 大学及其两所附中为例,目前大学附属中学依托大学开展生涯教育主要有课程合作、活动合作、个别指导合作等路径。其合作经验包括:衔接机构职责明确、生涯探索领域广泛、生涯教育路径多样、生涯教育合作方式多元。同时其也存在生涯教育价值遮蔽、合作缺乏深度、生涯教育形式化等问题。研究认为,可以从回归生涯教育价值、推动合作深度增加、重视顶层设计等方面推动大学附中依托大学开展生涯教育路径的优化。

关键词 大学附中 依托大学 生涯教育 路径优化 教育衔接

一、背景介绍

生涯教育是"结合人的不同阶段学习目标,指导学生结合当前学习,规划未来职业和人生发展的教育过程"[1]。它主要传授关于认知自我、认知社会,探寻生活和人生的意义与价值的知识[2],并通过生涯适应力和核心能力训练,使每个人都能够充分挖掘自己的潜能、积极应对时代和人生的变化,并对未来自我角色选择作出合理的规划。高中实施生涯教育的主要途径包括:生涯教育课程教学、生涯教育课外实践活动,以及个别指导等。[3]

为进一步贯彻落实《国家中长期教育改革和发展规划纲要(2010—2020 年)》和《上海市中长期教育改革和发展规划纲要(2010—2020 年)》关于"建立学生发展指导制度"的意见精神,2018 年,上海市教育委员会发布《关于加强中小学生涯教育的指导意见》,就生涯教育的

---

[*] 本文为国家自然科学基金面上项目"面向大中学智慧衔接的动态学生画像和智能学业规划"(项目编号:62177036)和 2022 年上海高校智库内涵建设计划项目"上海高中高校协同育人优化路径研究"(项目编号:2022ZKNH018)的阶段性研究成果。

作者简介 康校博,同济大学高等教育研究所硕士研究生。

目标、内容、途径等提出了明确要求,率先推进中小学生涯教育的全覆盖,建立生涯教育保障制度。在制度上强调一体化原则,指导意见强调,开展中小学生涯教育,要加强顶层设计和整体规划,按照大中小幼一体化德育体系的建设要求,发挥各方育人合力,形成结构合理、层次渐进、各有侧重的中小学生涯教育体系[4]。

从2001年颁布的《国务院关于基础教育改革与发展的决定》[5]到2019年颁布的《中共中央、国务院关于全面深化新时代教师队伍建设改革的意见》[6]都强调了大学在促进基础教育领域办学的重要性,因此基础教育依托高校开展生涯教育的重要性愈发突出。大学附中是大学和中学合作的前沿阵地。通过大学和中学的合作,可以弥补中学在教育资源方面的不足,助力中学解决教育问题。而大学在生涯教育方面拥有得天独厚的优势,是中学可以依托的宝贵资源[7]。

从生涯教育本身的特点和政策文件的精神来看,大学是中学开展生涯教育的重要资源,而目前大学和中学的合作对生涯教育领域的关注却相对较少。因此目前该领域的合作仍处于初步自发阶段,还未形成具体且成熟的开展路径。本文在实地调研的基础上进行梳理和归纳,从而了解大学和中学在生涯教育方面都开展了哪些合作,合作成效如何;最后从合作经验和问题建议入手,提出大学和中学开展生涯教育的路径优化建议。

二、研究对象

上海市Y区教育条件优越,在教育探索实验上处于全国领先地位,教育资源丰富,基础教育教学成果在上海各区中名列前茅,在大学和中学合作开展中,有更多的优势和实际有效的做法,具有很高借鉴意义。因此,本文将调查范围聚焦在上海市Y区,前期一共访谈了上海市Y区的3所大学的基础教育办学委员会的4名领导及工作人员、4所大学附属中学的13名教职人员及4名学生,以及6所普通高中的12名教职工。通过调查和访谈分析大学和大学附属中学的生涯教育合作现状,形成共8万字的调研访谈资料。其中,A大学及其两所附中A1、A2之间的生涯教育合作最具代表性,因此本文以此为案例进行研究。为了保护受访单位和受访者的隐私以及行文的方便,对访谈调查的受访者及受访单位进行编码处理。

三、大学附中和大学生涯教育合作概况分析

1. 生涯教育合作路径建设状况

在大学资源的帮助下,大学附中在生涯教育准备阶段和生涯教育实施阶段做出了丰富多彩的实践。生涯教育准备阶段的实践包括:生涯教育基础设施建设、生涯教育师资队伍建设、社团组织建设、生涯教育整体规划。生涯教育实施阶段的实践包括:生涯教育课程、生涯教育相关活动、生涯教育个别指导。

在生涯教育准备阶段,大学提供的主要协助如下:通过资金、物质资源和人力支持,促

进附属中学基础设施开发与建设;通过人力资源、课程资源等支持,促进附属中学师资培养;通过组织资源支持,促进大学与附属中学社团组织对接;通过文化资源传播,宣传大学文化理念,为附属中学整体生涯规划确立目标。

在生涯教育实施阶段,大学提供的主要协助有:通过课程资源和人力资源支持,完善附属中学生涯教育课程体系;通过资金、人力资源的支持,助力大学附属中学开设特色活动;通过人力资源支持,对附属中学进行生涯教育个别指导。从中可以看出,大学附属中学和大学在生涯教育方面合作路径多样,并且在生涯教育准备和生涯教育实施阶段开展了多种类型的合作。

具体而言,大学附属中学和大学在生涯教育不同阶段的合作路径建设程度不同,同时附属中学的生涯教育每个方面的具体状况也存在差异。结合 CIPP 理论,可以分三阶段对案例附属中学生涯教育进行考察,即准备阶段、实施阶段、评价阶段;与之相对应的评估分别是背景与输入评估、过程评估和成果评估[8]。按照以上阶段对大学附属中学的生涯教育情况及大学附属中学与大学生涯教育合作情况进行考察,可以发现大学附属中学和大学在部分路径上的合作十分出色,其成果也非常显著;但同时在一些路径上合作开展得相对较少,与之相对应的是附属中学的部分生涯教育措施还不完善,具体情况如图 1 所示。

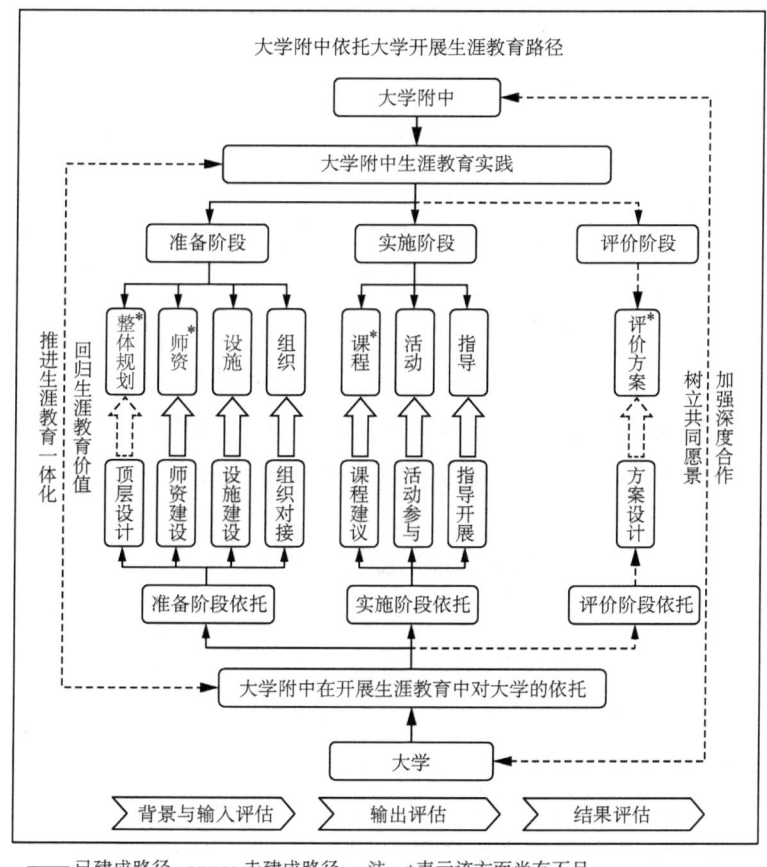

图 1　大学附中依托大学开展生涯教育路径

2. 生涯教育合作具体措施

生涯教育准备阶段的工作最终还是要落实到生涯教育实施,下文将从生涯教育的实施入手,具体介绍大学附中和大学在课程、活动、个别指导方面的合作。

(1) 课程合作

生涯课程合作:两所附中都开设了生涯指导课程,课程具体分为长期课程和短期课程,长期课程为学校直接开设的生涯指导课程,短期课程主要为学科指导讲座。附中长期课程在课程开发和师资培养上与大学直接合作较少,短期课程主要是学校在特定的时间节点请大学教授来校做讲座,对学生选课、填志愿等进行指导(受访者 A2-3)。

学科融合课程合作:两所学校对学科融合课程的重视程度较低,因此合作相对较少。在国家规定的必修课程上,A1 附中尚未意识到生涯教育和学科融合的重要性,只有 A2 附中曾邀请大学专家对学科教师进行学科融合生涯教育培训(受访者 A2-2)。

选修课程合作:在选修课上,附中和大学联系紧密,开设了多种多样的兴趣扩展课程,如 A1 学校开设了 10 余门大学选修课程,其中包括高等数学思维、德语入门等(受访者 A1-3)。

(2) 活动合作

按照生涯教育活动是否在日常教育中开设,可以将附中生涯教育活动分为常规活动和非常规活动。其中,常规活动包括班会、社团活动、志愿服务工作和学生课题研究;非常规活动种类多样,如职业规划比赛、暑期夏令营等。常规活动中,班会主要由班主任负责,如有班级请大学的学长学姐在班会课上讲述大学的生活(受访者 A2-3)。社团活动方面,两所附中都有各具特色的社团,可以使学生了解自己感兴趣的社会职业和专业。特别是 A1 附中和大学紧密相连,社团组织相互对接,给予学生进一步接触大学生和了解大学的机会(受访者 A1-1)。在社会实践工作上,A1 附中学生可以通过大学渠道参与大学海洋学院的志愿服务工作(受访者 A1-2)。在课题研究上,两所附中也会在学校教师指导学生开展课题研究的基础上,邀请大学专家对学生进行指导。在特色活动上,A1 和 A2 附中学生都会参加 A 大学举办的暑期夏令营活动,由学校教师带队前往大学进行为期一周的学习体验,了解大学的专业,进行和学校特色有关的专业实操(受访者 A0-1)。

(3) 个别指导合作

案例附属中学在学生的生涯教育个别指导方面对案例大学的依托较少,主要依托方式为案例附属中学学生与大学学生建立联系,大学学长学姐与附属中学学生就在生涯发展中的困惑进行沟通交流。如 A1 附属学校与大学联合开办特色实验班,同时为学生安排特色的大学体验活动,活动中每个同学将有机会与 A 大学学长学姐一对一交流。

3. 生涯教育合作成效评价

生涯教育的重要目标是提高学生的生涯适应力。Savickas 认为生涯适应力包括 4 个维度:生涯关注、生涯自主、生涯好奇和生涯自信[9]。案例大学附属中学的生涯教育实践主要集中在生涯教育准备和生涯教育实施阶段,而生涯教育评价阶段的实践相对缺失。为了了解大学附中生涯教育实施具体效果,本文将从提高学生的生涯适应力角度切入,结合访谈和实地调研分析案例附中生涯教育的成效。

在课程上,教师通过课程引发了学生的生涯关注和生涯好奇。在生涯指导课程上,学生对未来有了基本的关注意识,引发了学生的生涯关注。在大学来中学开设的选修课上,学生通过选修课对自己感兴趣的专业课程有了基础的认识。但在课程开设过程中,也存在大学教师不了解高中生的知识水平,导致兴趣选修课程无法很好地适应中学生学情,出现了学生听不懂和学不会的情况(受访者 A1-3)。在短期课程和讲座上,学生对大学的专业有了初步的了解,但是大学招生办和大学招生组织给予的信息带有自身招生立场,反而会使学生听完之后更加迷茫,因此具有很强局限性(受访者 A1-6)。

在活动方面,学生通过生涯教育活动,进一步激发了自己的生涯关注和生涯好奇,而一些和大学紧密联系的活动,也进一步增强了学生的生涯控制和生涯自信。日常活动上,学生班会活动会引起学生对自身未来职业探索的关注,学生们对一些更贴近自己实际情况的学长学姐分享的经验十分感兴趣(受访者 A1-4)。在志愿服务活动中,学生了解了社会上有不同的职业(受访者 A2-4)。在课题研究中,有学生将自己的研究进一步深化,在大学的资源支持下,进入大学的实验室和大学的研究团队作研究,甚至在填报高考志愿时仍然选择相关专业,确定自己的学涯方向。例如,有学生对无人机非常感兴趣,因此除了做无人机送外卖的课题研究之外,还成功进入航空航天与力学学院继续深造(受访者 A1-1)。

在个别指导方面,一些学生会主动寻求教师和学长学姐的帮助,从而解答自身部分疑惑。但指导者有时会遇到一些超出指导范围的问题,受个人经验的局限,指导者没办法给予学生全面的指导(受访者 A2-1)。

4. 生涯教育合作经验总结

综上所述,在生涯教育实施的过程中,大学附中开展的生涯教育活动渠道多样,对学生生涯适应力提升有很大帮助。其合作经验如下:第一,大学在支持大学基础教育集团办学时,要设立专门的机构负责对接和管理,赋予机构一定的资源组织和调用权利,这样能够确保衔接的职责明确,有效地促进合作成功达成。第二,大学附中在支持学生生涯探索时,要尽可能地为学生提供多领域的探索活动,从而最大程度地减小学生探索空间不足的限制,便于学生全方位地探索。第三,大学附中在开展生涯教育时,要注重对生涯教育不同路径的探索,如开展生涯教育特色活动、学科教学融合生涯教育知识等,使生涯教育能够落实到学生学习的各个方面,并且贯穿学生学习生活的全过程。第四,大学在对大学附中生涯教育进行支持时,既可以从间接途径入手,通过改善附属中学实施生涯教育的条件,提升附属中学自主实施生涯教育的能力,也可以从直接途径入手,直接帮助附属学校开展生涯教育课程和活动,加速学校生涯教育水平的提高。

四、大学附中和大学生涯教育合作问题审视

大学附中与大学在生涯教育取得成效的同时,也不可避免地出现了以下三个方面的问题。

1. 生涯教育价值遮蔽

生涯教育价值的遮蔽主要体现在两个方面。第一,部分大学附属中学领导对生涯教育的忽视。如一名领导讲道:"在中学阶段进行生涯教育应该是那些顶尖名校需要做的事情"(受访者A1-5)。可以看出,该领导将生涯教育和精英教育联系在了一起,从而不能深刻地明确生涯教育的内涵及生涯教育的重要性。第二,大学与基础教育衔接的相关部门工作人员对生涯教育工作的忽视。如案例大学相关工作人员讲道:"基础教育依托高校办学的要点不在生涯教育"(受访者A0-2)。而他之所以会产生这样的想法,是因为他没有真正理解生涯教育的内涵,而是简单地将生涯教育与职业教育挂钩。而功利主义思想是出现以上问题的重要原因,在其影响下,学校教育被"考试主义"所束缚,片面强调学生成绩和教育的时效性,忽视了对学生主体性的培养。

2. 合作的深度欠缺

大学附中与大学之间缺乏深度合作具体表现在:第一,双方互相了解的程度不高。如一名附中领导讲道:"我们现在遇到的问题就是,我们根本不了解大学里面到底有什么,有哪些是可以合作的"(受访者A1-2)。第二,大学附属中学和大学的沟通反馈机制不畅通。如一名领导讲:"我们现在和大学也没有比较好的沟通交流机制,遇到了需求去找谁落实都是个问题"(受访者A1-5)。第三,同所大学与不同附属中学之间合作差异显著。有学生说:"同样作为A大学附属系的中学,我们学校学生和A大学接触的机会比其他附中少"(受访者A2-4)。可见作为同一所大学的附属中学,其内在关系之间也分亲疏远近,使得一些较好的合作举措只能在某些学校实施,部分附中无法与大学进行更进一步的合作。而合作深度不高的原因主要有两点:第一,大学与附属中学合作主体关系不对等。第二,大学与附属中学的合作的利益需求不一致。

3. 生涯教育形式化

大学附中生涯教育形式化的表现主要体现在四个方面。第一,课程教学与活动之间缺乏系统组织。实地调研发现,案例附属中学生涯教育课程和生涯教育活动没有按照一个主线串联,而是存在典型的"两张皮"的现象,即活动和教学内容互不关联。第二,生涯教育课程教学在学校课程体系中地位较低。两所案例附属中学的生涯教育课堂教学内容都相对较少,其内容设计也相对较为随意,整体所占时间严重不足,难以让学生进行深刻探索。第三,生涯教育活动覆盖面较窄,活动深度较低。如学生讲:"有些活动只有班级第一名才能参加"(受访者A1-6)。由于大学资源、场地、设备、管理等限制,每次大学向附属中学开放

的时间有限,每次活动可以容纳的学生人数也有限,因此每次附中依托大学开展的生涯教育活动的覆盖面也相应地受到影响。第四,生涯教育活动缺乏及时评价反馈机制。对于在生涯教育活动中出现的问题,学校可能无法及时解决和调整,使得每次生涯教育活动和教学实践从某种层面上更多的是起到宣传作用,无法深入满足学生需要。而导致以上问题的主要原因是缺乏系统的顶层设计。在此影响下,学校无法对生涯教育目标、措施与评价进行系统论证和宏观把控,进而陷入生涯教育形式化的困境。

五、大学附中和大学生涯教育合作优化建议

针对以上问题,可以从回归生涯教育价值、增加合作深度、重视顶层设计等方面入手,对大学附中与大学在生涯教育方面的合作路径进行优化。

1. 回归生涯教育价值

"人是目的,而非手段。"[10]在教育实践中,要避免将教育简单化、工具化和机械化的倾向。大学附属中学和大学应当正确地认识生涯教育的内涵,以人本主义代替功利主义,贯彻落实以人为本和以学生为中心的教育教学理念,关注学生发展的核心素养与综合素质提高,使生涯教育回归其内在价值。具体而言,附属中学要转变自身的教育理念,坚持贯彻落实立德树人根本任务,为学生的终身发展着想,正视自身生涯教育的动机,致力于提高生涯教育的广度和深度,为学生带来更加多元化的生涯探索选择,以及更加深远持久的生涯教育影响。学科教师也应当改变自己的教学理念,注意在学科教学中引入生涯教育内容,挖掘教材与学生未来发展的结合点,努力提升自身的生涯教育教学能力。同时坚持以课堂教学与学生为中心,重视学生的发展差异,因材施教,助力每个学生认识自我、探索世界,最终帮助每个学生成长成才。大学相关基础教育工作人员应当认识到助力中学开展生涯教育的重要性,提高与中学在生涯教育方面合作的积极性,努力促进中学生开展生涯探索,同时更好地做好教育衔接,深入了解高中现状,改善大学适应性教育。

2. 增加合作深度

大学附中和大学要坚持"和谐""共生"的原则,树立共同愿景,增进彼此间文化认同,增加彼此间合作深度,促进大学附中和大学生涯教育一体化建设。首先,要坚持"和谐""共生"的原则。"和谐"是指要重视教育的各个要素,努力促成各个部分的共同发展。"共生"是指大学与中学合作中共同的提升与成长。其次,要树立共同愿景,增进文化认同,以促进彼此间深度合作。共同的愿景是大学附中与大学深度合作的基础和前提。大学附中和大学应当树立一个共同的愿景,即"帮助每一个学生成长,为祖国发展培养人才"。在共同愿景的基础上,大学附中和大学要采取措施,增进彼此间的文化认同,使附属中学学生对该大学拥有归属感。最后,大学附中与大学在生涯教育方面的深度合作的最终目的是促进大学附中和大学生涯教育一体化建设。具体而言,从纵向上看,大学和附属中学要在思想上加

强对生涯教育课程一体化建设的认识,着力解决大学附中和大学在生涯教育课程上相互脱节的问题,使大学和附属中学的生涯教育课程在目标上相互呼应,内容上相互贯通,最终使课程内容逐级放量、螺旋上升。从横向上看,要解决附属中学生涯教育课程合力不强的问题,实现协同联动,提高附属中学生涯教育课程质量。

3. 重视顶层设计

"顶层设计是对做一件事情的规划或者计划。"[11]做好附属中学的生涯教育顶层设计,一方面可以使生涯教育更加符合附属中学的实际情况,突显附属中学的办学特色。另一方面,可以使附属中学的生涯教育回归其应有的教育价值,突出其在附属中学教育体系中的地位,促进生涯教育活动和课堂教学运行有机整合,克服附属中学生涯教育形式化的弊端。美国、英国等多个在生涯教育方面颇有成效的国家,都十分重视生涯教育顶层设计,如英国颁布盖茨比基准(Gatsby Benchmarks),为英国大中小学的生涯教育提供了指导准则[12]。附属中学也应当重视生涯教育的系统设计,使附属中学生涯教育各项措施能够围绕同一主线,相互联系、互补相成,从而形成一个有机整体,发挥各项教育措施的合力,更好地促进学生生涯发展。一般来说,生涯教育顶层设计需要考虑以下内容:为什么要进行生涯教育?生涯教育具体的内容有哪些?如何开展生涯教育?如何做好生涯教育的评价和动态调整工作?附属中学可以通过对以上内容的考虑,思考如何设计适合附属中学自身情况的生涯教育方案,加强生涯教育的目标机制建设、内容机制建设、路径与方法建设、评价与监督反馈机制建设。

参考文献

[1] 杨志成. 新高考改革与高中生涯规划课程研究[J]. 课程·教材·教法,2018,38(10):105.

[2] 杜毓贞,辛颖. 生涯发展与辅导[M]. 北京:开明出版社,2012:6-8.

[3] 朱仲敏. 教育转型背景下普通高中生涯教育内容设计与实施路径研究[J]. 教育发展研究,2017(6):80-82.

[4] 上海市教育委员会. 关于加强中小学生涯教育的指导意见[EB/OL]. (2018-03-26)[2022-04-11]. https://view.officeapps.live.com/op/view.aspx?src=http%3A%2F%2Fedu.sh.gov.cn%2Fcmsres%2F92%2F92e1a37e0d4c4b858d8da44fe773b9eb%2F6b1d6ff01f0e4d087d4a4a6875d7b7fe.doc&wdOrigin=BROWSELINK.

[5] 中华人民共和国国务院. 国务院关于基础教育改革与发展的决定[J]. 中华人民共和国国务院公报,2001(23):29.

[6] 新华社. 中共中央、国务院关于全面深化新时代教师队伍建设改革的意见[J]. 中国高等教育,2018(Z1):6.

[7] 徐向东. 大学附中培养创新人才的研究[D]. 上海:华东师范大学,2016.

[8] 张春萍,孙培军. 基于CIPP模式的思政课评价指标构建[J]. 江苏高教,2021(10):82.

[9] 朱凌云.生涯适应力:青少年生涯教育与辅导的新视角[J].全球教育展望,2014,43(9):94.
[10] 俞吾金.如何理解康德关于"人是目的"的观念[J].哲学动态,2011(5):25.
[11] 闻邦椿.顶层设计原理方法应用[M].北京:机械工业出版社,2014:1-3.
[12] 潘黎,修南.英国生涯教育新变革:进程、障碍及其调整策略[J].比较教育研究,2022,44(8):78.

服务区域经济发展视角下高职院校"双师型"教师教学创新团队建设研究

◎ 毕 波

> **摘 要** 高职教育是与区域经济发展联系最为紧密的教育类型,创建"双师型"教师教学创新团队成为高职院校更好地服务区域经济发展的关键。当前,教师教学创新团队建设还存在着教师资格认定标准不统一、人才结构不合理、校企合作不深入、考核管理不科学等诸多问题。为此,应采取多方面策略,包括统一教师资格认定标准、优化人才结构、深化校企合作、完善考核管理制度,以提升教学创新团队的建设水平。
>
> **关键词** 高职院校 "双师型"教师 教学创新团队

习近平总书记在党的十九大报告中指出:"我国经济已由高速增长阶段转向高质量发展阶段"。2019 年,国务院印发《国家职业教育改革实施方案》,提出职业教育"经过 5—10 年左右时间,……,由追求规模扩张向提高质量转变"。高等职业教育是与区域经济发展联系最为紧密的教育类型,为区域经济发展提供人才和智力支撑,其中,"双师型"教师教学创新团队是保证人才培养质量的关键。本文以服务区域经济发展为视角,从建立团队标准体系、优化团队成员结构、深化校企合作、完善管理制度等方面,探讨如何建设高素质的高职院校"双师型"教师教学创新团队,为区域经济发展提供充足、优秀的技术技能人才。

一、高职院校"双师型"教师教学创新团队建设的现实意义

1. 建设"双师型"教师教学创新团队是完善国家职业教育制度体系的时代诉求

进入新时代,党和国家对教师队伍建设更加重视,提出更高要求。为了落实立德树人根本任务,习近平总书记提出做"四有好老师"的要求,并在全国教育大会上提出将教师队伍建设作为基础工作。教师是教育发展的第一资源,是国家富强、民族振兴、人民幸福的重

作者简介 毕波,同济大学职业技术教育学院,教育专业硕士研究生。

要基石。当前,我国正处于经济发展新常态、供给侧结构性改革的转型发展期,经济增长进入高质量水平阶段,产业发展需要高素质技术技能人才支撑,师资队伍建设是提升技术技能人才培养质量的关键[1]。

优秀的职业教育师资能够为构建现代化职业教育体系,为经济社会高质量发展、产业转型升级培养高质量技术技能人才。2019年国务院印发的《国家职业教育改革实施方案》中提出:"探索组建高水平、结构化教师教学创新团队,教师分工协作进行模块化教学。"同年8月,教育部等四部委联合印发《深化新时代职业教育"双师型"教师队伍建设改革实施方案》,明确"分年度、分批次、分专业遴选建设360个国家级职业教育教师教学创新团队"的建设目标,并系统地提出了教学创新团队的建设目标和相关保障措施。一系列政策文件的出台,不仅为高职院校师资队伍建设提出了新要求、指明了新方向,更为"双师型"教师教学创新团队建设提供了新视角、新模式、新思路。

2. 建设"双师型"教师教学创新团队是促进区域经济高质量发展的必然要求

加强高职院校"双师型"教师教学创新团队建设有利于提升高职院校在人才培养、科技创新、社会服务三个方面服务区域经济发展的能力。高职教育从本质上来说就是区域经济发展的教育,其持续健康发展植根于它对经济社会的适应、调节和引领,其历史使命在于通过人才培养、科技开发、社会服务推动产业技术升级,促进区域经济社会发展[2]。目前,高职院校人才培养的供给侧与企业人才的需求侧之间存在一定矛盾,一方面,企业用工缺口很大,另一方面,高职学生就业困难[3]。为解决人才供需之间的矛盾,为区域经济发展注入创新动能,并提供充足的高级技术技能人才,高职院校必须注重一流的师资队伍建设,打造优质的教师创新团队,为社会经济发展提供人才保障。一般而言,"双师型"教师既应具备扎实的专业理论基础、良好的教学能力,又应具备丰富的企业实践经验和熟练的操作技能;在教学过程中能够结合技术变革、企业需求,适时调整人才培养方案和授课内容,以满足区域经济发展所需技术技能型人才的培养需求。

3. 建设"双师型"教师教学创新团队是发展高质量职业教育的必然要求

为落实立德树人根本任务,《国家职业教育改革实施方案》提出一系列重大改革举措,如健全德技并修、工学结合的育人机制;实施"1+X"证书制度,彰显职业教育的类型特色;开展"三教"改革,实施课堂革命;建设"学分银行",打造职业教育和培训一体化体系等。这一系列重大举措为我国职业教育指明了发展路径,对职业教育教师提出了挑战:职业教育教师不仅要具备扎实的理论基础、熟练的操作技能,还要具备卓越的创新意识、创新思维和能力。

教育部等四部门联合印发《深化新时代职业教育"双师型"教师队伍建设改革实施方案》,提出加强"双师型"教师队伍建设,建立360个职业教育国家教师教学创新团队。2021年,中共中央办公厅、国务院办公厅联合印发《关于推动现代职业教育高质量发展的意见》,指出职业教育是国民教育体系和人力资源开发的重要组成部分,肩负着培养多样化人才、传承技术技能、促进就业创业的重要职责。

二、高职院校建设"双师型"教师教学创新团队面临的挑战

1. "双师型"教师资格认定标准不统一

"双师型"教师资格认定标准为创建"双师型"教师教学创新团队提供规范。截至目前，我国职业教育教师准入条件政策文本中并未强制规定教师应具备企业相关工作经历，而德国、新加坡等国普遍规定职业技术教育教师要拥有5年以上企业工作经历[4]。1993年颁布的《中华人民共和国教师法》、1995年发布的《教师资格条例》中均没有明确"双师型"教师的认定标准。《深化新时代职业教育"双师型"教师队伍建设改革实施方案》将"双师型"教师定义为同时具备理论教学和实践教学能力的教师。然而，据调查，不同地区、不同双高院校目前均采用自己内部制定的"双师型"教师认定标准，在各院校的实施过程中，容易出现对"双师型"教师内涵界定不清晰、指标模糊等问题，这将在一定程度上影响"双师型"教师职业能力的界定，从而影响"双师型"教师的培养[5]。此外，我国现有"双师型"教师教学创新团队的认定标准主要集中在"双师型"教师认定层面，缺乏创新团队的相关标准，例如创新团队组建标准、评价标准、考核体系、保障制度等，导致团队成员责任不清晰，无法调动团队成员积极性，影响了高质量创新团队建设，并且教师教学创新团队建设仍没有摆脱传统的学科导向的构建逻辑，多根据教学内容分工，一旦课程发生改动，相应的教学团队成员就需要调整[6]。

2. "双师型"教师教学团队人才结构不合理，来源渠道单一

高职院校"双师型"教师质量决定学校整体师资质量，也决定着学校人才培养质量。

在现行教育体制和人事管理制度下，高职院校"双师型"教师主要来源之一为研究型院校的应届毕业生，以硕士研究生为主，也有少量博士研究生。应届毕业生经历过系统的科研训练，掌握了系统的专业理论知识，但是缺乏企业工作经验和职业教育相关理论基础[7]。高职院校"双师型"教师的另一重要组成部分是引进企业的技术人员，他们具备企业工作经验和良好的实践操作技能，但没有经过系统、规范的教师从业资格培训，并且理论基础和科研能力也有待提升。此外，当前高职院校"双师型"教师中有一部分是原中职学校升格后的存量师资，他们具备丰富的教学经验，但在学历、职称和科研创新能力上稍显不足。

因为体制差异，高职院校很难从企业中引进生产实践经验丰富的技术骨干和专家，因此，学校内"双师型"教师团队成员大多由校内专业教师构成，缺少行业专家和骨干。此外，在团队管理实践中，很多高职院校管理者过分依赖骨干教师的力量，没有充分发挥集体力量，教学团队协作氛围不浓；团队成员间缺乏沟通，过度关注个人利益，束缚了团队优势发挥。

3. "双师型"教师教学团队质量不高,企业缺乏深度参与

"双师型"教师的培养是一个系统、长期的工程,不仅需要政府相应政策支持,更需要高职院校的保障实施和企业的深度参与。然而目前高职院校"双师型"教师培养模式单一,并且企业缺乏足够的热情参与"双师型"教师培养。首先,高职院校"双师型"教师培养以高职院校自主培养为主,培养方式以教学研讨、讲座、论坛等形式为主,关注理论、经验的传授,忽略教师行业最新技术、实践操作技能的培训,导致"双师型"教师培养质量不高,而且无法覆盖所有专业教师。其次,高职院校教师在对口校企合作单位的实践学习多以短期实践和项目化实践为主,没有系统、长期、深入开展,使"双师型"教师培养流于形式,培养质量难以提高。最后,按照职业教育教师企业实践相关规定,高职院校专业教师需要在5年内参与总计6个月的企业实践活动,存在着时间短、效果不明显的弊端。

4. "双师型"教师教学团队人才培养缺少科学有效的动态管理和考核机制

目前,高职院校"双师型"教师主要由校内专任教师及外聘教师构成。两类教师来源渠道不同,管理难度大,在考核机制方面存在以下两方面问题。一是在考核内容上,校内专任教师在教学理论、能力和实施方面具备较高水平,而外聘教师更擅长实践操作,但固定的考核指标内容体系难免无法准确衡量两类教师的价值和教学质量。二是在考核方式上,目前大多数高职院校围绕人才培养、教学科研等方面制定了量化考核制度,并进行针对性的结果性评价,而对教师专业素养和态度等方面缺乏过程性考核评价指标。对于外聘教师,受编制或身份限制,学校无法对其进行有效的管理和评价,统一的考核方式难免易使考核流于形式,不能进行科学有效的管理、督促和激励。

高职院校教师职称晋升中"重学术""轻实践","重理论""轻技能"倾向严重,容易使教师轻视实践能力培养,不愿意全身心投入企业实践。此外,高职院校对"双师型"教师缺乏激励,在职称评定、项目申请、绩效工资发放、年终考核等方面没有向"双师型"教师倾斜,无法全面衡量"双师型"教师的能力、素质等绩效指标,使之产生收入与付出不匹配的心理,影响其工作积极性和主动性。

三、服务区域经济发展视角下高职院校"双师型"教师教学创新团队内涵及建设路径

1. 高职院校教师教学创新团队的内涵

教学创新团队是以某一专业建设为载体,由具有共同价值观和明确奋斗目标,团结协作、共担责任的教师和教学水平高、学术造诣深的带头人负责,组成的高水平、结构化的教师群体[8]。"高水平"是创新团队的根本要求,为落实立德树人根本任务,教师教学创新团队要贯彻党的教育方针,加强师德修养,改进师风建设,做"四有"好教师;为培养高质量人才,教师教学创新团队成员在教学理念、教学方法和能力、实践操作能力、创新理念和能力、

服务社会能力等方面要具备较高水平,人才培养质量过硬,教育教学成果丰硕;团队成员优势互补,协同探索职业教育教学模式实践创新,增强高职院校和专业群的竞争力和吸引力。结构化是教师教学创新团队的首要特征,即团队成员学缘结构、年龄结构、专业技术职务结构、知识技能结构互补[9]。为促进创新团队的可持续发展,《全国职业院校教师教学创新团队建设方案》对创新团队结构多元化提出要求,团队成员中应50%以上是"双师型"教师,高级专业技术职务(职称)教师占比40%以上,来自行业企业且具备5年以上相关工作经验的高级技术人员不少于3名。除高职院校专任教师外,为深化校企合作,团队中要有来自企业一线的技术人员;团队中还要有一定数量的行业专家,以便准确把握行业发展动态,及时掌握最新技术。多元化的团队成员来源结构能够促进成员间分工协作、责任明确且能力互补的氛围生成。

2. 服务区域经济发展视角下高职院校"双师型"教师教学创新团队建设路径

(1) 对接区域经济发展需求,完善"双师型"教师教学创新团队标准体系

服务区域经济发展是高职院校社会服务功能的重要体现。教育主管部门应进行顶层设计并牵头,由职业教育专家、高职院校教师、行业企业专家、企业技术人员等多方共同制定高职院校"双师型"教师准入标准。标准制定过程中,要将高职院校人才培养目标与区域经济发展对不同层次人才的需求相结合,准确把握高职教育的本质特征,制定统一、规范、明确且可操作性强的高职院校"双师型"教师准入标准。在制定准入标准过程中,可依据区域经济发展实情,借鉴德国、新加坡、澳大利亚等职业教育发展成熟国家的准入标准,促进我国标准制定的科学性、合理性。

高职院校教师教学创新团队建设要从"双高"政策出发,从教师的教学能力、实践能力、科研创新能力等多维度丰富创新团队内涵,依托区域经济中的主体产业结构,建设创新团队创建的标准体系,包括创新团队的组建标准、团队建设过程评价指标、团队建设成效评估指标等;明确创建创新团队的总体目标和工作进程,并将其分解为阶段性的任务目标,实时监控各目标完成的进度和质量,发现问题并及时纠正。

(2) 优化人员配置,确保团队成员结构合理

构建"人尽其才,才尽其用"的制度体系,以业绩贡献和能力水平为导向,完善年度考核、聘期考核、专业考核和部门考核制度,推进团队成员能上能下、非升即走的管理模式[10]。优化高职院校"双师型"教师教学创新团队成员结构的一项重大举措是拓宽人才来源渠道。高职院校要增加投入,吸引来自行业企业专家和高素质技术技能人才,引进具有丰富理论教学经验和实践教学能力的教师,实现具备丰富理论知识及教学能力的教师与擅长实践教学的教师优势互补,专任教师与兼职教师数量平衡。团队各成员既有自己的专长和发展方向,又有合理的分工和明确的责任。在专业动态调整、人才培养方案制定与完善、课程体系重构、项目化课程与教材建设、校内外实训基地建设及教学资源库建设等综合性的教育教学改革中,要开展深入研讨和持续协作,努力形成合作教改、合作研究、合作育人、合作发展

的态势[11]。团队带头人协调教学团队的运作,打造积极向上的团队文化,确定团队发展方向;行业企业专家引领团队的研究创新工作;骨干教师是团队的中坚力量,负责具体工作实施;青年教师能够为团队带来足够的活力和创新动能。

(3)深化校企合作,提升教学创新团队质量

① 共建"双师型"教师培训基地。地方政府教育主管部门牵头,职业教育集团搭建平台,根据高职院校人才培养目标和专业设置,寻找有条件、人才培养体系成熟的企业进行合作。在选取合作对象过程中,组织高职教师、行业企业专家进行评估,对企业实力、人才培养体系进行考察,使培训基地真正发挥师资培养的作用。

② 提升"双师型"教师企业实践的有效性。高职院校、企业、教师签订三方培养协议,规定职称评定、项目申请、绩效工资发放、年终考核等激励措施,将教师在企业实践中的表现和成果作为激励实现的重要依据,提高教师参加企业实践的积极性。根据高职院校自身专业建设需求,结合教师的水平、专业发展方向制定企业实践培养目标、工作任务,并细化为培养方案,使教师能够按照计划参与企业实践,真正提高自身能力。

③ 促进校企人才双向互动交流。构建校企人员双向交流协作共同体,建立校企人员双向流动、相互兼职常态运行机制[12]。鼓励高职院校教师以任务为导向参与企业实践或跟岗学习,在学习过程中将自身专业知识与生产实际相结合,取得更大成果;同时教师与企业专家或技术人员共同进行技术研发。在校企双方紧密配合中,促进技术创新,也使企业享受到校企合作的实惠,提高企业参与合作的积极性,实现"双师型"教师培养的良性循环。

④ 构建科学合理的管理制度,增强高职院校服务区域经济发展能力。职业教育管理的最大特点就是办学的开放性、综合性、灵活性。高水平、结构化教师教学创新团队建设是一项系统工程,制度建设需要校内各部门的相互协同,创新团队建设需要有创新的管理制度体系,要从管理转变为服务[13]。

第一,高职院校应多渠道筹措经费,保障"双师型"教师培养专款专用。充足的经费是保障"双师型"教师培养质量和制度落实的关键。首先,地方政府要出台相应扶持政策,明确学校和企业在师资培养中的责任和义务,颁布配套的奖励政策,如给予参与"双师型"教师培养的企业一定税收减免、政策和资金扶持;其次,政府要担负起资金使用监管责任,杜绝经费使用不透明甚至挪作他用的现象,确保专款专用。

第二,高职院校应不断提升科技创新和服务社会的能力,扩大社会影响力,吸引更多资金投入。例如,与地方企业合作进行技术研发,创办校办企业,将高职院校自身的科技创新成果转化为推动区域经济发展的动力;对接区域经济产业转型升级方向,参与地方企业人力资源培训,发挥高职院校师资源丰富、教学能力强的优势,为区域经济的发展提供充足的高质量劳动力。

第三,高职院校应构建科学分层评价体系,完善激励制度。根据高职院校"双师型"教师的不同来源渠道,为教师作好职业规划,搭建职业成长路径,即青年教师—骨干教师—专

业带头人—行业专家,每一个成长阶段采用不同的评价指标和方式。高职院校要不断完善人才成长激励制度,调动教师关注个人成长的积极性。

参考文献

[1] 李梦卿,陈佩云."双高计划"背景下"双师型"教师教学创新团队建设研究[J].教育与职业,2020(8):79-84.

[2] 丁金昌.高职教育对接区域经济的现状分析与路径选择[J].高等教育研究,2013,34(3):61-66.

[3] 陈超群,胡伏湘.产业转型升级背景下高职一流"双师型"教师教学创新团队建设[J].教育与职业,2020(18):76-79.

[4] 韩冰,吕玫.我国高职"双师型"教师队伍建设对政策工具的要求——基于政策文本和政策环境的分析[J].职业技术教育,2019,40(24):29-32.

[5] 崔宇馨,石伟平.双高院校"双师型"教师队伍建设:逻辑、困境与路径[J].职教论坛,2020,36(10):90-95.

[6] 李贤彬,李敏,杨星焕.职业教育教师教学创新团队建设的现实困境与实施对策[J].教育与职业,2021(19):94-98.

[7] 康小孟,武智,傅伟.高职院校"双师型"教师培养存在的问题及路径选择[J].教育与职业,2017(9):75-79.

[8] 徐富新,杨兵初,周克省,等.建设教学创新团队 打造物理实验精品课程[J].实验室研究与探索,2009,28(6):116-118.

[9] 李国成,徐国庆.高职院校高水平结构化教师教学创新团队建设研究[J].职教论坛,2021,37(3):86-89,94.

[10] 欧阳波仪,易启明,汪炎珍,等.高质量发展视域下高职教师教学创新团队建设研究[J].中国职业技术教育,2020(5):88-92.

[11] 邵建东.高职院校教学团队建设的误区及对策[J].中国高教研究,2013(4):99-101.

[12] 黄海燕.新时代背景下高职"双师型"教师的制度建构与培育策略[J].教育与职业,2020(5):67-74.

[13] 李国成,徐国庆.高职院校高水平结构化教师教学创新团队建设研究[J].职教论坛,2021,37(3):86-89,94.

"同济教育研究"丛书征稿启事

"同济教育研究"丛书是由同济大学高等教育研究所主编、同济大学出版社出版的教育研究类学术性图书。

"同济教育研究"丛书宗旨是:为高等学校教育教学服务,为同济大学改革与发展服务。图书内容以教育理论和实践研究的论文为主,包括但不限于以下板块:高等教育论坛、比较教育研究、教育基本理论、课程与教学论、教育管理与政策、教育改革与发展、教育技术、思想政治教育、高等学校管理等。

"同济教育研究"丛书的特色是立足中国教育现实,着眼国际学术前沿,坚持理论联系实际,促进学科交叉融合。

欢迎同济大学各学科师生及校外专家学者踊跃投稿!

作者的来稿一般应包括以下几部分:

(1) 标题。一般不超过20个汉字,必要时可加副标题。若需补充与论文有关的信息,如课题来源的基金名称、课题名称、项目编号等可以以在标题右上角加页下注的方式在页面下方给出。

(2) 作者姓名。列在标题下方,作者信息(如单位,职称,职务等)可以在作者姓名右上角加页下注的方式在页面下方给出,例如:① 某某人,某大学某学院教授,副院长;② 某某人,某单位某部门,科员;等等。

(3) 摘要。以100~300字为宜,对文章内容进行简要概括。

(4) 关键词。3~5个。

(5) 正文。正文中标题层级依次编号为:

一、二、三……

(一)(二)(三)……

1. 2. 3……

1)2)3)……

(1)(2)(3)……

①②③……

正文中需要特别加注的说明性文字,请用脚注(页下注),序号用圆括号加注于被引用文字的右上角。

(6) 参考文献。采用尾注(文末注),正文中需要注释处,请标出注释序号,序号用方括号加注于被引用观点、数据、资料等文字的右上角。

参考文献按在正文中出现的顺序列于文末,其中包括作者、书名/文章名、出版社(需要加城市名)/刊名、出版年份/刊发卷期、起止页码等。参考文献的标注方法执行中华人民共和国国家标准《信息与文献 参考文献著录规则》(GB/T 7714—2015)。

投稿时请将稿件的电子文本(*.doc)通过电子邮件发送至同济大学高等教育研究所"同济教育研究"丛书编辑部的专用邮箱:ter@tongji.edu.cn,请勿投送给个人。切勿一稿多投。作者如在三个月内未收到稿件采用通知,请自行处理;请作者自留底稿,本编辑部恕不退还文稿。

编辑部地址:上海市杨浦区四平路1239号衷和楼805室(同济大学高等教育研究所)。

同济大学高等教育研究所
"同济教育研究"丛书编辑部